不退轉法輪經講義

——第五輯

平實導師 述著

ISBN:978-626-7517-04-8

佛法是具體可證的，三乘菩提也都是可以親證的義學，並非不可證的思想、玄學或哲學。而三乘菩提的實證，都要依第八識如來藏的實存及常住不壞性，才能成立；否則二乘無學聖者所證的無餘涅槃即不免成爲斷滅空，而大乘菩薩所證的佛菩提道即成爲不可實證之戲論。如來藏心常住於一切有情五蘊之中，光明顯耀而不曾有絲毫遮隱；但因無明遮障的緣故，所以無法證得；只要親隨眞善知識建立正知正見，並且習得參禪功夫以及努力修集福德以後，親證如來藏而發起實相般若勝妙智慧，是指日可待的事。古來中國禪宗祖師的勝妙智慧，全都藉由參禪證得第八識如來藏而發起；佛世迴心大乘的阿羅漢們能成爲實義菩薩，也都是緣於實證如來藏才能發起實相般若勝妙智慧。如今這種勝妙智慧的實證法門，已經重現於臺灣寶地，有大心的學佛人，當思自身是否願意空來人間一世而學無所成？或應奮起求證而成爲實義菩薩，頓超二乘無學及大乘凡夫之位？然後行所當爲，亦不行於所不當爲，則不唐生一世也。

——平實導師

如聖教所言，成佛之道以親證阿賴耶識心體（如來藏）爲因，《華嚴經》亦說**證得阿賴耶識者獲得本覺智**，則可證實：證得阿賴耶識者方是大乘宗門之開悟者，方是大乘佛菩提之眞見道者。經中、論中又說：證得阿賴耶識而轉依**識上所顯眞實性**、**如如性**，能安忍而不退失者即是**證眞如**，即是大乘賢聖，在二乘法解脫道中至少爲初果聖人。由此聖教，當知親證阿賴耶識而確認不疑時即是開悟眞見道也；除此以外，別無大乘宗門之眞見道。若別以他法作爲大乘見道者，或堅執**離念靈知**亦是實相心者（堅持意識覺知心離念時亦可作爲明心見道者），則成爲實相般若之見道內涵有多種，則成爲實相有多種，則違**實相絕待**之聖教也！故知宗門之悟唯有一種：親證第八識如來藏而轉依如來藏所顯眞如性，除此別無悟處。此理正眞，放諸往世、後世亦皆準，無人能否定之，則堅持離念靈知意識心是眞心者，其言誠屬妄語也。

——平實導師

目次

自序

正覺同修會諸同修們證悟的事實，藉由《我的菩提路》第一輯披露以後，在臺灣與大陸某些自稱證悟者跟著仿效，也開始舉辦四天三夜的禪三，並且也要求學員同樣撰寫見道報告，模仿本會同修們寫的報告；然而都只是徒具表相似是而非的假佛法報告，與三乘菩提中的見道全然無關，因爲所證的所謂第八識如來藏，全都仍墮五陰之中，未曾脫離，只能說是末法時代佛門外史的又一章罷了，並無實質。

此乃因於大乘佛法之見道極爲甚難，何況能以相似的表相佛法而撰寫見道報告。衡之以第八識如來藏的妙法深妙難解，乃至聞者亦難信受，難有實證者出現於世；觀乎釋印順等一派學人，主動承嗣於天竺部派佛教諸聲聞僧的六識論邪見，與密宗應成派中觀古今所有諸師的六識論常見同一步伐，所說並無絲毫差異，然而至死不肯認錯；反而以其見取見而發起鬥爭之業，對所有評論其法之人大力撻伐，不遺餘力，唯獨放過平實一人，對於平實十餘年來於書中多方面公開評論其謬等事，似如一無所知、一無所見，默然以對。由是可知大乘佛法實證之義極難可知、可思、可議、可證、可傳。

而此一法即是第八識如來藏，亦名眞如、阿賴耶識、異熟識、無垢識，教外別傳的禪宗名之爲本地風光、莫邪劍、花藥欄、綠瓦、父母未生前的本來面目……等無數名，於《佛藏經》中世尊說之爲「無名相法、無分別法」，以如來藏運行之一切時中皆不墮於名相及分別之中故。若人滅其無明，則此識隨時可證，證已即時發起般若正觀，佛菩提中名之爲「諦現觀」，即入第七住位而無退失；若人往昔無量阿僧祇劫前曾謗此第八識妙法，則是已墮無間地獄而次第輪轉三惡道中，其數無量阿僧祇劫受諸苦惱，終於業盡受生人間，歷經九十九億佛所奉事、供養、勤心修學，來到 釋迦世尊座下重新受學已，而仍然不得順忍；每聞第八識如來藏妙法心便不喜，連聲聞果的實證都不可能，遑論大乘菩提，由是故說此第八識妙法難聞、難信、難解、難證、難持、難忍。今於此《不退轉法輪經》中重說此法，令一切學人聞「此經」及「釋迦牟尼佛」聖名已，盡未來際不復退轉於此第八識妙法，未來當得不退轉於大乘法輪；以是緣故，特爲學人講授之。今以講授圓滿而整理完畢，用饗佛門四眾，普願皆得早立信心，殷重受學，有日必得證悟，得階菩薩僧數之中，是所至盼。

佛子　**平實**　謹序

公元二〇二二年小暑　誌於松柏山居

《不退轉法輪經》卷第二

〈聲聞辟支佛品〉第四（承續第四輯未完內容）

接著說：「**眾生虛妄，取聲聞想；無解脫相，羅漢說法；**」眾生都是虛妄的，表面看來有眾生出生，有眾生生活，然後眾生由成長到老病，最後死亡了。可是眾生生也在如來藏中生，死也在如來藏中死，從如來藏看時不曾有生死。但是眾生一直都落在妄想所得的五陰之中，所以他們落入有生死的邪見中，因此也執取聲聞想說：「**聲聞法能令人解脫，我就是要學聲聞法，我要求取生死的解脫。**」如今那些六識論的法師們不就是這樣嗎？所以他們虛妄地認取二乘菩提的解脫。

爲什麼說他們是虛妄取二乘菩提解脫呢？因爲他們認爲有解脫；然而那樣的有解脫，是因爲他認爲自己的五陰身心不滅，落在五陰裡面而不離身見，然後自以爲得解脫，但不是眞解脫。可是實證解脫的人，並沒有解脫可證。諸位看看，你證得如來藏之後，你五陰身心有解脫嗎？沒有！是如來藏的本來解脫。阿羅漢有解脫嗎？沒有啊！他們死後五蘊滅盡、不受後有，他們五蘊全都不在了、斷滅了，然而解脫的仍然是他們的第八識如來藏；可是如來藏本來就解脫，不需要誰爲祂修證解脫。那麼到底聲聞阿羅漢們有沒有證得解脫？沒有解脫了。得要是這樣的解脫才是眞解脫，有解脫就不是解脫了。可是眾生總是落入虛妄法中，執取聲聞想，自認爲有解脫；但是從菩薩阿羅漢的所見，沒有解脫相。得要能夠如是爲眾生說法，令眾生了知無有「解脫相」，這樣才是「羅漢說法」。

「**父母妻子，愚癡取著；則非菩提，染著生死；兄弟姊妹，妄生親愛；寂滅解脫，名阿羅漢。**」人在世間都有父母，有誰是沒父母的？既然有父母，就常常會想起來：「**父母生我、養我，也眞不容易。**」有時候，孩子們沒想到父母對他們的恩德，並不是他們故意不想，而是因爲他們不知道。等到當人家的父母了，孩子學什麼、作什麼，他們總是幫著呵護得很完整；然後有一天才突然想起來說：「啊！我以前小時候，我爸媽也是這樣對我欸！」終於才想起父母的恩德了，因此才說「養兒方知父母恩」，世間就是這樣。

因爲這樣才想起父母的恩德，所以就對父母有執著想。那父母對孩子，天生就有執著想；不必孩子對你有恩德，你對他就是有執著想；所以孩子抱在懷裡好好的，有時候想到了就親一下他的額頭或臉（大眾笑…）；有沒有？因爲疼愛他，這是父母天生自然的事。如果不是這樣的父母，一天到晚對孩子打打罵罵的，那我就說他們不是父母，這要叫作「不是的父母」，他們沒資格當父母。同樣的道理，對妻、子，或者女眾對夫、子有所取著，也是一樣的道理；這樣的取著叫作愚癡。

除非有一種情形，他爲了提攜這個人而去跟她當夫妻。例如往劫以前如來在因地爲了度一個女人，因爲那個女人都不學佛，如來就去娶她爲妻，一生疼愛她，讓那個女人對如來愛得不得了；這樣的種子種了一生，往生到下一世時，如來就去找她：「妳來學佛吧！」那個女人就乖乖地學佛了，因爲她見了如來就有好感，如來說什麼、她就聽什麼；不必講什麼理由，叫她學佛，她就乖乖學。

爲了度她學佛，陪她一生，有幾個人辦得到？有很多人學佛之後，想要度妻子學佛；有的人學佛之後，想要度先生學佛，可是對方不學，一氣之下就說：「**咱們離婚！**」（大眾笑…）有沒有？有啊！我經歷過好多次這樣的案例了，我都勸他們說：「**那是你的不對，你這樣做，度不了她！**」所以我們親教師也都告訴學員：「**妳要改變自己，妳不能想要改變妳的先生。**」「**你不可以要改變你的太太，而是要改變自己，然後未來世她遇見了你，就會聽你的話學佛。**」不一定要此世度得她。

這就是告訴我們，對父母、妻子的取著其實是愚癡，爲了度眾生，無妨在人間一世又一世有妻、有子，有夫、有子無所謂，因爲你是菩薩，不是聲聞人，所以別妄取聲聞。但是有眷屬時，你一世就多度幾個眷屬，因爲這一世成爲你的眷屬，來世你就能度他們了。不要想當世就度他們，當世度，是得之非分，所以應當要很歡喜。通常的情況，就是你這一世好好照顧他們，然後他們來世會聽你的話學佛，所以「**愚癡取著**」是沒有必要的。但是在世間行於人倫，當然就有父母、妻、子，或是父母、夫、子，這都正常；可是別把他們放在心中割捨不了，要當作是菩薩行道過程中的一個必然就好。

接著說，如果染著、取著，那就是愚癡，這樣愚癡的人就不是菩提，他就是「**染著生死**」。有一種更愚癡的狀況是，老阿公、老阿嬤臨命終時死不了，她明明就該走了，但是走不了，因爲她老牽掛著金孫；可是金孫有多孝順她嗎？也沒有啊！而她就自然而然這樣牽掛著，走不了，那叫作愚癡。愚癡就「**染著生死**」，對眷屬如是，對於身外之物亦復如是。所以有很多很有錢的人，那些大企業家要死的時候很難死，因爲他們牽掛著那些財產；如果他們的兒子、女兒是作生意的好手，又很孝順，倒是比較好走；如果兒子每天花天酒地的，他們就走不了人，因爲他們想：「**我這些財產不曉得幾年會被他花光。**」就不願意走。

可是能不走嗎？最後還是得走，只是自己徒生煩惱罷了！所以身爲菩薩，對於眷屬應當要有正確的認知：「**我每一世都有眷屬，除非我出家；可是即使出家了，也還是有堂上二老，那麼父母不還是眷屬嗎？**」所以就認定行菩薩道而繼續有世間眷屬，只是作爲來世接引他們的方便，這樣來看待。所以該走的時候就走、該來的時候就來，依佛菩提的智慧而安住；這樣就不會成爲「**染著生死**」；對父母妻子如是，對兄弟姊妹亦復如是。

社會上常常有人爲哥哥、爲弟弟、爲姊姊、爲妹妹出面而打抱不平，造了惡業、殺了人，這叫作「**兄弟姊妹，妄生親愛**」。有理評理，不必殺人、打人，世間法就應當如此。那如果學佛之後，還放不下兄弟姊妹，就說他「**妄生親愛**」；因爲學佛之後，你至少從佛法的表相知道：兄弟姊妹不過是因緣已經成熟了，所以聚集在一起，成爲眷屬。聰明的人就要想：「**我這一世有兄弟姊妹，那我一直不斷地照顧兄弟姊妹，放不下心……**」那就要反問自己：「**那我前一世的兄弟姊妹呢？我也應當放不下心吧！前一世有兄弟姊妹，過往的無量世也都有，既然這樣，我就要照顧天下每一個人。**」因爲就像菩薩戒講的：「**一切男子是我父，一切女人是我母，我生生無不從之受生。**」同時也可以說：「**一切男子爲我兄弟，一切女人爲我姊妹。**」豈不是應該照顧每一個人嗎？既然如此，何必專情於這一世的兄弟姊妹？

這還不牽涉到佛法，只是從世間相來看；如果從佛法來看，何曾有兄弟姊妹？不過就是依於如來藏，由如來藏依於業種，讓他們受生在人間、出生在人間，因緣具足，我就跟他們成爲兄弟姊妹；而其實沒有兄弟姊妹，因爲實相境界中，無一法可得；因此說，「**兄弟姊妹，妄生親愛**」是應當棄捨的。你該照顧他們，就照顧他們；你有能力可以給他們幸福、就給他們幸福，但不必覺得悲傷、痛苦等，不必去執著！因爲「寂滅解脫」才是每一個有情之所應求。而我們證得「寂滅解脫」之後，應該轉依於「寂滅解脫」，繼續努力成爲阿羅漢；終於如實得「寂滅解脫」，這樣才叫作阿羅漢。

「**造諸業行，貪著親愛；見即生戀：本是我親；更相染著，互共親愛；不識離別，令魔自在，不離世間，爲最極惡；如是過患，羅漢所說。**」菩薩阿羅漢度眾生的過程，不是單單解說大乘佛法；因爲眾生仍然有解不開的繫縛，所以要爲眾生解說這些法，告訴眾生說：「**在人間造作各種業的行爲，然後親屬之間互相貪著、互相親愛；每當看見了親屬就產生了貪戀之心：說這些人本來就是我的親屬；然後互相貪染、執著，互相共同親愛；而這些人**

其實都不能了知什麼叫作離別。」如果你沒有親屬，就不會有「離別」；如果你不曾有過親屬，就不會有喪失親屬的痛苦，所以要懂得什麼叫作「離別」。「離別」的起因是因爲你有了眷屬，如果你都沒有眷屬，就不會有未來的「離別」，孑然一身，無有負擔。菩薩應該住於這樣的心境，來面對自己的親屬。

從世間法來說，你上一輩子有現世的這些眷屬嗎？沒有！你來投胎後，也還沒有媽媽哩！因爲你都還不在，怎麼會有媽媽？等到出生了，也不懂，不知道這是媽媽、這是父親，全都不知道，所以還不算你的眷屬。直到你懂得：「這是我媽媽，這是我父親！」才開始有眷屬。這樣「互共親愛」、「見即生戀」，這是有受生得到了五陰及認知之後，才會擁有的親屬。

如果懂得什麼叫「離別」，心裡面就想：「我有眷屬，未來就會有離別；我如果沒有這些親屬，未來就不會有離別。」這樣子，你就不會生起貪愛之心去取著。如果不懂得什麼叫作「離別」，那就「令魔自在」；天魔波旬於你就得自在了，他會想方設法讓你持續地貪著自己的親屬。爲了貪著親屬，於是死了以後，不願去受生，就在家裡當祖先，讓子孫拜。拜到什麼時候？拜到有一天，他的孫子要生孩子了，他就投胎生爲孫子的兒子，於是他來世對父母很孝順，因爲那是他前世的金孫。這種事情並不少見，可是這麼一來，就不離世間。從佛法來講，「不離世間」是最可惡的事，也是應該令你最厭惡的事。那你身爲菩薩阿羅漢的話，就應該爲眾生解說這樣的過患。

現在也許有人想說：「那就糟了！您蕭老師是我的眷屬，因爲您是我的老師，那您將來走了，怎麼辦？」我就說：「那你不是又落入親屬的取著中嗎？」所以咱家二十年後走的時候，你們可別爲我披麻戴孝（大眾笑…）。古時候佛門就有人這樣仿效世俗法，其實不對；因爲佛門中，視生死爲常事；這是平常事，該生就生、該死就死，就是這樣一世又一世把菩薩道圓滿。所以也許到時候傷心說：「唉！我跟蕭老師學了這麼多，您現在又走了。」會覺得難過，也不用難過多久，一天、兩天就好，或者說一個小時、兩個小時就好了！

然後該辦的事情，就把它辦好，不應該很傷心；而應該認爲這是平常事，因爲佛法中就是這樣。所以來世我重新再來，拜諸位親教師爲師；那麼親教師老了、走了，他重新再來時再拜我爲師，就這樣世世互爲師徒，這是佛門中的正常事；因此一定要超脫於生死，因爲「**不離世間，爲最極惡**」。修學佛法最重要的就是出離生死，能出離生死，天魔於你不得自在，他不能影響你，這就是菩薩阿羅漢所應該爲眾生宣說的道理。

「**於諸結使，皆悉覺悟；二俱虛妄，羅漢所說；爲利多人，行無戲論，如是解脫，羅漢所說。**」對於三縛結，對於五利使，對於那五個貪、瞋、癡、慢、疑等根本煩惱，全部都要覺悟。覺悟什麼呢？覺悟說：「**這是我修學佛法時之所應斷。**」因爲修學佛法一定有所斷及所證，這方面斷了，那方面才能證；如果這個斷沒有作到，那個證就作不到；縱然有善知識幫助，自己後來還是會退轉；所以如果沒有斷三縛結，他證眞如就不會成功；你強行幫他證了，他還會退回意識去，這是必然的情況。

所以對於各種「結」、各種「使」，都應該要覺悟。「**覺悟**」就是了知它是什麼性質，而發覺自己有這樣的自性存在，那就要趕快把它斷了，這才叫作覺悟；只知道有結使就不是覺悟。那「結」與「使」都是虛妄，所以三縛結、五利使虛妄。五鈍使也就是貪、瞋、癡、慢、疑，六根本煩惱中的前五個，也是虛妄；這是菩薩阿羅漢應該爲眾生宣說的。

爲了利益很多的人，所以他的所行都沒有戲論。換句話說，所說的一定是如實法；從大乘佛法來看，二乘菩提仍然是戲論，因爲都在依他起性的法上面要求如何斷除，所說的都是三界世間的法。那麼想要斷除那些世間法時，若沒有涉及到實相的絕對信受，而說他能斷，當然就是戲論了。可是菩薩阿羅漢爲了利樂更多的人，他的所行絕對「無戲論」，因爲一切身、口、意行都依眞如來作、來說，令眾生可以證得這樣的解脫，這個才是羅漢之所應說。

「在家出家，多生妄想，凡愚取著，羅漢解脫；」很多人在分別身相，所以有許多人說：「你們蕭老師是在家人，我們不讀在家人寫的書啦！」那問題來了，《勝鬘經》是誰講的？《維摩詰經》是誰講的？所以分別取相的人，離佛法就遠了。又譬如盧行者出家前所說的法，他們到底聽不聽？我看他們也不聽，所以他們從來不讀、不講《六祖壇經》，那叫作愚癡；所以學佛時不要看身相，而要看他的實質。如果取相分別說：「**這是出家人，所以我要跟他學；他不是出家人，我不要學。**」那他顯然不懂什麼叫作「**勝義僧**」。因為沙門法不限出家人得；在家人得沙門法，也叫作沙門，這一點要弄清楚，所以不要「**多生妄想**」。而凡夫以及愚癡人取著於出家、在家的表相，菩薩阿羅漢則是解脫於這個表相繫縛的。

怎麼都坐到那邊去了？何老師也坐那邊去喔？還有黃老師呢？欸！這不是好現象啊！呵呵！（大眾笑…）應該大家都健健康康的！好，《不退轉法輪經》我們上週講到四十七頁倒數第五行。今天要從倒數第四行開始。

「**見家繫縛，廣顯正法；凡愚妄想，羅漢解脫。**」看見在家人有許多的繫縛，這是正常事。很多人出家是因為看見寺院很清幽、很清淨又很安靜，活得很寫意，是這樣出家的；他們其實不是因為追求佛法而出家，他只是羨慕那樣的生活，覺得在家生活太辛苦，而且環境嘈雜、人情紛爭持續不斷；可是他沒想到出家以後，結果還是一樣！因為出家人也是人，有人就會有是非呀，只是換個家住；是出家以後換寺廟爲家、換個家住，所以結果沒有差別。他們不懂的是，應當要改變自己，讓自己的心境是出三界家的心境，然後依著自己的所證，離開出家與在家的分別，之後的心境就沒有所謂的出家與在家了，這時候出家與否就顯得不那麼重要了。

所以一般人看見在家有諸多煩惱紛擾，因此他們想要出家；但是出家以後，寺廟裡面通常都分爲兩派、三派、乃至四派，然後互相鬥爭；在這個情況下，心情就不好過，然後一直落在是非之中。所以像正覺這樣沒有分派，大家爲了正法去努力，作事時偶爾有一點不同看法，也可以溝通；但是沒有派別之分，這是很難得的！所以我們是佛教界的異類，因爲我們正覺裡面沒有派別。

那麼因爲看見有在家的繫縛，也看見出家人可以廣顯正法；因爲人出家以後，總是要出來弘法吧！而且弘法者以出家眾爲多，在家眾永遠都是少數。所以看見出家人廣顯正法而爲一個對比，然後把出家的生活幻想得很清淨、很自在、無拘無束，一副解脫的模樣；可是他不知道很多人出家了以後，跟在家時一樣的煩惱，他都不知道，因爲他只看見表相。所以「**見家繫縛**，**廣顯正法**」這是兩邊：看見在家有「**繫縛**」，同時看見出家以後可以「**廣顯正法**」。如來在這裡說，這個叫作「**凡愚妄想**」，也就是凡夫和愚人的妄想。

凡夫會有這個妄想是正常的，可是愚人究竟指誰呀？是二乘阿羅漢啦！二乘的阿羅漢雖然不是凡夫，卻是愚人哪！他們跟菩薩不同，他們爲什麼會成爲定性聲聞、死後決定會入涅槃而不改變心志呢？因爲他們所見都是現象界的事，沒看見實相法界；所以他們所見和凡夫也差不多，同樣是「**見家繫縛**」，出家以後是「**廣顯正法**」；可是因爲沒看見實相法界，所以有在家、出家之分，那他們就成爲愚夫；雖然他們解脫了，不叫凡夫，卻是愚夫；但是不管凡夫或者愚人，有這樣的想法全都是妄想，都是不眞實的、虛妄的想法。但是菩薩阿羅漢住於實相法界，而來行走於現象法界之中，所以他得解脫；這叫作「**凡愚妄想**，**羅漢解脫**」。

「**棄捨凡夫**，**無利佛法**；**捨利無利**，**名阿羅漢**；」菩薩阿羅漢的所見和凡夫的所見不一樣，和二乘阿羅漢的所見也不相同；二乘聖人的所見是凡夫的生活，凡夫在世間的存在對於佛法的實證沒有利益；二乘阿羅漢因爲看見這個情況，所以求出生死，他認爲自己在佛法上有得到利益了。可是從菩薩阿羅漢來看，二乘阿羅漢得到佛法的利益，所以能出離三界了；但是出離三界之後，本質和菩薩自己住在三界中並沒有差別，所以他們「**棄捨凡夫**」而「**無利佛法**」，結果和凡夫是一樣的，所見就同於「**捨利無利**」。可是因爲菩薩阿羅漢對於有利益、無利益，全部都捨離；因爲從菩薩的所證來看，如來藏的境界中沒有利益、也沒有無利，就這樣「**捨利無利**」而繼續遊行人間、繼續利樂有情，自己也藉此邁向佛道，這樣才叫作菩薩阿羅漢。

接著說：「**見有高下，若干等種；眾生取相，羅漢解脫。**」從世間人來看，有高下差別。世間人貴爲國王、總統等等，然後又看見有乞丐三餐不繼；當然現在有的乞丐是很富有的，那是另一回事，但一般的乞丐終究還是有三餐不繼的人。甚至有一天，我在民權東路某一個路口，(那時候已經下午五點出頭了)看見有個比丘跪在轉角處，托著缽；我心裡都覺得難過。說他是不是這一天的成績還沒有達到常住的規定標準，所以他必須用跪著托缽？所以出家也有許多的難處。我就想：「那他為什麼不換個道場，要在那邊跪地托鉢呢？」都覺得僧寶的身分被污辱了，不再被人尊崇，心裡很感嘆！那這樣看來，顯然僧寶之中也有高下分別，因為有的人出家以後，住在寺院裡，供養一直來；他用不完，還挪回去給他的家人用；有的人眞的為法出家，可是求不到法，連生活的資財、連道糧都有問題，這不就是高下嗎？

那從二乘阿羅漢來看，佛法也有高下，所以有初果、二果、三果、四果，也有辟支佛，這是有高下差別的；然後他也許以為成為阿羅漢就是佛了，他認為是這樣。可是從菩薩來見，阿羅漢距離佛地還非常遙遠！所以這樣看來，事相上還是有高下的。但是從實證的菩薩們來看，表相固然有高下，實際理地並沒有高下；這是一個初證道的第七住位菩薩證悟轉依眞如之後，就能親眼看見的事。所以如果要談高下呢，那就有很多種了！從高下同樣的比類，譬如說美醜、貧富、聰明與愚癡、貪染與清淨……非常之多！所以說「若干等種」；然而實際理地並沒有這一些，都是因為眾生落在事相上，攝取了各種的事相，然後才有這一些高下、美醜、貧富……的不同差別。然而菩薩阿羅漢從實際理地來看，沒有高下的差別；那只是因爲取相落在現象界中，攝取了現象界的法相，才有這樣的差別。

接著說：「**成就取想，多所修習；如是著想，善能解脫；得佛福田，究竟眞實；妄取是田，羅漢解脫。**」這就是說因爲取相分別，不斷地攝取現象界的表相，就成爲「**多所修習**」。有的人也許想：「**那取相分別不就是修學難行道、想要走上成佛之道的人才應該斷的嗎？咱們念佛求生極樂，就不需要斷這個部分了！**」念佛的人往往會這樣想。可是淨土三經裡面不也說，取相分別的人，不能得上品上生等至善之果嗎？所以淨土法門中，也勸大家不要「**取相分別**」，凡是「**取相分別**」的人「**求出輪迴終不可得**」。

那麼「**成就取想，多所修習**」，結果牢不可拔、堅不改變；他越來越堅定他的心志，決定不改變。所以印順派那些比丘尼，只要你送正覺的書給她，她看到了說：「**我們不讀居士寫的書！**」她們都這樣講，到現在還是這樣，眞的牢不可拔。問題是：「**佛有規定菩薩五十二個階位的修證都得是出家人嗎？**」沒有啊！可是五十二個階位只要有所修證，都叫作沙門果。爲什麼這樣？只要有修證就叫作沙門果，所以從初果到四果，在家人一樣可以證；從第七住位到妙覺位，在家人也都可以證。

爲什麼 佛沒有規定說一定要出家相才可以實證？諸位想一想：文殊、普賢菩薩是不是留頭髮、身上配戴瓔珞、臂釧？彌勒菩薩現在住於兜率天宮，也是身配瓔珞、頭戴寶冠，還有臂釧呢！那不然看看 觀世音菩薩吧，也是這樣啊！但他們眞正是出家菩薩。所以很多人沒有想通這一點，只看那一件僧衣，然而僧衣只能穿一世，不能穿到成佛的。所以什麼是眞正的勝義僧？我說我們會裡的出家人、跟我們增上班的同修一樣，都是勝義僧，其他的叫作凡夫僧；可是凡夫僧之中還有粥飯僧、啞羊僧，你看怎麼辦？所以佛法中只說你是否證得什麼、斷了什麼，不管你色身表相的！諸位看看那位譯經典的、譯《維摩詰經》的鳩摩羅什法師，他也是現在家相；那他譯出了經典，我們覺得他譯的文筆優美，所以我還特地用他的版本；還沒選用玄奘譯的版本呢！因爲他的文詞很優美。我們既然可以如實把它演繹出來，那他譯的版本有沒有信、達、雅就不重要了；這樣的情況正是佛門的特色，不是二乘聲聞教的特色！因此說，不要去執取相貌分別，因爲取相分別久了以後，叫作「多所修習」；這樣的人一定著於「取相分別」的種種妄想；執著在那裡面，他就不能得解脫，所以想要實證三乘菩提都是倍加困難！

看看二十世紀末、二十一世紀初的現在，舉凡有所實證者都是從正覺同修會出去的；即使他們證量不高，也算實證了。證量高的不會離開同修會啊！都是只知道個總相，然後被名聞之心、利養之心所誘惑，於是他離開了；離開了去搞名聞利養，表示轉依沒有成功！轉依沒有成功的話，能算七住位嗎？不算！開悟的內容對他而言只是知識，所以他仍然是六住滿心位。眞正實證的人，知道悟後修行的法內涵有這麼多，也都是可以實證者；修學下去的結果就邁不開腳、捨不得離開了！一定是這樣的。佛世那一些菩薩阿羅漢們，有哪一個人悟後離開　佛陀而去的？甚至　如來到了晚年又遇到饑荒，如來吩咐他們說誰去哪裡、誰去哪裡，把他們發派各處去；一方面減少僧團托缽的困難（減少民眾供給僧團的困難）、一方面佛法可以流傳；可是諸大阿羅漢們對　如來很眷戀、依依不捨，但最後還是得走，這樣佛法才流傳開來。

那爲什麼大家對 如來依依不捨？因爲還有太多的法可以學，學不完啦！這不單是因爲 如來的大慈大悲而已，那誰要離開？這道理古今一同、沒有差別！

所以落在世間相裡面的人，便是「成就取想」，他覺得自己現在開宗立派、成爲一方之師，然後名聞利養就跟著來了。但這樣一世一世「多所修習」的人，著於虛妄想、著於取相之想；然而菩薩阿羅漢能得解脫，因爲他很清楚看見實際理地從來沒有這些法；而且成爲菩薩阿羅漢之後，他想要入地必須修「非安立諦三品心」。那三品心，比如說第一品心必須是十住位的眞如心與眞如智平等、平等。爲什麼說平等、平等？因爲要「內遣有情假緣智」；你證眞如之後、見性之後，要去觀察一切有情都是假緣而有；你有這個智慧了，還要向內遣除、轉依心眞如，什麼法也沒有了，這樣才叫作「眞如與智平等、平等」，才是證得第十住眞如。

那第二品心到了十行位滿心，一樣要內遣，「內遣諸法假緣智」，使十行滿心位的智慧跟眞如心平等、平等，也就是一切法都不存在的「無智亦無得」

的境界。第三品心還是一樣，要入地之前，「遍遣一切有情諸法假緣智」。這三品心完成的時候，你把這智慧也遍遣了；這時候你的智慧跟眞如心平等、平等，這時候配合其他條件可以入地了，才叫作初地眞如。那你想：這些都向內遣除以後，還有相嗎？什麼相都沒了！所以說菩薩阿羅漢想要入地，還得進修這三品心。那菩薩阿羅漢還沒有進修這三品心之前、還沒有入地之前，他從實相法界來看，也是沒有任何相可言，這就是「**善能解脫**」。

那麼菩薩阿羅漢由證眞如的緣故，也得到了諸佛所授予的福田，他也很清楚瞭解：諸佛才是眞正的福田，諸佛才是究竟福田、眞實福田。可是說到這個福田，雖然他如是見，但是這樣的見仍然叫作妄取；因爲實際理地沒有福田、也沒有非福田可言。如來成爲世間的福田，這是 如來從事相上來看，說眾生無明所罩，很可憐，也沒有機會種大福田，未來世不得解脫，因此如來示現在人間，給眾生有機會可以種大福田。

在 如來身上種福田機會不多，但那是很大的福田。我們有一位同修，他有一天夢見自己無量劫前是一隻鳥。諸位想想看：「**當鳥，要轉成爲人而**

可以證悟，需要多久？」那是無量阿僧祇劫以後的事欸！不是無量劫。可他無量劫前只是一隻鳥，去銜了一片沉香，（不曉得牠哪裡找來的沉香！因為鳥總不可能銜著一整條沉香，沒那個力氣。）就是那麼一片，銜去供養釋迦牟尼佛。佛接受了，然後牠禮拜（鳥的禮拜只會是點頭啦！）而後飛走了；就因為這個因緣，這一世遇到正法就證悟了。你說這福德大不大？（大眾答：大！）因為他種了無上福田。

那麼從世間相來看，「得佛福田，究竟眞實」這是事實，不可否認；可是從實相法界來看，那叫作「妄取是田」，因為從實相法界來看，沒有福田、非福田可言，也沒有田可言；所以「妄取是田」那是眾生的事，也是諸菩薩們在事相上應該要攝取福田的事。所以一切菩薩們遇見了佛，都是無比恭敬；能供養就想方設法供養，都是這樣。譬如世尊成佛之前還在因地，為了供養一尊佛，祂可以賣身去買蓮花來供養佛，因為祂知道那是無上福田；可這只是事相上的事，如果你從實相法界來看，這還是叫作妄取，因為實相法界中，沒有田與非田可言！所以說菩薩阿羅漢解脫於這樣的田、解脫於這樣的執取。

「**無滅非滅，亦物非物；雖修菩提，不得菩提；**」沒有滅、也沒有不滅的事；沒有物、也沒有非物等法；雖然修菩提，其實實證了也是沒有菩提。這話很怪吧？可是你若找到第八識如來藏了，就會覺得不怪，因爲本來如此，這是事實！有滅那是二乘菩提中的事，說這是應該滅的；滅了這個煩惱，我就是初果、二果、三果、四果，這是二乘菩提的事；可是在佛法中，沒有滅與非滅的事。二乘菩提之中，師父會告訴弟子說：「**你還有某某煩惱沒有滅，應該要滅除！**」那他沒有滅除，就叫非滅。可是佛法中悟了以後，發覺：「**沒有滅、也沒有非滅。**」換句話說，滅了，只是那個煩惱；但是你滅了那個煩惱是你的事，跟實相法界無關！但實相法界中沒有滅這回事，滅了也是非滅；既然滅了也是非滅，你就不能說有滅；但也不能說非滅，因爲已經滅了；可是滅了又非滅，這就是實相法界。所以在實相法界中，永遠不墮兩邊。

有時候說：「**你這個色身是物，物有生，生則必滅，所以有滅。**」可是等你證了眞如以後，你發覺：這個物是如來藏中的一部分，因爲有這個物（色身），我才能證得如來藏；然後現見如來藏與這個「物」和合似一，所以說非一非異。「非異」就說：它就是如來藏。可是色身畢竟會壞啊，所以又叫作「非一」，如是「非一非異」就說原來色身是如來藏所生，也是如來藏自性中的一部分。所以你要說這個色身是物嗎？也不行！因爲它是如來藏所生，歸屬於如來藏，不歸屬於你妄心！可是眾生不知道實相，總是把這個色身據爲己有，說：「這是我的身體！」那我要問了：如果這個身體是你的，你應該可以作主，那你就可以作主說：「我不要老！我永遠活在三十幾歲，有錢又健康。多好！」可是你作不了主，背後是如來藏依著業種在作主，讓你一天一天漸漸老去，你無可奈何！所以這色身是誰的？對了！如來藏的。只是你沒有悟之前，無明所障，把色身據爲己有；然後還把如來藏的功德據爲己有，都說：「這是我的！」從實相法界來看，全然不是這麼一回事！所以說這個色身「亦物非物」，因爲它是如來藏的，而如來藏不是物；可是色身是物，那它歸如來藏所有，「亦物非物」。

像這樣的菩薩們「雖修菩提，不得菩提」；所以當你證悟以後，你來看菩提這回事時，還有菩提嗎？沒有啊！你只是找到自己的如來藏，智慧開始出現了，說爲菩提；可是你這個智慧向內遣除以後，跟眞如心平等、平等，這樣實證以後，哪裡還有智慧？哪裡還有覺悟（菩提稱爲覺悟）？可是你從如來藏來看，沒有覺悟這回事！覺悟是你五陰的事，悟了即使把五陰改名叫五蘊；可是覺悟仍然是你五蘊的事，不關祂如來藏！既然不關祂如來藏的事，你又依止於如來藏；你轉依了，哪裡還有菩提？所以沒有菩提。

因此如果有人來向禪師求悟，說：「**如何是佛菩提？**」禪師就告訴他：「**沒有菩提！**」從字面上來看，也眞的沒有菩提，但他已經把菩提告訴對方了，問題是他要怎麼會？如果用耳朵聽呢，就想：「**果然沒有菩提！學佛學錯了！我應該不再學佛，因爲沒有菩提可證。**」原來他錯會了！所以眞正實證的人「**雖修菩提，不得菩提**」！所以他證得菩提之後，不需要到處去跟人家炫耀：「**我證菩提了！我證菩提了！**」人家就笑說他根本沒有證菩提。

「**持戒毀戒，有智無智；衆生愚癡，起於二想；**」諸位都知道，我們成立戒律院有兩年了。現在戒律院的老師們很忙，因爲大家聽說有戒律院了、可以滅罪了，大家都來或者自首、或者舉報都有，這些長老親教師們很忙！但是持戒與毀戒這是現象界的事，修學佛法當然必須持戒，但是尚未能以「道共戒」來受持的時候，有時不免犯戒；因爲三毒還重，而且多數人都還沒有見道轉依，所以犯戒的事也是平常；特別是現在末法時代，能守住清淨戒的人都值得讚歎，只是我們平常不跟你褒獎，其實都值得讚歎！因爲末法時代物欲橫流，犯戒是很平常的事，但是有的人仍然持戒清淨；正覺會中持戒清淨的人畢竟還是多數，因爲大家都很珍惜：「我這個菩薩戒是上品戒！」都很珍惜，希望不要有任何的缺損，那他就成爲持戒者；相對於毀戒者來講，大家說他持戒清淨、是有智慧的人。

談到智慧，那就有證量上的問題了；沒有證量的人就叫無智，有證量的人叫作有智，這就是一個對比。所以這個「有智無智」，自古以來就一直存在著分別，持戒與毀戒也是如此，一直到現在都還有人在爭執。所以去年或前年，不是有個學密的女人出來披露說，某某大寶法王性侵女信徒，而且是性侵很多很多人！弄到後來，這個大寶法王不得不出來聲明說：「我沒有受比丘戒，所以我沒有犯戒。」（大眾笑…）大家終於懂了：他們密宗喇嘛根本就不是出家人！現在大寶法王自己承認不是出家人，他也是無可奈何，為了脫罪才說他沒有受比丘戒。密宗沒有所謂的佛教出家人，因為他們只受密宗雙身法的三昧耶戒，上從達賴法王、下到一切信徒，沒有人受過佛戒！而且凡是有佛教的出家人去跟他們修學，他們都要求要捨聲聞戒，比丘就得捨比丘戒、比丘尼就得捨比丘尼戒！為什麼如此？因為它的教義就是這樣，所以他們徹裡徹外都是外道，與佛教無干。話說回來，他們沒有犯戒，喇嘛們都沒有犯戒，所以他們與女信徒合修雙身法都沒有犯戒，因為他們沒有受過佛戒！不管在家戒、出家戒都沒受過，因為他們全是外道！

那麼佛門中人說他們犯戒，這有語病；這叫作「語病」，不是講錯了！因為他們受三昧耶戒；受三昧耶戒以後得每天跟許多的女人修雙身法，才叫作「持戒清淨」。懂了沒？對啊！所以西藏宗教基金會董事長出來講說：「我們所有的喇嘛都是持戒清淨的。」他們的「持戒清淨」就是要睡盡天下女人；如果她是空行母，那就要睡盡天下男人，這才叫持戒清淨；所以他們都是外道，因為他們從來不受佛戒。

但是即使你持戒清淨，那也是現象界裡的事，不干法界實相的事；因為從實相法界如來藏來看時，都沒有持戒這回事，也沒有毀戒這回事，更沒有所謂開悟這回事；那當然就沒有「有智」這回事了，當然也就沒有「無智」這回事！可是眾生因為不證實相，為得菩提，所以「起於二想」，就說：「你有開悟了！我沒有開悟。」就說：「他們正覺好多人開悟，我們道場中根本沒辦法開悟！」這叫作「起於二想」。

那麼「起於二想」的人，有一天遇到正覺同修會增上班的同修們，問起來說：「聽說你開悟了。」沒想到這位同修告訴他說：「這裡是什麼境界？談什麼開悟、不開悟！」就把他罵回去了。他心裡很不服氣：「我不過好意問一下，竟然遭罵！」回去思索了老半天，想不通，暫且放著。等到下回遇見了，又問：「我那天只是好意問你，為什麼你就罵我？」沒想到我們這位增上班的同修劈口便罵：「你說什麼叫作開悟？實際理地何曾有開悟這回事？」那他想來說：「喔！原來沒有開悟這回事！那我也不用羨慕你了。」沒想到這位師兄又從頭上就打下來說：「你正要羡慕！」（大眾笑…）那到底是怎麼回事？你看！有悟、沒悟就是不同！他開口說話就不是世間人的言語，因爲他站在實相法界、在三界外來看你三界中的事情，所以才這麼說，因爲他有智慧；眾生就是愚癡，愚癡的緣故就「起於二想」。那麼從他所悟的境界來看，沒有二想可言，沒有愚癡與智慧、沒有持戒與毀戒，一法不立！因爲實相法界就是這樣，無始劫以來一法不立，從來就不曾有過一法；沒有過一法出現，當然就不會有法滅，那就不會有生有滅，所以叫作不生不滅。那諸位想想：「不生不滅是什麼境界？」對！正是如來藏眞如心的境界；所以實證以後，不再「起於二想」了。

「人多取著，有若干種；解脫此想，羅漢所說。」所以人們大多數都是有攝取、有執著的，而這些眾生所攝取的法、所執著的法是有很多種的；所以想要成爲阿羅漢的時候，就去攝受解脫道的法，然後去執著那一些法，說應該要怎麼修；到最後弄明白了：「原來不是要攝取什麼法，是要滅盡什麼法！」可是人們不懂，都是要取著！因此證初果就是多個什麼，證二果又是多個什麼，乃至證阿羅漢多了很多法，說叫作證阿羅漢，所以都拿境界法來向世人炫耀；殊不知阿羅漢正是捨盡一切法而沒有境界，並不是有所取著，但是絕大多數的人都是取著。

至於取著就有很多種類，所以有的人取著於下棋，有的人取著於拉琴，有的人取著彈琴……種種不一，這都叫作取著。因爲有取著，才會有若干種想；如果沒有取著，什麼想都沒！所以父母想、兄弟想、子女想、眷屬想、財物想、名利想，什麼想都不存在，這就是解脫。解脫於「想」很難啦！不說解脫於「想」，解脫於「見取見」就非常難了！何況其他輕微的想。

所以網路上有很多人一天到晚跟蕭平實爭執這個、爭執那個。有沒有？我們不回應！等他們寫的分量夠了，我們判斷說回應以後可以成爲一本書了；可以出書，就表示我可以賺錢了！我賺了錢，他也有一分功德，因爲他謗我、謗正法，那我藉著他的毀謗，我來印書、來賺錢捐給正法，他不就得了一分功德嗎？可是他要夠聰明才行，如果不夠聰明、不懂得迴向，看見我出了書賺了錢，他又氣起來，那就得下墮地獄了！

菩薩作事就是不同於凡夫，任何一件事情，我都把它轉為佛事；這是我們出來弘法，一開始就這樣作的事。這表示什麼？表示我們解脫於實相的境界中。所以我們最早期，有人為我花了四百多萬（那是將近三十年前的事，那時候臺幣四百多萬很大哩！）買了三家報紙、刊了頭版的半版廣告來毀謗我。有的師兄弟看了說：「哇！他好生氣欸！還罵老師您，罵成人妖啦！蛤蟆精啦……」（大眾笑…）那廣告中罵說我沒有神通，又說我是蛤蟆精用神通變化成人身來說法（大眾笑…）。眞的叫作「前言不對後語」！當時有的師兄弟很生氣，我說：「你幹嘛生氣呢？那是人家為我們宣傳！」當時我們同修會總共不過四百多個人，那是多小的團體欸！竟然有人願意為我們花了四百多萬的臺幣，去登那個半版廣告！我說：「正覺同修會從此一炮成名！」（大眾笑…）果然臺灣佛教界從那時開始都知道說，有個正覺同修會。

然後人們開始關心起來：「正覺到底在講甚麼法，值得密宗這樣毀謗？」這是第一次的轉機，表面看起來是個危機，我說那就是轉機。可是我們沒有登報把他抵制回去，我們拿來寫書出版；印成一本書，永續地破斥他。那我們後來登報，就專門破密宗、教育全臺灣的民眾；我才會惹出那個官司！那也是法院被他們影響了，達賴喇嘛的政治勢力太大了。這個是題外話，我們且不談它。也就是說，他們都落在「想」之中；落在「想」之中就有若干種想，種種想法太多了！比如說，世間人也常常說：「一個人想一個樣兒。」所以各種想法多到不可勝數。對吧？那世間法都有這麼多種想，這些世間人修學佛法時，同樣也會有很多「想」。所以正覺弘法之前，佛教界有很多人都自認開悟了；但一個人悟一個樣兒（大眾笑…），所悟的內容各不相同。一直到正覺出來說：「悟就只有一種，叫作第八識如來藏。」他們說：「佛法有八萬四千法門，不必大家都來學你們正覺的如來藏法門。」我就說：「如來藏不是法門，是實證之標的；八萬四千法門，不論哪一個法門，只要你修學的是佛法，從任何一個門進來都好，同樣都是證如來藏。」所以佛法的實證唯有一想，叫作證如來藏，沒有別的法！可是證如來藏這個想，也是你五陰的事；當你證悟如來藏、轉依如來藏以後，也沒有這個「想」，因爲實相法界沒有「想」。所以縱使有若干種想，當你證如來藏、轉依如來藏之後，一想也無！解脫於這樣的想，這才是菩薩阿羅漢之所說。

「作福田想、非福田想，無智凡愚、作種種想；」修學佛法之後，首要之務就是培集資糧；培集資糧最重要的事就是種福田。要有智慧去尋找：佛法中有什麼樣的福田可以種；可是眾生愚癡無智，往往種了毒田，還當作福田呢！所以我們早期有位鄭師兄，一直跟我表功，說他以前在密宗種了多少福田。我說：「你不要再說你種福田了，因為你種的都是毒田！」他抗議說：「老師！您不要這樣講嘛！人家好歹也是福田。」我說：「那是毒田！你如果種了那個田，收穫的果實是有毒的；你種了就得自己吃，別人不會幫著你吃！」（大眾笑⋯）他後來就絕口不提了。但因為他認識不清，所以後來也退轉了，這都是正常事。

只有常見外道法不會退轉，了義的正法中，一定會有人退轉；甚至於九千多年後，這個了義正法再也沒有人信了，都不會有人想要學；於是月光菩薩率領所有的阿羅漢們入山修行，最後一一捨壽了，正法便告滅絕。所以了義正法才會有退轉的事，常見外道法中從來不會有人退轉！如果要說有人退轉就是諸位，退轉於常見外道，才會來修學正法。

這時候再來看，當你證得如來藏了，如來藏的境界中沒有福田、沒有非福田。所以剛學佛的時候，一定要認眞，一定要很努力去尋找福田；而且要有智慧分辨：什麼才是福田？所謂的福田，從世間表相來定義也很簡單——無貪、無瞋、無癡，這就是世間福田；還沒有實證之前，沒有能力判斷，就從這上面來判斷。假使有個人出來弘法不求名、不求利，遇到人家誹謗也不起瞋；而他也很有智慧，把三乘菩提演說出來，表示他無貪、無瞋、無癡，這就是福田！然後法義再深入，一步一步去理解，終於可以判定：「喔，這個人眞是福田，世所難見！」於是趕快去種福田；種了福田之後，福德資糧具足了，終於實證。

等到實證之後，再來看福田，原來也是如來藏！沒有福田！我種了這個福田，是從世間相來說，說他眞的是大福田；可是從他的實際理地來看，沒有福田這回事！至於那些外道，非福田、也不是非福田，因爲他們的實際理地同樣是如來藏，所以沒有福田、沒有非福田！那心中的福田想、非福田想全部滅盡了。所以放眼所見，天下一切人起福田想、作非福田想，那都是無智慧的凡夫或者二乘愚人。有智慧的人（這裡指的是有佛菩提智的人）不作福田想、也不作非福田想，只有「無智凡愚、作種種想」。

「於諸女人、及與男子，聖非聖法，作二種心；」一般人初學佛，都是抱著恭敬虔誠之心來面對佛法中的聖人，可是聖人心中沒有聖人、沒有凡夫。這些剛學佛、剛歸依、剛受持菩薩戒入佛門的人，心裡面都想：「這是女人、那是男人。」然後就說：「你們道場中，男人比女人多！」有時候說：「你們道場中，女人比男人多。」可是等他證悟以後：「哪有男子與女人？一個個都是如來藏！」所見莫非如是。所以對於諸女人、諸男子，他的所見也沒有聖人、非聖人可言，一切都是眞如、一切都是如來藏，再也不起二種心了；因爲他不但是對男子、女人如是見，乃至他見了一條狗也是如來藏；見了一隻鳥飛過去，也是如來藏。原來沒有有情，一切有情的本質就是如來藏，除此而外，再無一法可得了！

「如是眾生，凡愚無智，取著二想，羅漢解脫。」這就是說，像那樣的眾生作福田想、非福田想，作有智想、作無智想，作女人想、作男子想，作聖法想、作非聖法想，這叫作「凡愚無智」。所以聽到有個自稱實證的人說：「沒有男人與女人啦！」那你心裡就要有一點警覺：「他是不是實證了？」要再加以探究，但不能因此就認定他實證了；因為他也許像六祖悟前一樣，落到一切法空之中，既然一切法都空，哪來的男子與女人？可是他也許實證了如來藏，他是從如來藏來看一切男子與女人，這時候就沒有男子想、女人想；當然也就沒有福田想、非福田想，沒有智慧想、愚癡想了，種種想悉皆滅盡！所以只有凡夫和二乘愚人沒有佛菩提智，才會取著於二想；但是菩薩阿羅漢解脫於種種想。

「退不退法，有記無記；近坐菩提，不取菩提；」佛法中說有退轉，也有說不退轉，比如這部經典叫作《不退轉法輪經》。那麼「退」有各種不同層次的退，譬如六住位之前，都叫作有退法；因為他在修學六度萬行的過程中，一世又一世、一劫又一劫，進進退退並不一定，所以叫作「有退法」。那麼證悟眞如而轉依成功了，進入第七住位；進入第七住位時叫作「位不退」，當他轉依成功了，他永遠不退轉於七住位，就是安住於第七住。接下來就看他往前邁步時，邁得快、邁得慢的差別而已，再也無有退轉；可是雖然不退轉，有時候修行他卻會懈怠呢！懈怠時叫作「行退」，行退就是退轉；可是他屬於位不退，他永遠就住在第七住位中，也許過個十百千生，或者過個十百千劫，然後又往前進，進到第八住位，所以叫作「位不退」；可是有時候行退，所以他得要十百千生才能進入第八住、或者十百千劫才能進入第八住，這表示「行退」。

可是這種行退的現象，一旦修學進入初地位以後，沒有行退了！沒有「行退」就表示他會一直持續不斷往前邁進；但是在這邁進的過程中，有時候也會退，叫作念退。所以有時候度眾生遇到了逆境，讓眾生反咬一口，心裡面很灰心，心想：「**算了！不要度眾生了，回家吃老米吧！**」這叫作念退。這個念退也許退個幾個刹那，也許退幾分鐘、幾個鐘頭、幾天，想一想：「**我不度眾生，誰度眾生啊？**」想想：「**眾生也是可憐！**」於是又迴轉來繼續度眾生了，這叫作念退。

那這種「行不退」而有「念退」的現象繼續修著，終於進入第八地了；第八地開始就沒有念退的事了，所以這叫作「念不退」。初地到七地都叫作「行不退」，八地開始「念不退」，在度過變易生死的過程中都是任運精進的。到了等覺位、妙覺位「究竟不退」，然後成佛「圓滿不退」；所以退與不退有各種差別。因此如果有人讚歎你說：「嘿，你修行不錯啊！一直都不退轉。」那你聽了，別高興得太早！（大眾笑…）眞的，別笑、別高興太早；先要探究他講的到底是什麼不退呀？因此說佛法中有退、不退法，這都是正常的事；只有常見外道中永遠不退，因爲眾生永遠都愛「常見」。

那麼佛法中還有兩類：「有記」、「無記」。那什麼叫作「有記、無記」？這個我們講經很少講到，這得說明一下。有記業就是牽涉到善行、惡行，未來世會有異熟果報，那就是有記業。無記業譬如說，阿羅漢他每天還是有「無記業」，每天午前得去托缽，自理這個肚子餓的事情，要維持色身的正常運作；這個托缽是無記業，可是托缽的時候人家施食，他爲人家祝願，祝願就成爲有記業；祝願著施主未來得證菩提等、或者未來大富大貴等。祝願這件事情是對那個人有幫助，它就成爲善業，這就是有記業。如果他不入無餘涅槃，未來世在祝願的這件事上，他就有好的異熟果報。

如果有個比丘去托鉢，看見人家施食的時候，那東西很不好吃、很粗糙，他心裡面起了個歹念，心裡說：「**每次到你們家來，都是布施這種不好吃的東西；你對出家人也太差了吧！**」雖然沒有講出口，那已經成就「意業」，因爲他那個念已經出來了。但成就意業也有不好的異熟果報，他還沒有證果，當然未來世有不好的異熟果報；那他心裡這麼念著的時候，如果眉頭皺了起來、臉色很難看，那個不好的異熟果報就會加重；如果他出之於口，因爲有的比丘眞的會出之於口，那他未來世的異熟果報會更差！爲什麼呢？因爲他不是祝願。不管人家布施的食物多麼差，也應該好好祝願才對！結果他嫌東嫌西，還出之於口，這叫作成就惡業；成就惡業，就有來世的惡業果報，這叫作「有記業」。

如果人家布施了，他沒有祝願、也沒有起瞋，所以沒有不好的心行、口行，那麼對他而言，托鉢這件事情就是「無記業」；而施主仍然是「有記業」，因爲他是布施的善行。有記業未來世就有福報，隨著他所布施的對象，看這個被布施的比丘證量高低，而有不同的「有記業」的福報未來世會出現，這叫作「有記」。所以有記與無記要分清楚，凡是牽涉到善行、惡行都是「有記業」，有時會牽涉到未來世異熟果報的上升或是下降。

那如果是行、住、坐、臥等等日常生活之事，無涉於他人，或者與別人往來，比如說作生意然後有交易，交易的時候沒有善行、也沒有惡行，就只是作買賣，也叫作「無記業」。譬如說有的人當歌星、很會唱歌，她唱歌，歌迷送錢來給她；然後她心滿意足、賺了錢過好生活，這是「無記業」；可是她因爲唱歌很有名，賺了很多錢，心中憍慢，就變成「有記業」。而無記業在凡夫與賢聖之中都同時存在著，譬如阿羅漢他得要去托缽，他也有行、住、坐、臥，這些都是身、口、意行的業，但是無記，因爲不牽涉到善與惡，不會有來世的異熟果。假使是凡夫，同樣也有許多的無記業，所以忉利天的乾闥婆來到人間，變成音樂家，很會拉小提琴、很會彈鋼琴、很會演奏各種樂器，但這是無記業。

無記業也有業種，如同有記業一樣，都有業種，人們就這樣一世一世繼承下來。學佛的時候就要懂得甚麼叫有記、甚麼叫無記，不要落入有記業的惡業裡面；如果必須落入有記業裡面，它一定是善業，不要是惡業！那菩薩修行善業時，不作善業想，就只是去作；心裡不記掛著：「這個就是善業。」就這樣努力修集福田，而不作福田想。所以退與不退法、有記與無記法，這個都是凡夫之想。

「近坐菩提，不取菩提」，怎麼樣叫作「近坐菩提」？你一天到晚坐在菩提之中，結果竟然「不取菩提」，每天與菩提相近而坐，這是一切實證者的心境。可是當他深入菩提法之後，自度度他的時候，每天忙著爲眾生，從來沒有覺得自己「近坐菩提」；因爲他「不取菩提」，所以他心中沒有開悟、或者不悟這回事。他當然很清楚知道什麼叫開悟、什麼叫作未悟的凡夫；可是他不作此想，就只是爲眾生作事，所以「近坐菩提」卻「不取菩提」。

「得菩提已，畢竟寂滅，永離生死，取涅槃想；斷眾生縛，滅一切相，是故羅漢，名爲解脫。」剛得菩提的時候，心中都很歡喜，哈！放下心中的那一顆大石頭了：「終於證悟了，我得菩提了！」可是得到菩提之後，漸漸深入觀察、深入印證，結果竟然是究竟的寂滅；因爲菩提的眞如境界中，無一法可得。以前心裡想的各種寂滅境界，到這個時節看來，原來都不寂滅；只有證得菩提的時候，那個如來藏的境界、那個眞如的境界才是畢竟的寂滅啊！以前所知道的寂滅，最多就是非想非非想定吧！何況末法時代，連未到地定都難得啊！

可是現在證得如來藏以後發覺：原來那個非想非非想定也不寂滅，只有如來藏的自住境界才是眞實的寂滅，這個時候「永離生死，取涅槃想」；放眼所見一切眾生，沒有一個有情不住於涅槃！叫作什麼涅槃？你們講得這麼小聲！好像有一點膽怯的樣子。叫作「本來自性清淨涅槃」！沒有一個眾生不住涅槃，所以佛經中才說「一切眾生本來涅槃」。這從二乘聖人來看，根本講不通：「我努力辛苦出家修行，才終於證得無餘涅槃；而現在你們竟然跟我說：『一切眾生都是本來涅槃！』這到底是什麼道理啊？」因爲從實證佛菩提的人來看，二乘聖人捨壽入無餘涅槃，那涅槃裡面就是這個不生不滅的如來藏。可是一切眾生同有如來藏，而一切眾生身上的如來藏本來就不生不滅，那不是本來涅槃嗎？二乘阿羅漢滅盡五蘊所入的無餘依涅槃，正是這第八識獨存的本來自性清淨涅槃，所以菩薩現觀到這個境界時，用不著入無餘涅槃了！

因此菩薩們證悟後，發願不入無餘涅槃；因爲無餘涅槃就是不生不滅的這個如來藏獨住，再也沒有第二法叫作無餘涅槃！既然如此，顯然自己永離生死了；一切眾生本來就永離生死，何況自己已經能得現觀呢！所以這時候「**取涅槃想**」，是取什麼樣的涅槃想？是原來涅槃本來就在，非從修得、非不修得。不是從修行而得到的這個涅槃，但是不修也不得；因爲你得要修行才能證悟，證悟以後才能現觀這個涅槃本來就在。

此時再從這個本來涅槃、永離生死來看外道的五現涅槃，就覺得可笑了！因爲外道那五現涅槃，根本沒有不生不滅、根本沒有不生不死！所以這個時候有智慧了，以這個本來自性清淨涅槃的智慧，可以去度眾生、教導眾生，把生死結的繫縛斷除；眾生因此而得受用，這叫作「**斷眾生縛**」。斷了眾生因爲無明籠罩而產生的繫縛以後，就可以滅除一切相；因爲轉依如來藏了，從實相法界來看世間法中的一切相的時候，再無一相可見！這樣「滅一切相」以後，就說這個人是證得菩薩阿羅漢位；這樣的菩薩阿羅漢就稱之爲「得解脫者」。

「菩薩法爾，現爲羅漢；不起法忍，即羅漢智；如是羅漢，菩薩不識；心常住於，最上菩提。」菩薩爲什麼說「法爾」呢？法爾是說：菩薩的法本來就應該如此，所以諸位要認清楚這一點：「一切菩薩的法本來就應該如此。」所以正覺弘法之前的那些所謂的菩薩阿羅漢們，他們有沒有本來如此？都沒有啊！都是把識陰的境界、或者把意識的境界、或是把意識的各種變相當作就是實證佛菩提，這樣就無法證得阿羅漢了，還求名聞利養呢！所以菩薩成爲阿羅漢，是依著實證如來藏、證得祂的眞如法性而次第進修成爲阿羅漢的。而第八識如來藏的境界中，迥無一法可得！就是說菩薩本來就應該這樣證的，本來就應該這樣示現的。所以菩薩示現爲阿羅漢的時候，必須如是示現，這是本來就應該如此的。

但是菩薩這樣實證而示現爲阿羅漢的時候，卻是「不起法忍」。大家修學佛法，都很羨慕無生法忍，心裡總是想：「我到何年何月……」有時候說：「我到哪一劫才能得無生法忍？」因爲無生法忍確實不易得；但是證得菩薩阿羅漢位的時候，卻是「不起法忍」，因爲無生法忍、或者說「道種智」都是五蘊上的事；從實相法界來看，沒有無生法忍、也沒有道種智，因爲一法迴無！所以這個時候，他只顧著利樂眾生，「不起法忍」。當他以無生法忍爲眾生說法時，他心中卻沒有法忍可說，這才叫作菩薩阿羅漢的智慧。

像這樣的菩薩阿羅漢們雖然證得的是第四果，可是諸地菩薩們不譏嘲於他；因爲他已經入了般若大門，他的所證不是依二乘菩提而證；雖然他也有二乘菩提的解脫，然而他的智慧卻是佛菩提的智慧，所以「菩薩不譏」；這樣的阿羅漢心永遠都住於「最上菩提」之中，因爲這樣的菩提是無上正等正覺——世出世間無有一法可以超越於這個智慧。爲什麼呢？因爲一切智慧、一切諸法莫不從如來藏中生，哪還有一個智慧、還有一法可以超越於如來藏呢？所以菩薩阿羅漢就永遠住於這樣的「最上菩提」。這時 世尊告訴阿難說：「你如今應當知道，這樣就叫作如來等正覺為諸菩薩摩訶薩方便演說阿羅漢。」這時候阿難怎麼說？佛陀又演說了什麼法呢？

經文：【阿難言：「云何如來等正覺復為諸菩薩摩訶薩說名聲聞？」佛言：「阿難！菩薩能使無量阿僧祇眾生，以佛法聲令一切聞，故名聲聞。亦令得聞不思議聲，聞不思議聲已，而於菩提無有戲論；以清淨聲令彼得聞，亦名聲聞。又使得聞唯涅槃樂，更無餘樂，聞如是聲亦名聲聞。又使得聞根、力、覺、道、禪定、解脫、諸三昧等，念處、正勤，證於無餘；如是之法，令無數眾皆悉得聞，亦名聲聞。是身苦、空、無我，而諸陰相皆不可得；凡夫愚癡，分別此身妄起取著；聞如是聲，亦名聲聞。又得眼界虛偽不實，乃至佛眼皆同眼界不可思議，能令眾生如實而見，於一切法無成就相，名成就眼；如是法相使眾生聞，名為聲聞。如呼聲響令眾生聞，名為聲聞，不應於聲而妄取著；無有聲相亦無所得，聞如是聲，名為聲聞。不應於香而取香想，亦無所得；譬如有人夢中聞香，實無有香，於無香中妄起香想，但是顛倒自生分別而取香想，凡愚信受；聞如是聲，名爲聲聞。舌入相空，猶如肉段不能知味，亦如聚沫不可爲喻，過於喻故；非味非具，分別味相實無所得；如是味界及不思議界平等無二，離心無念亦無思惟，實無心相；聞如是聲，名爲聲聞。己所知法皆令他聞，名爲聲聞；若聞於身，分別身相體性本空，非生非不生，是名菩提；令無量眾得聞是聲，名爲聲聞。心性無體，實無所有，皆如幻化，非生非滅；能令眾生皆悉得聞，名爲聲聞。」

語譯：【這時候阿難說：「如何是如來等正覺又爲諸菩薩摩訶薩們演說什麼叫作聲聞？」佛陀說：「阿難！菩薩能使無量阿僧祇眾生，以佛法的聲音令一切得聞，所以名爲聲聞。也令眾生可以聽聞不思議的聲音，聽聞不思議的聲音以後，而於佛菩提沒有戲論；以這樣的清淨聲令那些眾生們可以聽聞，也名爲聲聞。又使眾生可以聽聞唯有涅槃之樂，再也沒有別的究竟快樂了，聽聞這樣的聲音也叫作聲聞。又使眾生可以聽聞五根、五力、七覺支、八正道、四禪八定、八解脫、諸三昧等，四念處、四正勤，證於無餘涅槃；像這樣的法，使令無數的眾生全部都可以聽聞，也叫作聲聞。這個色身苦、空、無我，而各種五陰之相都不可得；凡夫們愚癡，分別這個色身虛妄地生起各種的取著；聽聞這樣的聲音，也名爲聲聞。又讓眾生證得眼界的虛僞不實，乃至佛眼也皆如同眼界一樣不可思議，能令眾生如實而看見，於一切法都沒有成就相，這樣就稱爲成就了眼；像這樣的法相能使眾生聽聞，名之爲聲聞。猶如高呼聲響而令眾生可以聽聞，名爲聲聞，然而不應該於聲而虛妄地取著；沒有聲音的法相也沒有所得，聽聞這樣說法的聲音，名爲聲聞。不應該於香而執取香的想法，也沒有香的所得；譬如有人在睡夢之中聞見了香，而其實沒有香，在沒有香之中虛妄地生起了香的想法，這都只是顚倒自生分別而攝取了香的想法，然而凡夫和愚人竟然信受了；聽聞說明眞相時這樣的聲音，就稱爲聲聞。舌入的法相是空，猶如段肉一樣不能了知味道，也猶如聚沫一樣不可以作爲譬喻，超過這樣的譬喻的緣故；不是有味也不是沒有味道，分別味的法相其實沒有所得；像這樣的味的法界以及不思議的法界平等無二，離開心就沒有念也沒有思惟，其實沒有心的法相；聽聞這樣說法的音聲，名爲聲聞。自己所知道的法全都說出來使令別人可以聽聞，名爲聲聞；如果聽聞於色身，分別色身的法相體性本來空無，非生亦非不生，這樣說法就稱爲菩提；使令無量的眾生可以聽聞這樣說法的聲音，就名爲聲聞。覺知心的自性本來就沒有常住不壞的自體，其實沒有所有，全都猶如幻化的一樣，卻是非生亦非滅；能令眾生全部都這樣聽聞，就名之爲聲聞。」】

講義：阿難又爲大眾挖寶。所以 如來就說明什麼叫作「聲聞」。「聲聞」就是藉著音聲來說法，讓大家聽聞到色的苦、空、無我；又聽聞到聲其實不是眞實存在，香其實也沒有所有，只是如來藏所顯現；而味也不是眞實有味，只是因爲第八識眞實心的關係才會有味。那麼諸所知法，令大家可以身觸、可以觸證，然而其實一切身相都空。再從法塵上來看，六識心性本空、並無實體，卻能夠了知法塵。這六根、六塵、六識總而言之，就稱爲十八界，其實莫非如來藏心之所顯現，是所生法，本來虛妄；而我們修學佛菩提道，就猶如夢中行一樣，就在夢中一世一世修行，到最後成就佛道。成就佛道的時候，才叫作究竟的醒覺，否則都是在夢中行道；因爲佛地六根互通，六個結都解開了，這時候才能夠說是究竟的醒覺。所以我有時候跟同修們說：「我也只是在夢中辦道，幫助大家一起作夢——作一個一世又一世成佛的人生之夢；就這樣一世又一世作夢，夢到最後究竟清醒時，覺悟究竟的智慧了，就成佛了！」這就是這一段的大意。

《不退轉法輪經》上週我們把四十九頁這一段語譯完了，現在要來解釋了。【阿難言：「云何如來等正覺復爲諸菩薩摩訶薩說名聲聞？」佛言：「阿難！菩薩能使無量阿僧祇眾生，以佛法聲令一切聞，故名聲聞。」】阿難請問如來：「如何是如來正等正覺又爲諸菩薩摩訶薩演說什麼叫作聲聞？」因爲聲聞一向的定義，是指修學二乘菩提的人；因爲他們的法就是個自了漢，而且都不是自己實證得來的，都是經由聽聞 佛的音聲而證得的法，又只限於解脫道而不涉入佛菩提道，所以跟菩薩不一樣。

那很多人閱讀《阿含經》的時候，對於其中記載說有人來見了 佛，佛陀向他說：「善來！比丘。」他當下就成爲大阿羅漢，接著請求在 如來座下出家，其實這是菩薩再來。有人不解這些紀錄、不解其中的道理，其實這些人都是菩薩，只是爲了追隨 釋迦如來，所以事前就先來投生在這個娑婆世界；等到 如來出興於世，他們聽到了，就來見 如來。於是 如來說：「你來得好啊！你這個出家人哪。」他們就頓斷煩惱成大阿羅漢；其實這些人都是再來菩薩。因爲聲聞人沒有不經由聽 佛的音聲而能實證的。所以現在 世尊把這個道理講了，大家可以把它跟《阿含經》的「善來！比丘」連結起來，這道理就懂了。

所以現在阿難知道這個道理，故意爲我們請問，然後由 如來宣說出來。也就是說，聲聞法有個特性，一定是聞 佛音聲說法才能實證的，而且證得的只是解脫道；可是菩薩的聲聞另有一種定義，不是二乘聲聞那個聲聞的定義。所以從佛法來講，什麼叫作「聲聞」？它有不同的定義，因此阿難就爲我們提出來，問什麼是「聲聞」。小參室黃老師，妳可以坐過來一點，否則妳都看不見這裡，就只聽到音聲了！（大眾笑…）我看教學部得盡早設椅子了！親教師們好像老得比我快，（大眾笑…）這不行啦！呵呵！那麼言歸正傳，佛陀就爲大家解說：「阿難！菩薩能使無量阿僧祇眾生，以佛法聲令一切聞，故名聲聞。」這就是「聲聞」二字的新定義了，跟二乘定性聲聞不同。

如來呼喚阿難說：「菩薩能夠使無量阿僧祇數量的眾生，以佛法的聲音而讓一切人都可以聽聞，所以叫作聲聞。」其實聲聞本來的定義就是這樣。

二乘聲聞那個定義，是爲了在五濁惡世人壽短命的時期不得不以「二乘菩提因聲聽聞而得證解脫道」來作施設；而其實「聲聞」的本來意思，就是現在講的這個意思，這才是正確的「聲聞」，與種性無關。但是因爲二乘菩提的流傳，而且說爲聲聞菩提，這在大乘佛法初弘期就已經講了，因此就沿用下來；所以在大乘法中對「聲聞」的定義其實應該是這樣的，因此菩薩聲聞不是二乘聲聞，因爲所證的是菩薩法，不只是二乘菩提解脫之法；依於這個菩薩法，菩薩能使無量阿僧祇眾生用佛法的聲音使一切人都能聽聞，這才叫作「聲聞」。

然而菩薩爲什麼能使無量阿僧祇眾生聽聞佛法呢？人壽也不過百歲，即使活到八萬四千歲，也不見得就能使無量阿僧祇眾生聽聞佛法音聲。這就是說，菩薩永遠不入無餘涅槃；由不入無餘涅槃故，一世又一世與眾生互相陪伴共事，所以就「能夠使無量阿僧祇眾生，以佛法音聲令一切聞」；由這個緣故，所以說爲菩薩聲聞。那接下來，就延續著這個總定義，再來分別述說。

「亦令得聞不思議聲，聞不思議聲已，而於菩提無有戲論；以清淨聲令彼得聞，亦名聲聞。」說完總相，現在就來從別相一一加以說明。說菩薩不但能使無量阿僧祇眾生聽聞佛法的音聲，而且能使眾生聽聞到佛法的不可思議聲音時，同樣可以實證；所以很多的眾生聽聞之後，其中的一部分要能實證，所以說他們「聞不思議聲已，而於菩提無有戲論」。爲什麼無有戲論？因爲菩薩講的是實相，二乘菩提的實證者，乃至三明六通大解脫的阿羅漢，從佛菩提來看，他們所說的解脫之道依舊是戲論；因爲言不及第一義，所以是戲論。那麼諸位打禪三、拿到我的印證，你所證是實相法界，所以從此以後，凡有所言皆涉第一義，再也不是言不及義了，那你要想：「我有多幸福！」應作如是觀。因爲能夠實證菩提而無有戲論，打從無數阿僧祇劫以來，這都是不容易的事；而你有因緣遇上了，就要覺得自己很有福分，也要覺得自己很幸福。如果你如今還沒有實證，或者說你實證了，但還沒有拿到印證，同樣也是很有福分，因爲實證只是遲早的問題，實證之後被印證也是遲早的事。

在佛法中，只要心性沒有問題的人，菩薩一定會幫助實證；可是如果心性有問題，總是存著私心爲自己來作事的，這樣來求證佛法，那麼菩薩幫了他，不就是搬磚塊砸自己的腳嗎？那你說菩薩怎麼幫他呢？幫與不幫眞是兩難！菩薩有悲心於大眾，也有慈心於大眾，所以拔眾生苦以後，還要給眾生快樂，就是法樂。可是幫他證悟了，他將來會出紕漏；在正法團體中出紕漏，那是頂頂大的罪業；捨壽後，無量苦報，菩薩想想也不忍心；可是如果不幫他呢，他心裡又怨懟，都想：「菩薩偏心！我明明很有能力，你爲什麼不幫我？」可菩薩想的是：「因爲你太有能力，幫你悟後，破壞正法也最有能力。」（大眾笑…）這就是我們正覺同修會的門風。

所以你看我們親教師們都是良善的、心性好，有些增上班的同修們私下裡抱怨：「我明明很有能力，我出來教學一定教得很好，偏偏就不用我！」有的人就上網去貼文字誹謗正法，那就是地獄業了！我講白了：那是地獄業！因爲了義的正法，並且不是一宗一派的法，而是整體的佛法，毀謗這樣的正法道場都是地獄業；分裂這樣的勝義僧團變成破和合僧，他自己出去開山也是破和合僧；因爲他把好好一個僧團分裂出去了，這都是七逆罪之屬。可是幹了七逆罪的人，他不會省覺的。但是我現在要防的就是：後續繼續有人犯七逆罪。

我不想看見這個情況，所以像那種很有才幹的人，可是心性不是非常好，我就不用他，這是保護他。因此菩薩在度眾生的時候，讓眾生「於菩提無有戲論」，固然是他的職責所在，也是菩薩的本分，因爲他要報佛恩必須如此作；然而如果有人心地不夠良善，不足以爲人師表，那麼菩薩要如何重用他？這就是有慈有悲的菩薩必須要考量的重點；如果重用了他，一定出紕漏，將來捨壽前如果沒有懺悔、沒有見好相，大概就下墮了，那你說菩薩於心何忍？

任何一個人當法主，心裡都要有這樣的正確心態：「他很有能力，但你如果幫了他、重用他以後，他將來會出紕漏，那你就不要用他；等他未來世心性改變了，或者說這一世明顯可以看到他心性改變，你才能用他。」這個道理以往沒有人講，我從來也不講，都放在心裡，可是今天我得講了，否則繼續有人幹了地獄業而他還不知道，都不知道那個是地獄業。那諸位想想看：他是有智慧、還是沒智慧？（眾齊答：沒智慧。）異口同聲說沒智慧喔！所以可見我不重用他們是正確的，對吧？（眾答：對。）對了，諸位認同了！那表示諸位未來世當法主時，同樣會有這個種子流注；因為你現在已經把這個種子種進去了，將來同樣是這樣的作法，這才是菩薩阿羅漢應該有的心態。

那菩薩「**於菩提無有戲論**」，當然有他的原因，就是因為他證得實相法；證得實相法時，所觀一切法莫非如來藏；既然沒有其他的外法可言，凡有所觸、凡有所證、凡有所知莫非自己如來藏中的法；這時凡有所思、所想、所行、所為一切都依如來藏而作，這時候自然就沒有戲論了；菩薩以這樣的清淨音聲令眾生們得以聽聞，這就稱為「聲聞」。所以佛菩提中所說的聲聞，是指一個事情的狀態和過程，要這樣子才叫作「聲聞」；而不是像二乘菩提那樣定義的「聲聞」種性。

再來看第二個定義：「**又使得聞唯涅槃樂，更無餘樂，聞如是聲亦名聲聞。**」這如果是六識論的那些聲聞人聽了、讀了，他一定心得大樂：「你看，我說的對嘛！所以每一個人都要證涅槃，證涅槃就是證阿羅漢果，將來捨壽就入無餘涅槃。」可是我說他們錯了！因為在佛法中說的涅槃有四種，不是只有二乘聲聞人所證的有餘、無餘涅槃，這二種涅槃是不究竟的；佛法中還有本來自性清淨涅槃，是從第七住位乃至妙覺位之所證；還有一種無住處涅槃，就是不住生死、亦不住涅槃；這個無住處涅槃是佛地之所證，所以在佛菩提中，以這樣二種涅槃來函蓋二乘涅槃，這才是佛法中說的涅槃。

那麼菩薩阿羅漢要讓所度的眾生可以聽聞到：「**又使得聞唯涅槃樂，更無餘樂，聞如是聲亦名聲聞。**」三界世間無一可樂，只有涅槃解脫生死才是眞正的樂境，再也沒有其餘的快樂境界了。以這樣的音聲讓眾生聽聞，那一些聽聞的眾生就叫作聲聞。這裡談到「**唯涅槃樂**」，是不是像一般人初學佛想到的說，涅槃實證了是有快樂覺受的，所以我證涅槃以後，我這個五蘊身心繼續存在某一個境界裡面，永遠不生不死、永遠是快樂的？很多初學佛的人都這樣講，甚至於也有大法師出來弘法，也是這樣講的。所以南部有大法師在書中還說：「這某甲證悟以後，從此過著幸福快樂的日子。」那不就是世間法了嗎？

猶如 世尊說的：「生滅滅已，寂滅為樂。」所以眞正的樂是寂滅的；既然是寂滅的，就表示其中沒有六塵，了無一法可得；如果還有個意識存在，那就是還有六塵；即使是獨頭意識住於夢中也還是這六塵具足；如果是定中的獨頭意識，那是二禪以上的等至位，也還有定境中的法塵，仍然不是究竟的寂滅。所以「寂滅為樂」是十八界滅盡的境界，當十八界滅盡了，還有我嗎？當然無我了！那麼菩薩阿羅漢以這樣解脫生死的涅槃，也就是說五蘊沒有滅盡、仍然存在時，可以現見自己的如來藏本來存在、本來有自性、本來就清淨、本來就不生不死，這叫作本來自性清淨涅槃；而眾生追隨菩薩修學之後，可以現見這個境界；所以這個「究竟寂滅」的境界是跟五陰同在的，那麼這樣就是「涅槃樂」。

可是這個涅槃樂有體、有用，我們禪三的考驗就是要有體、有用，但是其中有一部分的體，禪三期間也不考驗；那是在增上班才說明的，那個體就是本來自性清淨涅槃。所以禪三過五關、斬六將回來，對那個體還是沒有完全瞭解的。當然有的人拿到我的金剛寶印，而其實是我指導他的，因爲他的慧力好，足夠我來教導他；當他以這個境界來觀察阿羅漢入了無餘涅槃時，恍然大悟說：「喔！原來他們進入無餘涅槃是這個境界，而諸阿羅漢們竟然都不知道。」這個才是大乘佛法中說的「涅槃樂」，因爲這是究竟的、安隱的、不生不死的境界；除此「涅槃樂」之外，再無餘樂可言。那麼眾生聽聞到菩薩阿羅漢這麼說以後，實證了，他聽聞這個聲音時，也叫作「聲聞」。

「又使得聞根、力、覺、道、禪定、解脫、諸三昧等，念處、正勤，證於無餘；如是之法，令無數眾皆悉得聞，亦名聲聞。」不但如此，菩薩宣說的法得要是全面的佛法；不要只是枝枝節節、分散零碎的佛法。佛教在中國粗分爲八大宗派，其中的密宗不是佛教，不能列進來，所以只剩下七大宗；可是七大宗裡面，只有禪宗有實證；至於禪宗的實證卻又只是總相，大不了有差別智、有別相，卻是無涉於無生法忍，那佛教就因爲這樣流傳而低落了！

你們有沒有感覺我是在貶抑禪宗？爲什麼搖頭？因爲禪宗很重要，佛教的一切諸法，都要由禪宗的實證開始；如果沒有禪宗這個實證，談不上非安立諦三品心，也談不上入地前加行位的安立諦十六品心、九品心；也就沒有入地後的無生法忍可得，所以禪宗這個法非常重要！可惜的是在禪宗裡，有機會來宣講全面佛法的祖師太少；縱使古來有這樣的祖師可以全面弘傳出來的，能弘揚的時機也太少。直到今天，咱們正覺才有機會把它全面弘揚出來，正好就讓諸位給碰上了。嗄？笑這麼小聲？（眾人大笑⋯⋯）對啊！正好我們把它全面弘揚出來，諸位遇上了，所以不要小看自己。

因爲正覺這個法的弘傳內容是全面的佛法，不是局部的；我們現在跟古時不同，現在有錄影，就有影音檔留下來，縱然我走了也沒問題，還可以重複播放；那麼只要有證悟了，一代一代把禪宗這個證悟傳下去，然後一代一代都可以看我這個講解悟後進修全面佛法的影像。如果正覺同修會可以這樣一直延續下去，主其事者都是心性良好的老師們就沒事；我來世再來還可以聽，證量回復的速度也就快，所以說心性很重要。我也說過：「**諸位如果想要追隨月光菩薩，最遲九千年時，你得要證阿羅漢果。**」證阿羅漢果是斷五下分結、五上分結，與一切法、一切眾生都無所諍，完全沒有私心；到這個地步才有資格跟隨月光菩薩。因爲 世尊早就預記了：要追隨月光菩薩到最後五十二年、沒辦法弘法爲止；到了那一天到來，五十二年過完了，都沒有人想要修學眞正的佛法了，於是月光菩薩入山安居；能追隨他入山的人都是阿羅漢，沒有一個三果以下的人。如果諸位預計將來要追隨月光菩薩，你得要證阿羅漢果；這就要努力伏性障或除性障這兩個階段：首先要降伏性障時得靠定力，然後證悟之後要把性障除掉，次第進修才能證阿羅漢果。可是我想：「難道這一世我就不能看到你們諸位有一些阿羅漢出現嗎？」喔！你們承諾了！太好了，那我就等候你們；後面還有二十年，看誰要先證阿羅漢果？

因爲九千年後，你要追隨月光菩薩，你得是阿羅漢才行！否則月光菩薩入山了，你就得繼續留在人間，不能隨他遊履山林；這是 佛陀早授記的事，現在機會漸漸成熟了，我就說給諸位學生知道。雖然來同修會一直都在學「善死」，我還是稱你們「學生」，因爲這個對你們講是有意義的；可是我如果到外面去，不論跟誰講這道理都沒有意義，因爲他們沒機會。

如果所宣講的佛法不是全面性的，獨沾一門，譬如天台宗專門研究經論，那你看看智者大師寫出來的那些論，都是意識思惟得來的思想。如果像三論宗，都在意識境界來講三論；可是《百論》、《十二門論》、《中論》都是依第八識如來藏講的，那你想，他們三論宗講的法會正確嗎？絕對錯誤啦！所以不論哪一個宗派，這七大宗只有禪宗是實證的；禪宗有機會發展成全面性的佛法，但是要看時機、看當時的社會環境；假使今天咱們是在大陸就不可能了，因爲你想想看，這六個講堂，每一個講堂坐三百個人，一千八百人聽經，那眞的叫作（我學一句世俗話說）：「轟動武林，驚動萬教。」一定有人要來干預的：「不可以再聚會！」可是臺灣宗教自由，沒有這個問題，我們有這個因緣可以這樣來講經、來說法，增上班也可以上課，都沒問題；所以佛法是否可以全面性的廣弘，還要看時局的發展。因此我們也不能要求說：「以前你們禪宗祖師爲什麼都不這樣來弘揚全面性的佛法？」因爲有兩個原因：第一、他本身有沒有那個能力？第二、當時的外在環境容不容許？只要外在的環境容許，咱們就作；所以我們說的法很廣，先講禪宗，然後又講淨土宗，後來也講了律宗的《優婆塞戒經》，每年還傳戒；然後也講般若，也有宣講法相唯識的內涵，因爲我寫了很多書都是用法相唯識來講的；甚至於南傳佛法講不出來的《阿含經》眞實義，我也把它寫出來了。至於天台宗所講的都是不了義的思想層面，我就不弘揚它；然後加上不屬於佛法的密宗，我也把它破了。也就是說，你身爲菩薩阿羅漢必須要講述一個完整的佛法，令眾生得聞、得修、得證，這才叫作「聲聞」。

所以你所說的不能單單只有一部分，因此對學法的眾生，你得要設法讓他們能懂，懂什麼內容？懂五根、五力、七覺支、八正道，還有四禪八定、還有解脫道，然而廣義的解脫道不單單是一般所說的解脫，還要涉及到八解脫；然後還有觀禪、練禪、熏禪、修禪，雖然這些都跟世間禪定有關，卻是要依如來藏金剛三昧而修的，所以叫作「諸三昧等」，當然就包括空、無相、無願三昧；而這些牽涉到三乘菩提，所以四念處、四正勤都得教導。因爲對眾生而言，他來學法，你如果單教四念處、不教四正勤，進步也慢。四正勤又名四意端，所以修法應當加以推展、往上進展，讓已修的法更深妙；所謂修法，應該幫他實修。剛剛是講善法，四意端的修行，有過失的要趕快把它滅除；不曾有的過失，不要讓它出現；所以反過來說，已有的善法要加以發揚光大；未曾有的善法就要趕快加以實證，這叫作四正勤或四意端。

每一個人都這樣作，進步就很快，那就是化長劫入短劫。諸位想看看：你們來打禪三得印證了，有的人則是悟後來護三。雖然你們千里迢迢，有的人還不只千里；從東北而來的，就不只千里。千里迢迢來到臺灣，能證得這個法，彌足珍貴！證得這個法之後，進步到底快或慢？就看你四正勤有沒有修好。如果都能修四正勤，進步一定非常快，那麼「證於無餘」就不是問題了。所以九千年後追隨月光菩薩就是本分事；如或不然，只能在人間繼續流轉，等待　彌勒尊佛降生人間，那又差上好大一段時間啊！很多人都沒想到這一點。

如果證阿羅漢果，到時候追隨月光菩薩，捨壽後都去彌勒內院，得　彌勒菩薩教授無生法忍、一切種智；在他下生人間前的五億七千六百萬年中，你可以學多少！要想到這一點。可是你如果沒有實證，但是沒有失去正念，也懂得求生彌勒內院，也可以接受教導，只是在那裡要證悟很難，因爲那裡不辦禪三（大眾笑…）。我為了要復興佛法，所以我得用人，不辭辛勞，幫助大家實證了以後，往生到彌勒內院去、到兜率內院去，以證悟的基礎來受學那一些法，進步就會很快；絕對比在我的增上班聽課進步要快。但是想要進步快，你也得要有那個基礎作支撐；沒有那個基礎時，就像把建築蓋在泥淖地上一樣。所以這九千年是你修集廣大福德的唯一機會，要記住這一點；未來世你到了兜率內院，你向誰修福德？沒機會修福德了！若沒有福德支撐，你在法上想要快速進步就沒機會，我說這話是誠實語。

那麼修福德所應該種的福田一方又一方，我開闢出來了；我盡了我的本分，至於種不種這一些福田，那就是你的事了，種與不種都由你自己決定。但我不是向諸位勸募，或叫你每天來作義工，因為錢財又不落在我口袋裡，作了義工也不是為我個人作的，應當想：「這是我為自己作的。」每一個人皆應作如是觀。所以這個道理我說給諸位，你只剩下九千年可以修福德。說一句不客氣的話，你將來生在彌勒內院，從所要受學的廣大諸法來講，只有這九千年可以修集福德來作支持，用四個字來形容：「時日不多。」這是事實。但這話不能跟外面的人講，講了也沒有意義；他們不會信受，而且還會誹謗，這都是正常的。

那麼所演說的佛法必須圓滿具足，從基礎的根、力、覺、道就要開始講。所以如何具足五根？信、進、念、定、慧五根都發起了之後，要如何去轉變它成爲五力？然後修七覺支、八正道、禪定等等一體修學上來，終於可以實證「**諸三昧等**」。如果依於佛世的弘法次第，要想證得諸三昧等，那得要先成就阿羅漢果，也就是禪定和解脫；所以想要證金剛三昧是不容易的，但現在諸位證了，要把握機會、繼續進修；到了月光菩薩那個年代，四念處、四正勤你都修好了，那時已證得菩薩阿羅漢的果位，這叫作「**證於無餘**」。菩薩阿羅漢要以這樣的法，使令無數的大眾都可以聽聞，這樣就稱爲「**聲聞**」。

「**是身苦、空、無我，而諸陰相皆不可得；凡夫愚癡，分別此身妄起取著；聞如是聲，亦名聲聞。**」所以你想要當菩薩阿羅漢，不是單單傳給眾生證得金剛三昧就可以、不是單單證如來藏就可以，而是必須要讓大眾先斷「三縛結」，所以必須要爲眾生先說明：這個五陰身本身就是苦、是空、是無我，不論從哪個角度、從哪個層面來觀察五陰的法相，其實都不可得。而凡夫沒有智慧，被無明籠罩，對於這個五陰身心去作了錯誤的分別；由於錯誤的分別，所以虛妄地加以執取、加以執著。這個道理必須要說給眾生聽聞，而眾生聽聞這樣的說法聲音，也稱爲「聲聞」。

「又得眼界虛僞不實，乃至佛眼皆同眼界不可思議，能令眾生如實而見，於一切法無成就相，名成就眼；如是法相使眾生聞，名爲聲聞。」從兩個層面來說眼界。「界」又名種子、又名功能差別。菩薩阿羅漢要爲眾生說明「眼界虛僞不實」，也就是說眼根的功能、眼識的功能全都虛僞不實；因爲先從二乘法來講，所以說「虛僞不實」。那爲什麼說「眼界虛僞不實」？因爲眼的功能只能用在世間，而眼的功能終究會毀壞，最後歸於滅失；到了下一世，那是全新的眼界，那個新的眼界到了死亡的時候，依舊會滅失，所以說是「虛僞不實」。但是以此類推而反過來說，耳界，鼻、舌、身、意界同樣「虛僞不實」；而「佛眼」雖然「皆同眼界」，卻與眼界同樣「不可思議」。

眼有五種，即是肉眼、天眼、慧眼、法眼、佛眼；肉眼與天眼都虛偽不實。有的人很羨慕天眼通，可是每一個有情無始以來，都曾有過天眼通；因為每一個有情無始以來無量世，都曾經出生在天界過；無量世以來，也都曾經在人間而具有天眼，可是從來不得慧眼，那你說：「**到底慧眼勝妙，還是天眼勝妙？**」（眾答：慧眼。）對了！因為天眼之所見都是世間相，那肉眼就更不用提了，當然也是世間相。可是一旦你有慧眼，所見就是出世間相；而這個慧眼所見的出世間相，能及於實相法界，同時也能及於二乘菩提，所以慧眼才勝妙。

眾生無始以來不得慧眼，但是常常都有天眼，卻是無助於解脫，也無助於證實相法界。那麼這一世在人間雖然失去了天眼，也不可惜；等將來證阿羅漢果以後，有時間的話，沒有眾生繫縛著，那你就可以好好把它修回來；再怎麼說，都比修慧眼容易，因為那是世間法。只要你有足夠的時間、空間，也不受打擾，你就可以修它。但是奉勸諸位：如果眾生有賴於你，法身慧命才得以增長，你可別當自了漢，只顧著自己修五通。因為菩薩不重神通，所以菩薩道中，五通的實證是在三地即將滿心時才實證的。如果你身爲法主，在十住位、十行位、或十迴向位以內你就具足五通，那眾生都會很想要親近你，但你不太樂意他們親近，因爲親近你的都是在世俗法中打滾的人；那麼想想看，你能攝受多少佛土？少之又少。因爲當你有五通的時候，你對於一般眾生都會看不上眼，前來親近你的也是看在你的神通而來的，這是很自然的現象。所以「眼界虛僞不實」，耳界，鼻、舌、身、意界全都「虛僞不實」；但是如果你對眼界的「虛僞不實」看清楚了以後，實修佛菩提而證得了，你有慧眼了；有慧眼之後，腳踏兩條船：一腳在實相法界，一腳在現象法界，兩面都通！你可以有許多方便善巧來攝受佛土，那你成佛就快。

成佛快與慢，不是看他智慧修得好不好，而是看他度的弟子道業好不好；如果他所度的弟子道業不好，他就沒辦法成佛，因爲如果他成佛了，他座下得要有妙覺菩薩、等覺菩薩、十地菩薩……下至凡夫的菩薩，他得要有這麼多的菩薩才能成佛。可是他的智慧足以成佛了，卻沒有這一些弟子，那請問他怎麼成佛？不會有人成佛了以後，沒有妙覺、沒有等覺、沒有十地、九地、八地等等菩薩；而他成佛了，可是座下全部都是凡夫；佛菩提中，沒有這樣的佛。

如來也說過，祂發心晚於 彌勒菩薩四十劫，但是祂先成佛，而且不只是「先」，是過無量無邊百千萬億那由他劫之前就已經成佛；現在是因爲一千位兄弟都可以成佛了，所以祂再來依序示現。那你想，祂攝受的眾生有多少了。在那麼早之前，祂的座下就有妙覺、等覺、十地、九地等菩薩。所以先攝受眾生，讓眾生跟著你學法，而都能有實證，並且數量還要夠多；大家都進步了，水漲船高，就是你成佛的時候了。

這就是說，你還必須要把「**眼界虛僞不實**」的事情觀行清楚之後，乃至進一步去證得慧眼；有慧眼了，你才有辦法眞的度眾生。如果自己都沒有實證，那你度誰？也許有人引述經中的話說：「**經中不是說自度度他，名爲菩薩嗎？**」可是那個「**自度度他，名爲菩薩**」是要先證慧眼的，所謂的「**自未得度，先度眾生**」是要有慧眼的。「**自未得度**」的意思，佛陀定義得很清楚：「**尚未成佛**」名爲未得度；不是「**沒有證悟**」叫作未得度，不要把 如來的意思錯會了。所以從佛菩提的立場來講，眞正的度眾生得要自己先證悟，雖然還沒有成佛而稱爲「自未得度」，但已經有慧眼、法眼了，這才是 如來《楞嚴經》所說「自未得度而度眾生名爲菩薩」的道理，所以必須要先證慧眼。

可是證慧眼之前，必須要先現觀肉眼不得實際，乃至現觀天眼不得實際；因爲那是世間法，所以要求證慧眼。求證慧眼而證得了以後，有慧眼可以觀照「眼界虛僞不實」，也可以觀照天眼「虛僞不實」，次第進修也可以觀照慧眼「虛僞不實」；因爲慧眼乃至法眼都還不究竟，得要到達佛眼才是究竟地步。可是證得佛眼之後，反觀回來，發覺佛眼也是「虛僞不實」；但是佛眼卻又「不可思議」，從佛眼的不可思議，再往下觀察法眼、慧眼、天眼、肉眼同樣「不可思議」。爲什麼不可思議？眾生的肉眼很平凡，憑什麼你說個「不可思議」？憑什麼 如來說它「不可思議」？因爲這個道理只有 佛知道，教導給菩薩們以後，菩薩們也可以教導給眾生實證而得了知。

那接下來要探究，爲什麼佛眼乃至肉眼不可思議。肉眼、天眼說眞的「不可思議」，爲什麼呢？因爲肉眼、天眼也是如來藏眼。如來藏出生了肉眼、出生了天眼來看一切色塵，可是一切色塵卻又是如來藏所變生的；眾生並沒有看見外面的六塵，所見六塵莫非如來藏所變現的內六塵；而如來藏變現的肉眼看見如來藏變現的色塵，眾生能想像嗎？不能想像，所以說「**不可思議**」。諸位設想：你學佛以來，就算已經四十年好了；二十歲開始學佛，現在六十歲，你聽過誰講這個道理？從來沒有！所以眾生對於「**眼界**」的「**不可思議**」無法想像，說了他也不懂，因爲這不是三言兩語講得清的。

那麼又從「**眼界不可思議**」，繼續往上追探到佛眼的時候，就發覺原來五眼全都「**不可思議**」；可是身爲菩薩阿羅漢是實證法界實相的人，他弘法時必須要能令眾生「**如實而見**」。令眾生「**如實而見**」，當然不是說只有他自己「**如實而見**」，那我請問諸位：「**你們來到正覺同修會，拿到我的印證之後，能不能如實現觀眼界所見都是如來藏所變現？能不能？**」（眾答：能。）能嘛！這就是說，我們所說的法，我們來解釋了 如來所說的法，祂是正眞無訛，完全沒有虛僞、完全沒有錯誤。

如今我幫助眾生「**如實而見**」，只要拿到我的金剛寶印，你就可以現觀，能見的我這個眼界是自己的如來藏所生，而眼界從如來藏中出生以後，所見的色塵仍然是我的如來藏所生，所以「眼界不可思議」；能這樣現觀，你就是個「不可思議」的人，名爲實義菩薩。到這個地步你有慧眼，而且你這個慧眼不只是禪宗那個總相智；禪宗證悟者被祖師授予禪板、出去開山，他只知道哪個是如來藏，其餘就不懂了，這樣也能開山，這就是禪宗古來的慣例。可今天諸位拿到我的金剛寶印，可以現觀自己的眼界從如來藏中出生，眼界所見的色塵也是從如來藏中出生；這個「不可思議」法，古來禪宗祖師能了知的寥寥無幾。那我們會裡最早期證悟的人，不願接受我的攝受就離開了，而他們的所知就只有總相，其他都不知道，所以不能像你們現在證悟的人這樣現觀；他們只知道如來藏是哪一個，如此而已。所以如果要尋找那些離開同修會的人追隨的話，不要找太早期的。（大眾笑…）因爲他們只知道總相，那他們不肯追隨我繼續學法，就只能得到總相智。

所以眾生學法的時候，各種狀況都有，千奇百怪；諸位要見怪不怪，平常心看待就好，但是要有智慧來判斷、來抉擇：「我該怎麼走這一條路？」

所以每一回禪三之後，解三付囑時我都要說：「諸位好悲哀啊！悟了還不能離開同修會，因為還有很多法要學。」可是你們都說：「不悲哀！很幸福！因為學不完。」也對啦！可是對於有私心的人來講就是悲哀；那我寧可他留在會裡面繼續悲哀，因為一則、不會破和合僧；二則、他的道業進步快速，師徒倆都好。

那麼如果能令眾生「如實而見」「眼界不可思議」，乃至佛眼「不可思議」，這時候「於一切法無成就相」。請問諸位：你證悟之後，得到了什麼？沒有得到什麼啊！你說：「有啊！我證得如來藏。」那麼請問：「你證的如來藏是我給你的嗎？」沒有啊！也是你自家本有的，所以你沒有成就什麼，當然說為「於一切法無成就相」。而且你證得眞如智的時候請記得，譬如說你證得第七住位的眞如，這時候要瞭解第七住位的眞如是什麼；就是當你第七住位的「眞如智」具足圓滿的時候，還要現觀你的眞如智與你的眞如心平等、平等；二者平等、平等的時候，還有眞如智嗎？沒有了！迥無一法可得，歸於「無智亦無得」的境界；所以你什麼都沒有成就，全部回歸到你的如來藏。

當你證得初地眞如智時，最後要能現觀這個初地的眞如智與初地眞如心平等、平等，也就是將智慧攝歸於初地眞如心；這時候你還有智慧可言嗎？無智可得，又回歸《心經》那句話「無智亦無得」，所以什麼法也沒有成就，這樣才是眞解脫。所以如果老是抓著說：「我有七住眞如。」那就被七住眞如繫縛住了！所以這個轉依眞如的事，應作如是觀。到這個時候，不論你證得哪一個階位的眞如，都是「於一切法無成就相」，沒有成就的法相可言，但你卻又同時成就了。如來說這樣「名成就眼」，這樣的道理要拿來說給眾生聽聞；換句話說，不是你自己實證就好，你要幫眾生同樣的實證。當眾生實證之後，你還得把這個道理講給眾生聽，讓眾生可以了知這個道理，這樣才叫作菩薩「聲聞」。

「如呼聲響令眾生聞，名爲聲聞，不應於聲而妄取著；無有聲相亦無所得，聞如是聲，名爲聲聞。」譬如說，有人張嘴高呼一個聲音出來，讓眾生可以聽聞，就叫作「聲聞」；因爲有那個聲音出來了，大家聽聞了，所以叫作聲聞。可是菩薩摩訶薩、或者說菩薩阿羅漢不應該於聲而有所分別，因爲分別就是虛妄法；所以不可以對於聲音作了虛妄的分別，然後加以取著。爲什麼呢？因爲一切聲莫非如來藏聲，如果沒有如來藏，任何一聲皆不可得。而你從如來藏看一切聲時，沒有一聲可得，所以「不應於聲而妄取著」。

當你轉依如來藏時，你從如來藏的立場、從如來藏的境界來看一切聲音時，有兩個層面你必須了知：第一、一切聲莫非如來藏之所生；第二、從如來藏來看一切聲時，無有聲音可得，沒有聲相可得，所以說「不應於聲而妄取著」。這時候沒有聲相可得，也沒有聽到聲音的內容，「亦無所得」，聽聞到這樣說法的聲音才叫作「聲聞」。那我現在把這個道理講給諸位，諸位也聽到了，那諸位也是大乘佛法中的「聲聞」；我說出了這樣的聲音，我也是「聲聞」，這就是大乘佛法定義的「聲聞」。

「不應於香而取香想，亦無所得；譬如有人夢中聞香，實無有香，於無香中妄起香想，但是顛倒自生分別而取香想，凡愚信受；聞如是聲，名爲聲聞。」依此類推，「香」本無今有，從現象界來看是生滅法。可是「香」到底從哪兒來？同樣的道理，推之於其餘的五塵，那五塵從哪裡來？（眾答：

如來藏。）對了！三句不離本行。譬如你作夢的時候，所見色塵不但是有形色、表色、無表色，還有顯色；套一句日本人的話，說那叫作伊士曼色彩，完全如實；夢境裡眞的是四色具足，全都是彩色的，然而夢境是誰變現給你的？（眾答：如來藏。）對了！總不會是你意識、意根自己變現的吧？可是如來藏猶如工畫師，就像工筆畫師，每一個細節都幫你畫得好好的，可以讓你看得很清楚；你意識、意根完全作不到，而祂就這樣不斷地畫給你，而且是動態的，不是只有一幅畫而已！色塵如是，聲、香、味、觸、法塵莫非如是。

如果說有人能畫工筆畫，畫得唯妙唯肖，也不過就是色塵；而且不過就是一幅圖，還不能成爲電影一樣放映出來；可如來藏六塵具足，全都放映給你，你作夢時就在其中作；夢中如是，難道清醒位就不如是嗎？你正在清醒位時，如來藏跟外面的六塵連結，變生了內相分的六塵給你，一模一樣，你看祂多厲害！你根本無法想像這樣的境界，所以這裡說「不應於香而取香想」，眞的是如此；因爲香是如來藏變生給你的。

你在夢中，睡時的外在環境並沒有香，所以外面不曾有香來；但你在夢中眞眞實實聞見了香味，那是如來藏變現給你的；在清醒位連結到外面的世界，如果有香來，祂就變現一模一樣的香給你；那個香味很香，祂就變現很香的香味給你；那個香塵有一點臭，祂就變現有一點臭的香塵給你，全都如實變現。而你所聞到的那個香味，不是外面的那個香味，是你的如來藏變現給你的香味，猶如夢中一般。所以不應該對於香「**而取香想**」，因爲那香味是如來藏變現的，你覺知心從來都沒接觸到外香塵；不論夢中、不論清醒位都如是，所以你嗅見的那個香味也沒有所得。

就好像有人在夢中聞見了香味，其實並沒有外香；可是他夢中在無香之時虛妄地生起香的了知，那其實只是顚倒想，而自己出生了分別說有香的了知；然而凡夫與愚人信受有外香被自己所觸知。我記得年輕時，讀過一則新聞報導，說非洲有個小部落，他們那些人如果今晚夢見了去哪個地方玩，或是夢見出國去玩而回來了；然後他醒過來，就認爲自己眞的有出國去玩，所以就盛裝打扮、出來跟大家招呼：「**我出國去玩，回來了。**」大家也都認爲是這樣；所以他們把夢中的事情認爲是眞的。那後人聽了都哈哈大笑說：「唉呀！好愚癡喔！」可是我說：「就像烏龜笑那隻鱉沒有尾巴！」（大眾笑…）對啊！就是五十步笑一百步；因爲其實所聞的香都是如來藏變現的香，而大眾不知道，所以「妄起香想」，認爲眞的有聞見外塵的香了。菩薩就要把這個道理告訴大眾，讓大眾聽聞到這樣的佛法聲音，這就稱爲「聲聞」。

「舌入相空，猶如肉段不能知味，亦如聚沫不可爲喻，過於喻故；非味非具，分別味相實無所得；如是味界及不思議界平等無二，離心無念亦無思惟，實無心相；聞如是聲，名爲聲聞。」前面說過，身苦、空、無我就是講色陰，身是色法。講完了聲，講完了香，現在來說味，舌入就是味。舌入的法相是空，其實不存在；舌入的法相其實就是空性如來藏，沒有別的。如果單從現象界來講舌入，那是無常法，不眞實。舌入其實也是如來藏所變現的，所以你凡有所食、凡有所飲，乃至於口渴而覺得嘴裡鹹鹹的，都叫作舌入。可是你覺知心領受舌入的時候，要瞭解雖然是有舌入，可是要想想自己的舌頭不過是個肉段，肉段只是物，物不能了知；而你了知這一點之後，還要去觀察舌頭之所以存在，就如同色身之所以存在，都猶如河流中那個漩渦裡的聚沫一樣，只是一時存在。

可是眞要說起來，舌入雖然相空，眞正的道理卻超過聚沫的譬喻。在佛法中教導眾生的時候，都說身如聚沫，因爲色身不過是地、水、火、風組合起來，就像河流漩渦中那個聚沫一樣，看起來它一直存在，可是如果來一陣大水就把它沖走了；大水叫作死亡，當這業風一吹，色陰就全沒了！所以說**「過於喻故」**。

「過於喻故」還有一層意涵在：你這個舌頭肉段是如來藏所生，其實歸如來藏所有，卻被覺知心據爲己有。有了這個舌頭以後就有了舌入，可是這舌入**「非味非具」**；眞相是舌頭所嚐到的味道不是味道，叫作如來藏味；可是這個道理，到末法時代能說給誰聽？其實，你沒有嚐到外來的味道，而是如來藏根據食物的味道而變現給你內相分的味塵，因爲你覺知心從來不曾接觸到外六塵。舌頭所嚐到的食物，舌頭自己不知道那個味道，因爲舌頭是物而非心；然後說有那個食物的味道多麼甘、多麼醇、多麼甜、多麼鹹、多麼辛辣等；但是你要想一想，舌頭是肉段，肉段只是色法，不是心，如何能嚐到那個味道？

可是你畢竟嚐到了，所以你嚐到的一定是如來藏變現給你的內相分味塵，不是舌頭所能了知的食物外相分味塵。因爲舌頭只是肉段，而你覺知心舌識才能了知那個味道，但你的覺知心舌識卻又不能接觸到色法，而味塵是色法；話說回來，如果不是色法，你根本嚐不到那個味道。可是你覺知心不是色法，卻能嚐到色法的味道，表示那味道是如來藏變給你的，所以嚐到了；然而推究其實，沒有具足、事實上也沒有存在過那個味道，你所嚐到的味道是如來藏變現給你的，所以說「非味非具」。如果你有慧眼、有法眼，你可以去分別說：「舌識所嚐這個味道的法相其實不從外來，是自己的如來藏所變現，所以『實無所得』。」因爲那個味是本來自家有的，不從外來。

現在一定也有人想，我相信每一個講堂，不論哪一間講堂都會有人想到：「既然味道不從外來，可是我要嚐到那個美味，我卻得上餐館去，那不是從外來的嗎？」那我就說：「比如你在家裡嚐到的味道是家常菜，不是非常美味；而那個美味不管它多差，你舌頭一樣不能了知；而你的覺知心是心，同樣不能觸到色塵的味道，那你怎麼會知道自己的家常菜味道平常？可是你明明已經知道了，表示你所嚐到的味道是如來藏變現給你的內相分味塵。」那你外出到餐館去吃的時候色香味美，看到的色塵乃至嚐到的味塵也都是如來藏變給你的，道理是一樣的。所以外味入是如來藏的所入，可是如來藏不了知外味入；而舌識與意識所了知的是內味入，內味入是經由你的如來藏變現出來的。

有智慧的人，聽我這麼一譬喻就懂了，所以「分別味相實無所得」；換句話說，這個「分別味相實無所得」必須是你有慧眼，聽聞善知識解釋的時候你才能現觀；於是你能現觀了，就說：「如是味界及不思議界平等無二」，因爲這個「味」的功能差別其實就是如來藏「不思議界」。

「不思議界」就是如來藏法界，因爲世間法界都可思議，獨獨第八識如來藏法界「不可思議」，你必須得要實證；實證了第八識眞如，你才有辦法思議第八識如來藏法界，所以祂就稱爲「不思議界」。可是當你有慧眼，聽聞善知識解說之後，從「不思議界」來看待味界、乃至舌頭肉段莫不從「不思議界」生，收歸於「不思議界」以後，本來就屬於「不思議界」的一部分，與「不思議界平等無二」。這時候轉依於第八識「不思議界」，所以離開覺知心的心相，時常都住於無念的狀態；因爲「不思議界」從來不念一切法，所以這時候就稱爲「離心無念」的狀態。

「亦無思惟」，因爲「不思議界」從來不思惟一切法，思惟是可思議的意識境界的事，所以這時依「不思議界」而住，你的所見「實無心相」；你依於「不思議界」如來藏的法界而住，無一切法可得，沒有六識心的心相，沒有意根的心相；身爲菩薩阿羅漢必須把這個道理告訴他的弟子，教導他的弟子同樣實證。所以他得要把這樣的道理告訴弟子，四眾弟子都聽聞了就成爲「聲聞」，所以說：「聞如是聲，名爲聲聞。」

「己所知法皆令他聞，名爲聲聞；若聞於身，分別身相體性本空，非生非不生，是名菩提；令無量眾得聞是聲，名爲聲聞。」現在說了，菩薩阿羅漢自己所知道的一切法，應該盡其所有爲眾生宣說，不能吝法。吝法的人，他要成佛很慢的，因爲弟子進步很慢，那他成佛就得很慢；所以說「**己所知法皆令他聞**」，只要他人願意聽，或者他人有能力聽，你就說給他們聽聞，這樣叫作「**聲聞**」。所以從佛菩提的立場來說「**聲聞**」時，沒有吝法的人，一切善知識都不應該吝於佛法；那麼這樣能使自己所知道的佛法令一切弟子、四眾都能聽聞，這叫作「**聲聞**」。

接著就要說到：如果聽聞到色身，請問色身最主要的了別是什麼？觸塵！眾生執著於色身的時候，諸位替眾生想一想，如果他的色身都沒有觸覺，你想眾生要不要？不要啊！因爲沒有觸覺，那就是屍體了。凡是一個有情，他的色身一定有觸覺。身相最重要的功能就是觸覺，有觸覺才能作各種活動。現在說如果聽聞到這個色身，而去分別色身的法相「**體性本空，非生非不生**」，說這樣稱爲「**菩提**」。這個色身有種種的觸覺，能知冷熱、軟硬、細滑或者粗糙等，其實這個身相依舊是如來藏所生。你如果從二乘菩提來看的時候，這個身相緣生性空、不得常住；可是你如果從如來藏來看的時候，這個身相歸屬於如來藏所有；所以從二乘菩提、或從佛菩提來看，都是「體

性本空」。

但你如果從二乘菩提來看，這一句就不通了：「**非生非不生。**」如果你從大乘菩提來看，身相「**非生非不生**」，所以你身相上所生的一切觸覺的法相也是「**非生非不生**」。爲什麼說「**非生**」呢？因爲你的如來藏一世又一世都有這樣的法相，而這樣身相上的法相，從來就沒有出生過；因爲本來就有這個法相在如來藏表面存在著，你要說「**身相**」是何時生的？一定是本來沒有這個法相，你才能說它有生！而如來藏一世一世都有這樣「**身相**」的法相在，所以「**非生**」。

可是你如果從世間相來看，又不能夠說它沒有生，因爲它這一世畢竟出生了，而且老了以後也畢竟會毀壞；今世出生之前本無，出生之後今有，「**本無今有**」就是有生，不能說它不生！你要懂這個道理，從大乘菩提來說，身相是如來藏一世一世都有生的，一直都存在的；可是從如來藏的無生，從每一世都有的身相連貫起來看，這些身相本來就在，又何曾有生？所以「**非生非不生**」；懂這個道理就叫作「**菩提**」。不但如此，證得這樣的菩提之後，要

「令無量眾得聞是聲」。所以懂了以後、實證了以後、現觀了以後，必須出世為眾生宣說，讓眾生而得聽聞，這樣就稱為菩薩「聲聞」。

「**心性無體，實無所有，皆如幻化，非生非滅；能令眾生皆悉得聞，名為聲聞。**」這是說「**心的法性**」沒有眞實體。那請問：「**心的法性要叫作什麼？**」心性啊！心的法性就是「法」。前面是講色、聲、香、味、觸，如今講到法了！「法」就是覺知心或者說是離念靈知心的法性，可是心性沒有眞實體，追究下來，其實一無所有；心性不過是如來藏藉著根與塵而幻化出來的，但你沒辦法說祂有生、沒辦法說祂有滅；因為祂本來就是如來藏中的一部分，所以「**心性無體，實無所有，皆如幻化**」，卻又是「**非生非滅**」。若是單從聲聞菩提來看時，只看見五陰而不見第八識如來藏，就說覺知心有生，後必有滅，即是生滅法；但因為覺知心是由如來藏所生，然後歸如來藏所有，所以說覺知心「**非生非滅**」；要能夠讓眾生全部都聽聞到這樣的聲音，才能夠叫作「**聲聞**」。

《不退轉法輪經》今天要從五十頁第二段開始：

經文：【佛告阿難：「聲聞法施不可思議，得證是道名不思議，以是不思議法施能生菩提；何以故？種子相似生故。無果爲果，非財施所得；從聞信解，名爲聲聞。財施微少，法施爲上，如是法施不嫉於他，亦無施想，不著是施；譬如幻化，無所分別不生願求，不取施想無願求故；阿難當知！如是施者成就菩提，從聞信解，名爲聲聞。盡一切相離諸結使，出過聲聞一切僧上，發大音聲演說佛法；何以故？得具足聲，出過一切諸音聲故；出是聲已令聞佛法，知諸聲相非一非異，成就正信，說法無二亦非不二；聞如是法，名爲聲聞。」】

語譯：【佛陀告訴阿難說：「聲聞的佛法布施不可思議，得能實證這樣的道就名之爲不可思議，以這個不可思議的法布施，能幫助眾生生起覺悟；爲何這麼說呢？因爲種子前後三世相似而出生的緣故。以沒有果作爲佛法實證的果，這個並不是財物布施的所得；從聽聞而產生信受和勝解，名之爲因聲而聽聞。財物布施的功德微少，佛法的布施功德爲最殊勝，像這樣的佛法布施不嫉妒於他人，也沒有布施之想，也不執著這樣的佛法布施；譬如本無而幻化出來之物一般，沒有所分別也不產生願求，不執取布施之想，因爲沒有願求的緣故；阿難應當知道！像這樣法布施的人成就了覺悟，從聽聞而信解，就名之爲聲聞。究竟滅盡一切相而離了各種的結和五利使等，超出而且越過了一切聲聞僧的究竟法，發出大音聲而演說佛法；爲何這樣呢？能具足聞佛法，了知各種音聲的法相非一非異，成就了大眾的如實信心，說法沒有一切音聲，而超出和越過一切諸音聲的緣故；發出這樣的音聲以後令眾生得二法、也不是不二法；聽聞像這樣的法，名之爲聲聞。】

講義：現在「聲聞」有另一種定義了。佛陀告訴阿難說：「聲聞的法布施不可思議，而能夠證得這種道的人也是不可思議的。」這就是說，佛法流傳於人間都必須因聲而聽聞，無有不因聲而聞者，所以說「聲聞」這個法不可思議。不曉得諸位還記不記得？以前我們講《楞嚴經》二十五種圓通法門之中，文殊菩薩評論最殊勝的法門是什麼？觀世音菩薩的……（眾答：耳根圓通法門。）是耳根圓通啊！因爲這個世界的有情耳根很利。耳根很利所以能藉由聽聞音聲去瞭解什麼是佛法。

如果到二禪天，那天主用光的變化來說法，在人間要怎麼理解它？難了！所以整個欲界中，最厲害的法門就是耳根圓通；但是到末法時代，大家都把耳根圓通給誤會了！所以在我出來弘法之前，所謂「耳根圓通法門」都叫你要聽聲音；然後說那聲音左耳進來、右耳出去；右耳進來、左耳出去，要把它流掉等等，其實全都誤會了；所以「入流亡所、聞所聞盡」，不是他們講的那個道理。眞要瞭解那個道理，去讀我的《楞嚴經講記》吧，這裡就不重講了。也就是說，眾生必須經由善知識說法的音聲，可以聽聞到許多的法進入他心中，然後把煩惱邪見流掉，這得要藉由耳根的運作才辦得到；如果不是耳根的運作，根本作不到。

可是眾生聽聞音聲之後，前提是那個音聲必須是正確說法；如果他那個說法是錯誤的，聽了也叫作白聽，因為對他的修道、或者見道都無所助益，而且有害。所以藉由音聲的聽聞，瞭解蘊處界等法、乃至蘊處界衍生出來的一切法；這一些法聽聞之後，懂得這些都是假的，全都是生滅法，所以不復再議，然後就把它流去！流去之後還有一個能流的、所流的；這個能流的、所流的也要把它流去，一直進修到「聞所聞盡」，這才是眞正的「耳根圓通」。「聞所聞盡」之後，就得去證實相法如來藏，耳根圓通講的是這個道理；不是叫你去海邊聽海潮音，然後聲音流進來就把它流出去；又不是修定，耳根圓通法門不是修定的法門。

所以這樣的音聲法門是「不可思議」的，唯有實證的善知識才能講出這個道理；所以說菩薩始從須陀洹、末至阿羅漢，都必須用這樣的音聲，讓眾生聽聞來作法布施。所以用音聲來作法布施，這是「不可思議」的，因爲他所說的內容難以理解，唯證乃知；在難以理解之中，大眾聽聞善知識的宣說，付諸於實修，然後終於實證了，這叫作「得證是道」。「得證是道」的人就知道爲何「不可思議」，因爲從世俗法來講，你所證的如來藏很難令人信受；從實證後你所得的智慧來講，也令人難以思議，所以說「得證是道名不思議」。

這個法確實難可思議！想想看那麼多的大學教授，而且是哲學系的教授，他們讀經文讀過多少遍了依舊不懂；你也不能夠說他們有文字障，因爲他們都當上大學教授了，不可能有文字障，可爲什麼講出來的就錯？因爲這個法「不可思議」，不是用意識思惟、體會、研究、分析所能夠理解的。然而有人經由善知識的「聲聞」之師所教，付諸於實修，終於實證了，所以說他「得證是道名不思議」。

有時候我們都會想：「要讓眾生實證這個法是多麼困難。」這是我弘法近三十年得到的體會。可是當年我剛出來弘法，我說：「這個太簡單了！就這樣而已。」但是對我而言是很簡單的事，對眾生而言，卻是非常困難的事。難，不是難在幫他實證；要幫人實證，方法廣有多端，並不難！難在如何使他實證以後心中無疑，這才是問題。所以我們這六、七年來，禪三就增加了很多考題：七個題目細分下來，那是十幾個題目。你們要能夠通過那些考驗。通過那些考驗，就等於你們開了十幾張的保單給我，那個保單叫作「保證不退轉單」。如果這樣考過了還能退轉，我說那叫作天才；因爲從正面證實這個心就是如來藏，再從反面證實意識心、妄心都不可能是這個如來藏，也證明不是常住法；正反兩方面都證明了，總共細分下來是十幾題，這樣還能退轉，那眞叫作「天才」！當然啦！這個天才要加個上下引號；所以說這個法度眾生的結果發覺，確實不可思議！讓眾生實證而不生疑，確實很難。

接著就說「以是不思議法施能生菩提」，換句話說，眾生如果想要覺悟佛菩提，必須要經由善知識以這樣的「不可思議」的法布施，然後才能產生覺悟的結果。菩提就是覺悟，所以想要產生覺悟的結果，必須要聽聞善知識一而再、再而三，不斷地宣說這個妙法，熏習到心中信了，然後實修，才可以實證。但多聞熏習之後，爲何能信？是因爲有勝解；所以來聽經，一定要詳細地聽，要讓自己有「勝解心所」；如果沒有聽懂，就要多聽幾遍、聽到懂，終於瞭解：「喔！原來如此！」有勝解了，然後才可能如實付諸於實修，這樣最後才是「能生菩提」，也就是產生覺悟的結果。

但是這個覺悟的結果是當生就能得嗎？不見得啊！所以當生證得的通常都會退轉，這很正常！每一個人都曾經退轉過，不是只有那些退轉的人，諸位往世也曾退轉過，我個人無數劫前也曾退轉過；乃至舍利弗、淨目天子、王子法才，他們都曾退轉過，這都是正常的事，因爲這個法「不可思議」。當你找到如來藏的時候，疑惑一大堆，甚至於有的人叫作「滿天烏雲」，他其實不信受這個就是如來藏；本來以爲如來藏很玄、很妙：「我要是能證得如來藏，就能飛天遁地了。」結果是這個很平實的心。「嘿！怎麼可能？」所以能悟入並不容易，但是悟入以後不退轉更不容易。

如來也點出關鍵來，告訴我們說：「縱使今生不能得悟，多聞熏習也是好的，因爲功不唐捐。」所以　如來點出來說：「何以故？種子相似生故。」你這一世聽聞妙法，也許悟不了；再經過十百千次聽聞、繼續聽聞，每一世都聽聞，叫作「串習」；串習到最後，有一生實修之後就可以覺悟了。那有的人這一世證悟，其實他往世已經悟過了；有的人這一世證悟，是往世十百千生不斷地串習，而且是在六住位不斷地串習，所以今生初次得悟。以往多聞熏習開始的時間，每一個人各不相同，所以不能等視齊觀；有時候某甲接引了某乙進來，這某乙進了同修會，三年五載悟了而且不退轉，可是某甲自己經過十年了還沒悟，但不能因爲這樣就說：「我不白接引人了嗎？」其實沒有白接引人，因為這一世某甲接觸這個法的因緣比較早；某乙這一世接觸這個法的因緣比較晚，但某乙往世已經悟過了，只是因為胎昧所以忘記了；那他一進同修會來，很快就悟了，所以不能只看表相。

這就是說，前後三世的種子固然不同，但是「相似」；講到這個道理，就要講到自作自受、異作異受。還記得《優婆塞戒經講記》咱們講過這個道理。前世的五陰作了某些事情，導致這一世的五陰承受那個果報；可是前一世的五陰與這一世的五陰並不相同，所以叫作「異作異受」，就是不同的人作了，由不同的人來領受果報；但「異作異受」的當下，又是「自作自受」，因為五陰身心上，現前可得的意根以及如來藏是從前一世來，前後世是同一個意根與持種心如來藏。

前世修了佛菩提業，因緣成熟了，這世得以證悟；但前一世的五陰身心畢竟不是這一世的五陰身心，卻是同一個如來藏、同一個意根在前世五陰身心造作的時候留下了種子；而這些種子留在如來藏中，來到這一世又繼續流注出來；可是前一世落謝後的種子到這一世流注出來時，畢竟不是上一世的種子，所以「相似」而說爲「異作異受」。但是上一世的如來藏和意根轉生到這一世來，繼續出生了五陰身心，又來領受前世造作的異熟果報，所以又叫作「自作自受」。也就是說，種子與五陰是前後世不同的，但是前後三世的種子卻是「相似」的；你不能夠說它是同一個，也不能夠說它是兩個，所以叫作「自作自受、異作異受」；所以這兩句是要合在一起來講的，不能把它切割開，所以說：種子相似生故，名爲異作異受。

如果有人說：「既然如此，下一世的我又不是這一世的我，這五陰根本不同，只有個意根相同；可是意根又不知道自己幹了什麼、自己領受什麼苦，除非跟意識同在一起；既然是這樣，那麼我造作惡業也無所謂，反正是後世別人來領受嘛！」對吧？爲什麼不點頭？（大眾笑⋯⋯）不對喔？五陰眞的不同啊！來世是來世的五陰，不是這一世的五陰！可是來世另一個五陰在受苦的時候，你想想他是怎麼受苦的？如果換到自己身上呢，那還是受不了的喔！如果這樣想的話，還是不能造惡業；就好像說，我這一世叫作王五，我上一世叫作李四；好在前世李四沒有造惡業，我這一世王五免於領受惡業的苦異熟果；那這麼一想就說：「那我還是別幹惡業，免得下一世趙六要受苦。」那趙六受苦的時候，意根是同一個、如來藏也是同一個，所以還眞的叫「自作自受」；但是在自作自受當中，卻又同時是異作異受。所以前後三世種子相似而生，看來同樣是種子，其實不同；種子相似，但仍然是自己如來藏的種子就這樣流注出來，因此行善者有後世好的異熟果報；造惡者有後世不好的異熟果報，所以說「因果報應，昭昭不爽；不是不報，時候未到」。

有佛菩提智慧的人都可以現觀，自己無始以來每一世的五陰，都是在自己的如來藏裡面造業，當然那些業的種子不會散失。那這樣子就瞭解了，當你對這個因與果有所瞭解，生起了勝解，就可以有所實證；付諸於實修以後，有一世終於實證了，自己有了現觀；有現觀之後再加以檢查，重新再作確認的現觀時還是這樣；這時候就不叫現觀了，就稱爲「諦現觀」；於是死心塌地信受到底了，因爲是「諦現觀」。

可是這時候說你證果了，到底有沒有果可證啊？這不像天神界玉皇大帝誥封某一個天神說：你叫作什麼神。佛法的證果沒有誥封這回事，因爲無果可證。眞實的證果，無果可得，所以說「無果爲果」。世俗人總是說：「我如果證果了，就可以怎麼樣。」殊不知證得的果位越高，其實是捨離越多。諸位想想：剛證悟的時候叫作「人無我」，可是到達佛地究竟的無我的時候，是加上個「法無我」的圓滿；五蘊身心無我，進修到最後連一切法都無我，那不是捨更多嗎？所以「無果爲果」才是正確的。

如果有人說：「我實證了什麼，所以我開悟了。」那他就是沒有開悟！實證了如來藏以後，是把自己徹底殺了，再也不信自己這個五陰身心有哪一分是眞實有，這樣才叫作證悟。所以我有時開玩笑說：「證果就是徹底自殺，把自己身心內外完全否定。」所以說「無果爲果」。那這種果報不是財物布施之所得，所以《六祖壇經》告訴大家說：「作財物的布施，來世還得財物上的果報；可是作佛法的布施，不單是財物的果報，而且是有自受用的功德，再加上他受用的功德。」所以實證了佛法有智慧，但如果想要把財物布施當作是佛法的實證，像慈濟那樣，那是不可能的。因爲六祖早就講清楚了，所以這裡說：「無果爲果，非財施所得。」財施只是證這個「無果爲果」的基本條件之一，而財施的本身不能證果，否則所有在初住位修行的那一些人早都該證悟了；因此修行布施的人還要繼續修持戒、精進，一直到般若度，到般若度圓滿了才能實證般若。

這就是說，所謂「聲聞」的意思一定是「從聞信解」，所以一切佛法的修證，無不從　如來聽聞正法而得。諸佛如來入滅之後，要隨從善知識修學佛法而得，因爲必須有一個聞、思、修、證、得的過程，「從聞信解」是第一個部分；如果從「聞」而錯解，那就沒有實證的機會了！因爲接下去的「思、修、證」都會跟著錯誤，那就沒有後面的「得」。有人也許想：「證就證了，爲什麼還有個得？」但這是《根本論》所講的。在《瑜伽師地論》裡面說：「證了以後不退轉，才叫作得。」所以證與得是兩回事。所以有人在善知識幫助下證了以後又退轉，那個證就好像空的稻穀一樣，只有殼，裡面不貞不實，所以這樣的人就沒有一點點的謙虛，就像二〇〇三年退轉的那批人後期的表現一樣。

那稻穀裡面如果都是空的，它不會垂下頭來，它總是直立挺挺地面對農夫，它的意思是說：「你不要割我，你不要割我。」可是如果垂頭了呢？它無所謂了，那農夫就收穫了，佛法中的道理一向如是。接著就說，這樣叫作「聲聞」。所以一定要「從聞信解」；如果沒有信受和生起勝解，他聽了也是白聽，所謂的證也是白證，因爲他心中大疑不斷，然後就退轉回到意識境界去！表示他是個新學菩薩，新學菩薩悟後退轉都很正常。

那你如果悟後不退轉，只有兩個原因：第一個原因、你是久學菩薩；第二個原因、你願意接受善知識攝受，心中無慢，那就不退轉，所以「從聞信解」很重要；如果能如實地信受而生起勝解，有勝解就具備念心所，然後他就可以自己去思惟整理，後來會發覺：除了此法，再無他法可以名之爲佛菩提的證悟，這個叫作「從聞信解」。那麼善知識讓大眾「從聞信解」，大眾跟著善知識「從聞信解」，這樣就稱爲「聲聞」。

「財施微少，法施爲上，如是法施不嫉於他，亦無施想，不著是施；譬如幻化，無所分別不生願求，不取施想無願求故；阿難當知！如是施者成就菩提，從聞信解，名爲聲聞。」財物布施有不同的差別，這就是說，所布施的對象是什麼樣的格，而你布施的結果、後世的所得回報就有不同。譬如 如來說阿難布施食物供佛，以及 佛布施食物給阿難，雙方的後世所得是不同的；雖然都說無量倍，只是難以說明而已，其實還是不同，因爲福田不同、施者不同的緣故。

譬如說阿難布施給 如來，如來是最勝福田，所以阿難來世得無量報；這個只談福德，還不談功德，福德就是無量報。但是 如來布施給阿難時，如來是三界最勝福田，而阿難也是實證的人，所以這個福德又不同，更爲殊勝；因爲那是究竟的三輪體空，所以 如來說兩者不一樣。可是如果純粹從世間福德來看，阿難布施給 佛陀就已經是無量報了；《優婆塞戒經》也講過：布施給一條狗，來世得百倍報；布施給持戒者，來世得十萬報……。這只是從凡夫布施的立場來看；可是這個布施的人如果實證了三乘菩提之一，後報就不一樣了，那個福德就不同，比凡夫的布施更加殊勝。

又譬如說，如果諸位證悟之後再護持正法，現在變成施者與受施者都是世間的勝妙福田，因爲你證悟了就是世間最勝福田，而你布施給本會道場，這也是世間最勝福田，這個福德又大大增廣而不同了，不能比照凡夫人的布施。所以這些功德的校量、福德的校量差異很大，可是如果比起法布施，雖然說證悟之後所護持的又是了義正法的福田，那叫作施者勝、福田勝，然後布施這件事情也就殊勝了；爲什麼呢？因爲你證悟之後，以財物布施於最上福田時，你本身是三輪體空的，當然是最勝的布施。可是相對於法布施來講，世尊說：「財施微少，法施爲上。」譬如說，今天我坐在這裡說法就是法布施，爲諸位講經說法、說勝義的道理，這就是法布施。也許有人說：「**那您坐在那裡講兩個鐘頭，我如果捐上一百萬，就遠超過您了。**」也許有人新學，不免有這個想法。可是諸位想想看：正覺同修會是怎麼來的？是靠我每週這樣講兩個小時的法，就這樣發展出來的啊！所以大家努力護持正覺同修會，到今天可以蓋正覺寺，正法也不算窮了，這是怎麼來的？不就是我每週兩個鐘頭在這裡作法布施嗎？對啊！因爲法布施可以使人出生菩提；如果不能使人出生菩提，那就不叫作佛菩提道中的「聲聞」，因爲他說的法是世間法。所以 如來才說：「財施微少，法施爲上。」

諸位看看佛世那給孤獨長者，遇到 佛陀之前，他作了多少布施去救濟貧窮的孤獨人，所以才被名爲「給孤獨長者」。那他遇到 如來之後，又供養了祇樹給孤獨園，只有園裡的樹木跟門口入口那一小條的土地沒供養，因爲太子說他要供養；你想，他的布施夠大了吧？從太子那邊硬是買下來，太子還不想賣呢，後來裁判結果說必須得賣，太子只好賣，他想：「這給孤獨長者爲什麼一定要買來供養佛？佛是什麼樣的人？」太子去瞭解了以後說：「那我園裡的這些樹木不賣，由我直接供養給佛陀。祇園入口這一小塊地你還沒有鋪上黃金買走，你也不用再鋪黃金來買，就由我供養佛了！」因爲他對 佛有信受了，所以祇樹給孤獨園就護持正法了。

那麼 佛來人間就是要把這個實證的法告訴大眾，讓大眾經由音聲的聽聞同樣可以實證；這個法布施的福德與功德是最上乘的，比起這個法布施，財物布施就不算什麼了！諸位可以看看，給孤獨長者，你在經上能查到他證得什麼果位嗎？有沒有想到這一點？你看 佛的十大弟子、五百大弟子各個授記了，可沒看見給孤獨長者的名字。他很可能就在某五百弟子授記品、或幾百弟子授記品等等中的一分子而已。這就是說：法布施最殊勝，法布施的層次是所有布施之中最高的。可是能作這種法布施的人，「不嫉於他」，不會嫉妒別人；別人有些什麼大供養，他都無所謂，不會心生不平。

我記得弘法早期，我們有兩三位師兄常常跟我抱怨，特別是最早期那位福田組長，常常跟我抱怨：「我們是正法呀！為什麼我們資財這麼少？那些大山頭都不是正法，為什麼他們錢財那麼多，要作什麼都可以作。」我說：「你不用抱怨啊！雖然我們沒什麼錢，可我們也用不著作什麼。」我老是跟他講，他就是忿恨不平。因為他心中想的也沒錯，他心中想的是：「這個是正法呀！所以我們應該有很多錢，才可以作很多事；而那些山頭都不是正法，為什麼錢財那麼多？」我說：「你也別抱怨了，我們安分守己弘法，將來我們人才夠多了，可以作很多事情的時候，錢財自然就來了；而我們也不曾缺錢過吧？」

就比如說，我們剛開始買九樓這一戶講堂，那時候只有買九樓，那時正覺同修會才幾百個人，當時我們有多少錢？一千三百萬。買這一間講堂三千七百五、或是多少我忘了，談了整整半年才買成。那時候我怕錢不夠，我說：「我先捐兩百萬元，你們大家量力而爲；眞的不夠，就用這個房子向銀行貸款；咱們這些理事們大家就作連帶保證人，要買就沒問題了。」結果有一位理事聽到要作連帶保證人，她就不告而別，走人了。（大眾笑…）可是我們買下來之後，裝潢好了，結果錢還有得剩，根本不用貸款。

你看，我說的沒錯啊！我們需要作什麼的時候，錢就會夠了；那錢夠用就好了，那麼多剩餘的錢要擺在哪裡，那責任是我要挑的欸！可是他始終聽不進去，就是憤恨不平。同樣的道理，我們這樣的法布施，從來不嫉妒那一些所謂的大道場多麼有錢；有錢是他們的事，他們自己造了什麼善業、惡業都自己去挑，來世總要自己擔起來呀！那我們沒事搞那麼多錢要作什麼？也用不著。吃也不過一碗飯，睡也不過那一方床，就這樣子；死了，一毛錢都帶不走，又何苦去追求那一些呢？所以我們作佛法布施的時候，不嫉妒於他人，我總是勸他說：「你別把這個事情放在心上，因爲有錢、沒有錢跟我們無關；而我們想要作什麼事的時候，錢就剛好夠用，這就好了啊！」不曉得他後來有沒有聽進去，我也沒追問。

所以我們作法布施，不嫉妒於他人，「亦無施想，不著是施」；所以法布施的時候，我心中並沒有想著說：「我在這裡作法布施。」沒有！我就是把這個法專心地傳給大家；心中沒有想過說我正在作法布施，如果我這樣想的時候，我還能有勝妙法傳給大家嗎？所以說「亦無施想」，並且心中很清楚知道五蘊自己是假的，所有來聽法的你們每一個人也是假的；那麼假的五蘊對假的五蘊，還有眞的法布施這件事嗎？都沒有啊！那從我的如來藏來看呢，也沒有布施等事相，再從你們的如來藏來看也沒有法布施這回事，所以法施這回事也不存在，也就沒有布施這回事了，也不用執著這樣的法布施。那麼正要在這種沒有法布施的情況下，來成就大家的菩提，次第邁向佛地。

也就是說，所謂「法布施」其實就好像幻化一樣。幻化，從兩個層面來講：譬如說，虛空中突然幻化出美麗的花朵，那到底是眞的、還是假的？一定是假的，因爲你摸不著、抓不到，一會兒它又消失了，只是個幻相。又譬如說，見聞覺知的這六識心，這六識心也是幻化的；你還在睡覺的時候，這六識心不在；等到天亮了醒來，六識心又出現了，是幻化出來的。是誰幻化的？（大眾答：如來藏。）對！如來藏幻化的。那麼從實證的層面來看，我的五蘊身心、諸位的五陰身心都是如來藏幻化的；在雙方都是幻化所成的情況下在作法布施，那這個法布施當然實際上也不存在，只是一個行，顯示出有法布施的現象。

所以知道這「幻化」的道理，心中「無所分別不生願求」；所以在作法布施的過程中，我心中對諸位沒有期待；不像一般的大法師期待著：「我一場法說完了，會有多少供養？」我從來不期待。也沒有期待說：「這一場法說完了，大家下一回會拉很多人來聽，我的眷屬就很多了。」也沒有這個期待，所以「不生願求」。一般來說，辦一場法會，（當然不是我們這種法會！）就是那種有梵唄的唱唱誦誦的法會，他們舉辦的時候都先算過：這一場（譬如說《梁皇寶懺》）辦完了，大概有幾億收入；再不濟，也有幾千萬元的收入，他們都是這樣算的；可是我們沒有算過，我們也很久都沒有辦那種法會了，因爲我們不太想辦。當然將來正覺寺蓋好了，大概盂蘭盆節都會再辦三時繫念，那也是爲了會員們的福利；因爲老是要去別的道場辦，覺得也不太怎麼有滋味；自己的祖先，如今自己都悟了，還要去那種凡夫道場辦超度，心裡覺得很不平；我們可以考慮、可以辦，這是以後的事。可是眞正的佛法法會是像我們這樣講經說法才叫作法會。佛陀的年代，有人拿著那些法器在那邊課誦嗎？沒有！只有讀誦，沒有課誦，所以眞正說法的法會「不取施想」。

我從來不曾起過一個念頭說：「我說一場法下來，會有多少人供養我。」從來不想，因爲我一開始弘法時就公開說：「我不受供養。」後來成立正覺同修會，我一樣說不受供養；因爲我不是爲供養而來說法的，目的只是爲了把這個法繼續傳授下去，可以利益眾生，所以正覺同修會成立以後，我本來還打算二〇〇一年就要退休、要歸隱田園的；我連家鄉的地皮都買好了，結果到現在還是放著長草。也就是說，心中無願無求，沒有想著說：「誰要供養我，或者我要成爲當代第一大師。」沒有這個想法，就純粹把勝妙法這樣傳給大家。法施必須如此，才是眞正的法施；否則他的佛法布施都是假的，他一定只能夠宣說表相佛法、或者叫作相似佛法。

講到這裡 如來作了個結論：「阿難當知！像這樣布施的人是成就菩提的人，從音聲的聽聞而能信受、生起勝解，就稱為聲聞。」所以從佛菩提藉著音聲的弘傳來講，說諸位都是「聲聞」，而我來作了法布施；但這個「聲聞」不是講二乘菩提那個「聲聞」，是說要經由音聲的聽聞，然後生起信解。

「盡一切相離諸結使，出過聲聞一切僧上，發大音聲演說佛法；何以故？得具足聲，出過一切諸音聲故；」先講這半段。修學佛法以往很多人誤會，大家都是要有所得，都沒想到佛法是無所得法；因爲修學佛法的實證是要「盡一切相」，要滅盡一切法而無所著，所以不要落入各種法的法相中，這樣才能夠「盡一切相」。換句話說，只要有五陰身心存在，就有各種的行，有行的過程就會顯示出貪、瞋、癡等無量的法相。可是修學佛法求覺悟，覺悟的境界竟然是無一切相，因爲如來藏的境界中無任何一相可得，這叫作「盡一切相」。

那我要問諸位了：「二乘聖人阿羅漢的證境有相、還是無相？」（大眾答：有相。）對！有相；只有等他入了無餘涅槃以後才是無相。正因爲有相，他想要逃離一切相。如果是無相的，何必逃離？正在一切相當中，看見如來藏的境界無一切相；既然沒有一切相，就沒有生死和苦，也不用逃離一切相，那就不需要入無餘涅槃了。所以菩薩不入無餘涅槃，而阿羅漢因爲心中老記掛著一切相，他要離一切相，不要住在生死中；所以他無論如何要滅盡一切相，才能入無餘涅槃。可是菩薩在一切相中得自在，自在於一切相；因爲在一切相存在的當下，就已經沒有任何一相了；在這樣的菩提之下來「**離諸結使**」，離開了五下分結、五上分結，滅除了五利使；因爲他轉依於第八識眞如而住，所以他的境界超出了、越過了聲聞法中的一切僧人之上。

所以聲聞僧的所證，最多不過是阿羅漢；然而菩薩阿羅漢的所證是超過一切聲聞聖僧的。所以二乘法中不管是慧解脫、俱解脫、或者三明六通的大解脫，那仍然都是聲聞或緣覺法；而菩薩阿羅漢的果證超過這樣的二乘聖僧，所以菩薩可以發出大音聲來演說佛法。「**大音聲**」不是要弄那個大麥克風、用很大的音聲來演說，而是說他雖然說的聲音並不大，可是那個聲音的內涵、它的代表是很偉大的，因爲他所說的法是一切萬法的根源；所以這個法是三界世間最大的法，那他所演說的音聲就稱爲「大音聲」，他所演說的當然就是眞正的佛法。

那麼 如來解釋說，爲什麼這樣講？因爲得到了具足的音聲，超出而且越過了一切各種不同音聲的緣故。也就是說，只有佛法的實證，然後弘法時發出的一切音聲，才能夠具足一切聲。如果要依文解義，是不是解釋說證悟之後可以聽到各種美妙的聲音，所以具足一切聲？當然不是這個道理。一切聲就代表了一切法，請問大家：「每一個有情發出聲音，也許用敲擊的、拍打的，用呼喊的發出一切音聲；這些音聲是怎麼來的？」你們都說在嘴裡，當然是如來藏，確實是如來藏；如果沒有如來藏，何曾有任何聲音？不論你是從直接的道理來講，或者從間接的理來講都是這樣。

所以善知識爲眾生作法布施時，演述這個世出世間的無上妙法，名爲如來藏；這時候發覺一切音聲都從如來藏來，如果不是如來藏，就不會有任何一個聲音。而善知識爲大眾解釋一切有情之所從來，就是這個如來藏；既然說明一切有情是從這個如來藏而來的，那就函蓋了一切法。換句話說，這一位菩薩阿羅漢爲眾生所說的法是函蓋一切聲音的。

比如說你來講堂的路上，也許看見一條狗在那邊吠，因爲牠看不起乞丐，對著乞丐一直吠。那麼請問：「能聽的你、能吠的牠、被吠的那個乞丐是不是有聲？」如果不是聲，你聽不見；不是聲的話，狗也不會吠；如果不是聲，那乞丐也不會覺得被吠。可是這一切聲都從如來藏來，如果不是如來藏，你也聽不見，牠也不會吠，乞丐也不會聽見而覺得自己好倒楣，被狗吠。而你出來爲眾生說法時，說的就是這個如來藏，所以你所說的一切如來藏的聲音，這些法音都叫作一切聲，所以你所說的音聲就是「一切聲」。而你所說的這些一切聲，這些音聲背後所指涉的正是如來藏；因此你說的聲音不是世俗法，不叫作世俗音，就稱爲「大音聲」；而這個「大音聲」「出過一切諸音聲」，因爲世出世間假使有聲，不能超越於你的音聲。

接著就說：「出是聲已令聞佛法，知諸聲相非一非異，成就正信，說法無二亦非不二；聞如是法，名爲聲聞。」這是說菩薩阿羅漢發出這樣的聲音之後，令大眾得以聽聞佛法；聽聞之後，能了知一切聲音之相與佛法「非一非異」，這樣就能使眾生產生正信。這一切音聲都與佛法「非一非異」，爲什麼呢？因爲他說的法背後在顯示出來的就是如來藏，所以他的聲音與佛法「非一非異」，但那個聲畢竟不是佛法。

同樣的道理，剛剛說那條狗對著乞丐一直吠，那聲音是不是佛法？（有人答：是。）諸位敢說是，可是你要是到外面去問人，誰會跟你說是？一定跟你說：「那叫作戲論。」對吧？說是戲論。可是古來祖師有句話講得好：「邪人說正法，正法亦邪；正人說邪法，邪法亦正。」對啊！譬如我們弘法近三十年，一直破斥人家說：「你悟那個離念靈知是生滅法，不是眞的開悟。」可是等他來問我：「那如何才是正法？」我卻告訴他：「離念靈知！」（大眾笑…）欸！他就弄不懂了！可是從我的證量來看，離念靈知是正法，因爲它跟如來藏不一不異；而我告訴他離念靈知的時候，我已經告訴他如來藏在哪裡了，那不就是正法嗎？所以我這個正人說邪法時，邪法亦正。可是如果遇到一個凡夫、或一個退轉的人，他來講如來藏的時候就亂七八糟了，正法也被他講成邪法了！

所以這一切宣說如來藏正法的音聲之相，它跟正法「非一非異」；假使不是「非一非異」，三乘菩提的經典何必流傳？也就是說，經由這樣的音聲為大眾說法，令大眾成就了正信；正信很重要，千萬別迷信！迷信的人他看什麼呢？看這個道場夠大、不夠大，看這個堂頭和尚有沒有出家，如果有出了家，再看他頭上有沒有燙戒疤？九個戒疤還不夠，最好是二十一個！（大眾笑…）他們都看這個，只看表相，不看實質。譬如說佛世，如來有燙戒疤嗎？沒有啊！文殊、普賢、觀世音、維摩詰等菩薩有燙戒疤嗎？都沒有啊！有人甚至還留長髮呢！可是所說法如果正真，大家依之得以實證，那就是正法。

也就是說，眾生要能成就正信並不容易；那麼善知識出於世間，就得要幫大家實證；實證了以後可以證明這確實是正法，這才是最重要的。那善知識這樣說法的時候，如來說：「**說法無二亦非不二。**」換句話說，這樣的善知識為大眾說法時，永遠都是同一個法；沒有兩種法、三種法，更不會有五、六種。可是他說法的時候也是不二，他可以很清楚幫你界定出來：這邊是現象界的法，得這樣才是實相法界的法，實相法界與現象法界是分得很清楚的。然後回過來告訴你說：「其實現象界的一切法含攝在實相法界之中，所以是不二法。」也就是說，現象法界歸實相法界所含攝，實相法界函蓋了一切現象法界的法，這樣顯示出「說法無二亦非不二」。

如果善知識教導眾生實證了以後，結果眞妄不分，現象法界分不清楚、實相法界也分不清楚，然後開口閉口說：「當下就是！」那當下是哪個當下？離念靈知一念不生的當下、還是五欲繽紛的當下？還是如來藏迴無一切法的當下？還是如來藏無一切法而去函蓋一切法的當下？到底你是哪個當下？所以去打禪三的時候，有的人一進小參室說：「我全身都是啊。」（大眾笑…）我說：「當然全身都是，我書上都這麼講，講經都公開講了。」所以你得要能分清楚：現象法界是現象法界，實相法界是實相法界；你還要能現觀，現象法界的一切法都從如來藏中生，這樣才足以通過考驗。這時候你就懂得原來善知識所說無二，但善知識所說的內容卻是有兩邊的，然後再由實相法界來函蓋現象法界這一邊。

「聞如是法，名爲聲聞。」說要能這樣子聽聞到這種法，才叫作「聲聞」，這才是佛菩提道中眞正的「聲聞」。那諸位是不是聲聞？（大眾答：是。）是聲聞，但這個聲聞非彼聲聞，不是二乘聲聞法那個聲聞。而是說，在修學佛法的聞、思、修、證、得的過程裡面，都要經由音聲聽聞才得以實證。所以這個世界二十五種圓通法門裡面，最好的就是耳根圓通，因爲都要藉由正法的聽聞，才能夠把一切生滅法捨流而去，流去徹底以後就沒有所流走的，也沒有會流走的；一切「所」都不存在，能流的心也不存在了，這就是第八識如來藏的境界，這樣的修行才叫作「入流亡所」。接著再聽 世尊的開示：

經文：【爾時世尊而說偈言：「

無量眾生聞，佛法不思議，菩薩廣大辯，是名爲聲聞；
聞已信菩提，無濁無戲論，令一切悉聞，是名爲聲聞。
聞於涅槃樂，是樂最第一，普令聞寂滅，是名爲聲聞；
諸力及覺道，念處與根等，速得於究竟，是名爲聲聞。

聞此身苦空，無有堅實相；貪恚癡所侵，是故分別身；
亦聞於眼入，非實而見實，眾生多愚闇，凡夫盲無智；
若得於佛眼，正見不思議，逮得如是眼，無復諸愚癡；
諸法無成就，一切眾生聞，以如是因緣，亦名爲聲聞。
一切諸法相，猶如呼聲響，此中無聞者，亦無有說者；
令無數眾聞，是名爲聲聞。
此中無所聞，亦無染著者；譬如人夢中，雖聞多種香，
無一成就者；如是知香體，遠離一切垢，亦無聞香者，
菩薩之解脫。
多顛倒眾生，聞舌猶肉段，不能得知味；肉段若知味，
亦應知平等；分別如是相，貪味爲最惡；此界難思議，
是名知於味；決定知味已，菩薩無所著，令眾聞決定，
是名爲聲聞。
觀身分別相，本性空無主，若知於眞實，無生無能生；

菩提如是相，亦無生能生；普令眾生聞，是名爲聲聞。
意亦如是知，體性無所有，空無體性故，能令一切聞；
如物法無生，無滅亦無二，無相無所見，是名爲聲聞。
咸使聞其施，法施不思議，修行趣道場，成就於菩提；
譬如種種子，各得相似果；修施不思議，證道亦復然。
悉施諸財物，法施爲最勝，捨心無貪嫉，是名菩提道；
心常不取著，雖施無依怙，若能如是施，速證於菩提；
能離一切相，悉捨諸結使，無有諸染著，是名爲聲聞。
其聲深微妙，於諸聲最上；此聲今速聞，佛法不思議；
能令一切知，諸聲無所依，非一亦非異，是名爲聲聞。
欲令一切聞，諸佛之所說，隨所聞法音，皆發於菩提；
聞諸福田中，佛福田最勝，隨佛所住處，親近救世尊。
使聞三千界，安住於虛空，眾生亦復爾，皆同涅槃相；
所說四大界，分別爲眾生，猶如虛空相，等於不思議。

諸界如是相，亦無有能知，是中無生死，無惱無涅槃；
諸法無眞實，眾生亦皆然，是名寂滅界，云何見生者？
爲無量眾生，晝夜常聞知，不著己名利，但爲眾生說；
當知是聲聞，欲令一切聞，實非聲聞法，但現爲聲聞。
世雄假名說，諸法中最上，是故知眾生，一切皆如相；
是名爲聲聞，無漏除繫縛，解脱一切結，而爲眾生說。
顯示離諸縛，清淨無調戲；見已爲人說，佛法皆亦然；
不久當得見，如佛所說法。
菩薩所修行，於法無染著，是名爲聲聞，無縛而清淨；
亦使一切聞，如聞而修行。
阿難汝當知，我以方便說，如是知聲聞、菩薩無所依。
阿難當知，是即如來等正覺爲諸菩薩摩訶薩方便說名聲聞。」

語譯：【這時候世尊重新以偈說明：「

無量的眾生藉由音聲來聽聞，佛法中的各種不可思議，而菩薩擁有廣大的辯才，這樣就稱爲聲聞；

聽聞之後信受菩提，知見沒有污濁也沒有戲論，普令一切眾生都能聽聞，這就稱爲聲聞。

聽聞到涅槃究竟之樂，說這個快樂是世間最爲第一，普令大眾都能聽聞到寂滅的境界，這樣就稱爲聲聞；

五根五力以及七覺支八正道，四念處以及二十二根等，快速證得而能到達究竟的地步，這樣就稱爲聲聞。

聽聞到這個色身是苦、是空，沒有堅固眞實的法相；總是被貪瞋癡三毒所侵，由於這個緣故而爲眾生分別這個色身；

也聽聞到眼入，都不是眞實而看見以後當作眞實，眾生大部分都是愚癡而闇昧的，凡夫是如同眼盲一般而沒有智慧；

如果得到了佛地的正眼，正見能夠了知一切都不可思議，證得這樣的佛眼以後，不會再有各種的愚癡；

諸法全都沒有成就，一切眾生能如是聽聞，由於這樣的因緣，也稱之爲聲聞。

一切諸法的行相，猶如呼喚的聲音一般地響起來，可是在這樣的響聲之中並沒有聽聞的人，也沒有宣說聲音出來的人；使令無數的大眾如是聽聞，就稱之爲聲聞。

這裡面並沒有所嗅聞，也沒有汙染執著的人；譬如人們正在夢中，雖然嗅聞到種種的香，可是沒有哪一種是眞實成就的；像這樣了知香的眞實體，遠離了一切的汙垢，也沒有嗅聞到香味的人，這就是菩薩的解脫。

多數人都是顚倒的眾生，聽聞到舌頭猶如肉段，不可能了知到一切味塵；猶如肉段的舌頭如果能夠了知味塵，也應當知道一切法平等；能分別像這樣深妙的法相，了知貪著味塵是最爲重大的惡事；這樣的法界難可思議，這樣就稱之爲了知味塵的人；決定能了知味塵以後，菩薩卻是無所執著，能令大眾聽聞而後心得決定，這樣就稱之爲聲聞。

觀察色身而分別各種法相，本性皆空而沒有眞實之主，如果了知於一切眞實法，沒有生也沒有能生者；

菩提正是這樣的行相，也沒有生者與能生者；普令眾生聽聞這樣的道理，就稱之爲聲聞。

意也像是這樣子了知，體性並無所有，空而沒有體性的緣故，能使令一切眾生聽聞；

猶如物與各種法都無生，不滅也不二，無相也沒有所見，這樣就稱爲聲聞。

咸令眾生而使他們聽聞到這個法施，而法施不可思議，修行而趣向道場，成就於佛菩提；

譬如種下了種子以後，各類種子都得到相似的果實；修學布施不可思議，證道的事情也就像是這樣子。

布施全部各種的財物，然而還是以法布施爲最殊勝，捨心之中是沒有貪心與嫉妒的，這樣就稱爲佛菩提道；

心永遠都是不取著的，雖然作了布施仍然沒有需要什麼樣的所依或者保護，如果能像這樣子布施，能快速地證於佛菩提；

能遠離一切相，全部都捨棄了一切的結與使，沒有各種的污染執著，這樣就稱為聲聞。

演說正法的聲音最為深奧微妙，於各種的聲音之中是至高無上的；而這個聲音如今快速地聽聞了，佛法是不可思議的；

能使令大眾一切人都了知，各種的聲音並無所依，於眾生非一也非異，這樣就稱為聲聞。

想要使令一切人都能得聞，諸佛之所說法義，隨著所聽聞法義的音聲，全部都能發於菩提之心；

聽聞到諸種福田之中，佛福田是最殊勝的，隨著如來所住之處，而前往親近救世的世尊。

使得眾生都能聽聞三千大千世界，而能安住於虛空之中，眾生也同樣是如此，都同於不生不滅的涅槃相；

所說的地水火風四大界，分別爲眾生而演說，猶如虛空的法相一樣，相等於不可思議的境界。

各種的法界像這樣的行相，也沒有能知之人，在這其中並沒有生死，沒有煩惱也沒有涅槃；

諸法都沒有眞實，眾生同樣也都如是，這樣就稱爲寂滅的法界，怎麼還能看見有誰出生了呢？

爲了無量的眾生，白天與夜裡都經常這樣地聽聞而了知，不執著於自己的名與利，就只是爲眾生宣說；

應當知道像這樣的聲聞，想要令一切都能得聞，其實並不是二乘菩提等聲聞法，但在身相上卻是顯現爲聲聞。

世間之大雄藉著假名的言說，諸法之中最爲殊勝，由於這樣的緣故而了知眾生，一切都是眞如的法相；

這樣就稱爲聲聞，而證得了無漏解除了繫縛，並且解脫了一切結使，然後爲眾生宣說。

顯示遠離了各種的繫縛，清淨而沒有調戲；看見了這樣的實相以後爲人宣說，佛法也都是像這樣子；不久之後應當就可以親自得見，猶如佛所說的諸法一樣。

菩薩之所修行，對於佛法是沒有汙染和執著的，這樣就稱之爲聲聞，沒有繫縛而證得清淨；也能使得一切人同樣地聽聞，並且如所聽聞而付諸於修行。

阿難你應當要知道，我以各種的方便來爲大眾宣說，像這樣了知聲聞和菩薩全部都無所依止。

阿難你應當要了知像我說的這樣，也就是如來等正覺爲諸菩薩摩訶薩方便宣說什麼叫作聲聞。」

講義：這一段重頌裡面，主要是把已經宣說過的長行再加以宣說；但是也有一小部分是長行之中所沒有說的，所以我們還是應當要加以解釋。

「無量眾生聞，佛法不思議，菩薩廣大辯，是名爲聲聞；」所謂「聲聞」就是無量眾生所聽聞到的同一種佛法，沒有第二種。而這唯一的佛法是不可思議的；可是菩薩爲眾生宣說佛法時，因爲他有很好的智慧，所以他有廣大的辯才，必須要這樣才能說是菩薩「聲聞」。當然我出來弘法之後，有人說：「蕭老師口才很好，我說不贏他啦，所以我就敗下陣來。」我聽了都覺得好笑。我口才很好？可是我從懂事以來，沒有參加過什麼演講比賽。口才很好的人一定會被選去參加演講比賽，但我從來沒有入選過一次。可是我會因明，從小就會；從世俗法來講，就是邏輯很強，所以這個有道理、那個沒道理，講出來就贏了，與口才無關，就是這樣。所以這是依理而說、據理而行；這不是口才，跟口才無關，而是證量所致。

《不退轉法輪經》上週講到五十頁第三段第二行，接下來說：「聞已信菩提，無濁無戲論，令一切悉聞，是名爲聲聞。」這是說，由於無量的眾生聽聞到佛法的不可思議，而通教菩薩阿羅漢有廣大的雄辯，讓人無法推翻，這樣就說是菩薩聲聞；而且聽聞的眾生信受這個佛菩提，心中的知見沒有污濁也沒有戲論，能使一切有情都如是聽聞，這樣就稱爲菩薩聲聞。

接下來又說：「聞於涅槃樂，是樂最第一，普令聞寂滅，是名爲聲聞；

諸力及覺道，念處與根等，逮得於究竟，是名為聲聞。」涅槃一直都是很難理解的，所以在正覺弘法之前，大家對涅槃的定義各個不同。甚至於釋印順書中還說涅槃是不可知的、不可說的，表示他對涅槃完全是臆想猜測。而我們簡單扼要的說明，什麼叫涅槃，就是滅盡一切後有，也就是把五陰十八界等一切法全部滅盡，不再領受後有，只剩下第八識獨存，這樣叫作涅槃。甚至於我還說明那是二乘涅槃，而菩薩是現證涅槃，不必等捨壽以後才入涅槃，而涅槃的本質就是第八識如來藏獨存。這樣說明以後，涅槃的事實與境界，佛教界也就眞相大白了。可是涅槃，菩薩們實證之後，固然已經在善知識的開導下如實了知了，然而要取證有餘、無餘涅槃，終究也不是容易的事。所以有理有事，必須理事雙全，才有辦法如實的說明已經證解涅槃。

而「涅槃樂」其實無樂，涅槃之樂簡單的說也是聖教中的說明：「生滅滅已，寂滅為樂。」寂滅的境界中沒有十八界，沒有五陰、六入、十二處，全都不存在，這樣的寂滅稱之為快樂，其實沒有樂可言；因為如果有六塵境界中的快樂時，那就是三界中法，就不是涅槃了。所以「涅槃樂」就是寂滅樂，而寂滅的境界中並無樂可言。如來說「是樂最第一」，因爲這是究竟的境界，最極寂滅的境界。而這樣的「是樂最第一」，並不是眾生所想像的樂，因爲其中已經無我，一般眾生卻都是喜歡有我。

而這樣的道理要能夠「普令聞寂滅」是非常困難的事情，特別是在末法時代邪見橫流之時。所以我們弘法三十年了，還沒有看見哪一個山頭出來認同說「涅槃是寂滅爲樂」，或者出來認同說「涅槃中是沒有意根與意識的」，因爲這個解脫境界確實難可理解，但是至少我們現在已經讓佛教界普遍得聞，所以我們現在也可以說是《不退轉法輪經》所講的菩薩聲聞，因爲已經普令大眾藉音聲得聞。

那麼想要證這個涅槃，並不容易，所以須要具備五根、五力、七覺支、八正道、四念處等，乃至於增上慧學中所說增上緣中的二十二根，我們也在增上班《成唯識論》講到增上緣時再宣講，必須這樣才能快速得到究竟的境界。如果這個「根」光講五根，不講二十二根，那就無法完全簡擇正訛；不能簡擇眞假，對於自己是否已經成佛也沒有能力簡擇，所以這二十二根也必須要講。那麼把這一些都講了，聽聞者對於佛法的內涵就有了不同的了知，知道自己這二十二根到底有沒有具足圓滿。了知了這個部分，就能確定自己的增上緣是否圓滿，對無生法忍就有更深入的理解，如此才能「速得於究竟」，成佛之道才能走得快速，這樣就稱爲菩薩聲聞。

以往在佛教界很多人都說在學佛，其實都不是在學佛。講得客氣一點，說他們在學羅漢；若是眞要講個不客氣的，他們其實也不是學羅漢，他們學的是世俗法，只是冠上了佛法的名相，本質都是常見外道法。我們出來弘法，最大的功德就是證實他們學錯了，爲什麼呢？因爲我們列舉他們爲什麼學錯的理由出來，他們就可以免去大妄語業，他們來世即使再當個粥飯僧、啞羊僧，都遠過下墮三惡道的好。這就是我們對佛教界最大的貢獻，因爲讓他們保住了這個寶貴的人身。所以該演說的佛法，我們都講；因此，根本大論必須講，《成唯識論》也必須講。這樣就把佛法圓滿的宣講，這樣才有資格稱爲菩薩聲聞。

接著說：「聞此身苦空，無有堅實相；貪恚癡所侵，是故分別身；亦聞於眼入，非實而見實，眾生多愚闇，凡夫盲無智；若得於佛眼，正見不思議，逮得如是眼，無復諸愚癡；諸法無成就，一切眾生聞，以如是因緣，亦名爲聲聞。」聽聞到這個色身是苦、是空，沒有堅固眞實的法相；而且還被七轉識的貪瞋癡三毒所侵入，由於這個緣故所以必須要分別五陰身。換句話說，五陰身之所以虛妄，很多人都不瞭解，所以被無明所遮蓋而使這五蘊成爲五陰，遮蓋了他們的智慧。對菩薩們而言，或者對於眞斷我見的人而言，五陰不再稱爲五陰，他所見的這「色受想行識」只是五種聚集之法，對他而言全部都看透了，因爲已有智慧看透了，所以不稱爲五陰，只稱爲五蘊。

但是這五陰存在的當下就是苦，可是這個苦，很多人並不瞭解，所以如來宣說了八苦，然後又宣說了三苦。其實八苦還容易瞭解，可是三苦中最難理解的就是諸行的無常。舉凡有行即是苦，所以這個行苦最難理解。而世間人在各種快樂的境界中生活，這個快樂的境界本身就是行，可是諸行無常，它終究會過去而滅失，這就是行苦，沒有一法可以保得住的。

所以關於十八界的無常、五陰的無常，我們每回禪三起三時殺我見得講兩個鐘頭。有的人有點抱怨說：「導師！您每次禪三講的殺我見的內容不一定一樣啊！」我說：「是啊！因爲內涵多，我只有兩個鐘頭，所以我想到什麼便講什麼，關鍵的部分都有講出來就行了。」那聽聞的人能不能斷我見，就看他定力有沒有修好，看他知見夠不夠；所以打過禪三不一定就是斷我見，得要能夠如實攝受而得通達。

那麼色陰存在的當下，本身就是苦，因爲始終不離於行，即使你睡著無夢了都還有行，行是無常的，所以這個色身是無常，而且這個無常的本身，是誰都無法扭轉的，終歸於空；本來就沒有這個色身，是上一世入胎後才出生的，出生以後無常而毀壞，最後一樣歸於空。所以，這個五陰和合運作而有覺知、而有領受等都歸於空，都沒有堅固的眞實法相；而五陰存在的當下不離貪瞋癡三毒，如果沒有貪瞋癡，就不會受生在人間；除非你是乘願而來，否則生而爲人都有三毒，所以說「貪恚癡所侵」。正因爲這個緣故，所以得要爲眾生詳細分別五陰身的內涵以及它的苦、空、無我、無常。

可是話說回來，有的人會說：「您講的，我不信，雖然您說五陰身心苦、空、無常、無我，可是我一早醒來，看見的一切都那麼眞實。我領受了六塵，太眞實了，而我這六根具足存在，也太眞實了。然後您說我覺知心無常，可是我覺知心一醒來根本就沒有中斷過，哪能有什麼生滅不住的事實可說呢？」他這樣想，世俗人都會相信也會認同。可是我問諸位：「每一個人各自都有十八界，你領受到的那六塵，到底是外六塵還是自己的六塵？」諸位都知道是自己的六塵，可是我今天這個部分特別要再說明，攝受極少部分正在退轉的人。

如果你所領受的六塵是外六塵，首先必須克服一個問題，而且這個問題很大。例如佛世有五十位定性聲聞的阿羅漢入無餘涅槃，如果覺知心所領受的六塵是外六塵，那外六塵已經被他們滅了，他們入無餘涅槃都是滅盡十八界的，應該從那時候開始，一切有情就沒有六塵可以領受了，那爲什麼現在大家都還在領受六塵？表示五十位阿羅漢入涅槃時所滅的十八界，全都是他們各自的十八界，與外六塵無關；而每一個人都是領受各自的如來藏所變現的六塵，並沒有領受外六塵，領受外六塵是各自如來藏的事，六識心只能領受如來藏變生的內六塵。

接著，我把禪三的一部分殺我見的內容拿來講。諸位在座位上看見我，是正立的還是倒立的？是正立的。但是我要告訴諸位：「我坐在這裡說法這個影像，在你眼睛的視網膜中是倒立的，不是正立的。」諸位回去可以作個實驗，我先來說明我們眼球的構造：眼球是圓球形的，這眼球的前方有個水晶體也就是凸透鏡，凸透鏡附帶了虹膜可以放大收縮調節光線。這水晶體後面是個圓球，裡面都是液體、透明的液體，這個圓球液體背後就是視網膜。這外面的影像透過水晶體進到眼睛裡來，水晶體就是個放大鏡，外影像進入眼球映照到你的後方的視網膜時，影像就是倒立的。

我對這一件事情印象深刻，是因爲我在初中二年級，我自己眞的作過實驗。我們當年有一門課叫作生理衛生，那已經是將近七十年前的事，應該說是六十來年的事。書中講到眼睛時，畫著眼球的構造，構造講解完了，它附帶一張圖，就是一面很白的牆壁側面，中間畫了一個凸透鏡的側面，凸透鏡的側面是這樣的橢圓形，這畫在中間的位置；這邊是牆壁，凸透鏡的另一邊是一根蠟燭加上燭臺，蠟燭點了火。從這蠟燭的火，畫一條直線斜下來，透過凸透鏡的中央到對面牆壁的下方；蠟燭的中間畫一條線，透過凸透鏡的中央去到另一面牆壁的中間；蠟燭的燭臺下方畫一條斜線往上走，透過凸透鏡的中央去到對面牆壁的上方，然後顯示出來牆壁上的燭臺影像是顚倒的。

我這個人很有實驗精神，下了課，我就覺得眞的是這樣嗎？心中有疑。回家呢，因爲我們兄弟幾個都很喜歡搞實驗，家裡就有凸透鏡，我就把客廳（那個也不叫客廳，叫佛堂），把燈關了，然後就拿了凸透鏡到牆壁邊，點了蠟燭來，然後在那邊懷疑：「咦？怎麼沒有影像啊？」看來看去就是沒有蠟燭的影像，後來想：「啊！一定是焦點的問題。」所以就去調整距離，調到剛好：「喔！果然有影像，它還眞是顚倒的。」它是顚倒的，所以表示：那個課程裡面告訴我們的道理是正確的，不是騙我們的。

那麼你所見的、今晚坐在這裡說法的我，是正立的而不是倒立的，表示你實際上沒有眞的看見我。你看見我，是藉著你的如來藏把視網膜後面那個倒立的影像變出來以後，再被你所見，而你所見的我就是正立的；因爲你覺知心生活在自己的內相分中，你並沒有活在外相分裡面。那麼，你所見的色塵是如來藏變現給你的內色塵；同樣的道理，聲香味觸法塵都是如來藏變給你的，全都是內相分。

所以，眼入是眞實或虛妄呢？（大眾答：虛妄！）對了！要答得有信心，因爲這牽涉到你有沒有斷我見的事實。如果你很清楚確定：「眼入是假的，都是如來藏變現給我的。」那麼這就表示，耳入乃至意入莫非如是。所以你有生以來不曾活在你的如來藏之外，你都活在如來藏變現給你的內相分六塵之內。所以活在自己的如來藏裡面而造作了善業、惡業，那些業會不會丟失？當然都落在如來藏裡面，這樣看來，因果報償是眞、是假呢？（大眾答：真。）眞啊！因爲有生以來不曾活在如來藏的外面，始終都活在如來藏變現的內相分中；因此所造業種也不會遺失，捨了這個色身，如來藏就把業種帶到來世去。這樣看來，因果成不成立？（大眾答：成立。）答得好！成立。

這樣看來，六塵是假的，因爲是如來藏變現的，那麼這一世才有的色身五色根也是假的；由於意根加上五色根，然後變現了六塵；六根與六塵及六識，全都出生在如來藏中；而六根六塵是假的，經由這六根接觸六塵才出生的六識，是眞的、假的？（大眾答：假的。）假的啊！因爲是小三啊！人家大哥、二哥都還是假的，何況是藉老大、老二爲因緣由如來藏變生的六識或離念靈知，當然也是假的；而意根入無餘涅槃時可滅，所以十八界沒有一法是眞的。這樣簡單說了，不曉得諸位肯不肯死？（大眾答：肯。）眞的啊？（大眾笑…）對啊！因爲十八界沒有一界是自己可活的，活著只是一個組合而成的現象。那麼大家就在這個人生大夢裡面學佛，次第成就佛道，所以有一句話講得好：「**學佛要藉假修眞**」，藉著這個假的十八界來修眞實法，那眞實法叫作什麼？（大眾答：如來藏！）正是如來藏！

所以，很多人上了禪三，進了小參室都說：「**我知道啊！全身都是啊！**」說他全身都是如來藏，我說：「**在哪裡？拿來我看看。**」「**我全身都是啊！可是我拿不出來啊！**」拿不出來就不算。我們在座，六個講堂大約一千八百位同修，大家都知道全身都是，大家都知道，但是都不能開悟，那你這樣知道了就算開悟喔？當然也不能算。而這十八界把它歸納爲五陰，當然五陰都是假有。

今天聽到這裡，應該就值回票價了，不管你是飛機票、火車票、捷運票、公共汽車票都值了，而且值回好幾十倍、好幾千萬倍，因為利根的人聽到這裡就該死了身見而證初果解脫。如果聽到這裡還藕斷絲連捨不得斷，也是情有可原啦！那就等待未來世的因緣。如果沒有下墮三惡道，值遇當來下生 彌勒尊佛時再來斷也可以，但我說那個叫作下下根。我們所有人都應該在九千年後就證阿羅漢果，別等到五億七千六百萬年後，聽聞當來下生 彌勒尊佛龍華三會說法，才要證阿羅漢果，因為諸位的任務就是到那個時候要襄助 彌勒尊佛弘化度眾生，所以應該先證。

那麼這一些法簡單的說完，因為現在不是禪三，不可能有兩個鐘頭給我講這個殺我見的詳細內容，只要利根以及中根，不是遲鈍的鈍根，現在應該都死了——我見都斷了。我見斷的結果，對於諸方大法師、大居士們有沒有斷我見，你只要一聽就懂了：你沒有斷我見，他也沒有斷，某甲倒是有斷我見。你一聽就能判斷，你對他們無疑，心中也不懷疑說：「末法時代還眞的能斷我見嗎？」你也不懷疑，因爲自己眞的斷了，所以疑見就跟著斷了。這樣一來，假使有人施設水戒、牛戒、常立不坐戒或者常坐不臥戒等非戒取戒的事，你就知道這個人完全不懂解脫，所以他會施設那樣錯誤的戒法，這也表示你的戒禁取見也斷了。所以，身見、疑見、戒禁取見都斷了，心中無疑豁然開朗：原來末法時代依舊可以證得斷三縛結的境界。

這時候雖然在人間繼續過著這個虛妄的生活，可是對於這樣的生活卻是心安理得，無妨留惑潤生修菩薩道，這樣子諸位就不屬於「愚闇」的眾生。可是 如來說：「**眾生多愚闇，凡夫盲無智；**」因爲眾生絕大多數都是愚癡而且心地不開明，所以叫作「愚闇」，始終無法弄清楚爲何五陰十八界虛妄；而凡夫猶如盲人一樣，因爲從佛法來講，有慧眼的人才不叫盲人；從實證佛教來看，沒有慧眼就叫作盲人，所以你至少得要斷三縛結。然而，是不是今晚聽我這樣說了以後，在知見上瞭解「**什麼是三縛結，什麼是斷我見**」就算眞斷呢？那不一定，首先、必須沒有障道之惡，如果他在往世有障道之惡就無法斷我見，因爲被那個惡業所遮障；第二、必須要有定力而不是定境，坐在那邊閉眼塞耳那叫作定境，可是你斷我見的時候不是閉眼塞耳去斷的，你是要憑著定力在六塵境界當中去斷我見，所以如果沒有未到地定的定力也不能斷三縛結。

那麼斷三縛結的人從解脫道來講，他就是有慧眼，叫作法眼淨，《阿含經》說的法眼淨就是解脫道中的慧眼，所以不再盲目；因爲解脫道的法眼已經張開了，這時候有智慧，不是「凡夫盲無智」。所以，眞斷我見的人有能力去判斷天下一切人有沒有斷我見。如果沒有能力判斷，或者甚至於把斷我見的人當作是沒有斷我見的人，這表示他本身確實沒有斷我見；就好像證眞如的人聽了就知道對方有沒有證眞如，道理是一樣的。如果有人宣稱證眞如，結果對於實證眞如的人，他竟然看不清楚、聽不清楚而無法判斷，這表示他沒有證眞如，他成爲大妄語人了。

所以佛法中證眞如的人，眞心與妄心之間的界線非常分明的認清楚了，這才叫作證眞如。一般人把正智出版社的《公案拈提》讀上幾本以後，大概都會認爲自己悟了，然後進了小參室：「我知道啊！我渾身都是眞如啊！」

我說：「那是我書上寫的，因爲如來藏遍十八界，有四種遍，我都寫出來了，當然渾身都是，可是那不叫開悟。必須能把眞心、妄心區分得很清楚，把十八界與如來藏區分得很清楚，這是這、那是那，不能容許有一點點的含混，這樣才能叫作開悟、證眞如。」可是凡夫慧眼未開，所以他沒有智慧；慧眼已開的人當然可以具足分析清楚，不會眞妄不分，眞妄不分的人在我們會裡都通不過考驗。

接下來說：「若得於佛眼，正見不思議，」證眞如的時候才只是慧眼，從慧眼進修而想要到達佛眼的境界，中間還有個什麼眼？（有人說：法眼。）法眼，諸位都知道了！法眼的最低標準就是對五位百法非常清楚。對五位百法很清楚的人才有資格講《成唯識論》。以往退轉的人都說：「唉呀！蕭老師把《成唯識論》講錯了。」我心裡面覺得好笑說：「如果我講錯了，那你何不也講一講。」老實說，他們連講都沒辦法講，因爲他們全都讀不懂了還能講，對吧？對啊！一定是懂才能講，不懂怎麼能講。

二〇〇三年退轉的那一批人聽到我開講《瑜伽師地論》了，他們也跟著開講，但是他們不到一年就講完了，一百卷不到一年講完。我說，我光把它唸完都不只一年，我從二〇〇三年講到現在，現在是二〇一九年，這樣是十六年還沒講完，預計再一年內把它講完就是十七年（註）。以前我概講《成唯識論》，講四年。所以不是用唸的，那是要一一細說的。結果他們說我不懂《成唯識論》，說我講錯了，列舉了很多條目出來反對我，結果舉出的論文卻都證明我講對了。我預計後年就會開始繼續講第二遍的《成唯識論》，這回就要錄影下來了。（註：後來《根本論》是在二〇二二年的二月講完，前後總計十九年講完，已於二月重講《成唯識論》，未來每講完一輯的分量時就會出書，名爲《成唯識論釋》。）

也就是說，《根本論》講的是六百六十法，《成唯識論》濃縮成百法，這五位百法加上一些法義上的論證，內容頗有可觀之處。所以，《根本論》學完了就能讀懂《成唯識論》嗎？也讀不懂，因爲那文字太簡略，其中也有許多是法義辨正的內容，有些在《根本論》中並沒有講到，所以我有必要把《成唯識論》再講一遍；那麼錄影下來有影音檔存在，未來世我再來時也可以再複習一遍，要恢復那些證量也就很快。因爲我這一世恢復證量，我大概想了一下，差不多要十二年；那麼來世如果重新再聽這一世的我所講的內容，大概應該聽完也就全部恢復了。我想這一回講應該不會超過四年，也有可能縮短一點，因爲我把《根本論》講完了，那麼大家來聽《成唯識論》應該就比較容易了。（編案：後來改爲《成唯識論釋》，會講得更詳細，因爲二〇二〇年時有琅琊閣、張志成等人退轉妄謗，必須細講然後出版公開流通。）

所以現在外面還是有人在放話說：「蕭老師《成唯識論》講錯了。」那我就說：「那不然你就註解出來給我們欣賞欣賞也行。」老實講，卷一他就讀不懂了，不管他認爲自己證量有多高。因爲我當年是明心見性一次解決後，大約過了一年半左右，我去讀時還讀不懂，因爲往世的證量還沒有全部恢復，何況他們眞妄不分又怎麼能讀懂。所以說要眞能讀懂《成唯識論》，你必須要有法眼，沒有法眼不可能全部讀懂。

那麼想要得到佛眼、法眼，首要之務就是先得到慧眼。以前有個小說家說慧眼在眉心，當年我還沒有破參，才剛學佛不到一年，讀到那個書就覺得說：「眞的這樣嗎？」心裡面還是覺得有慧眼還眞不錯。可是慧眼不是眼，法眼也不是眼。所以，這一些佛法名相都不是表面上的意思。慧眼主要是三賢位的智慧，這還容易講，也就是非安立諦三品心的智慧。可是法眼必須要加上安立諦十六品心、九品心才能夠入地，並且還有許多的不同於世間相的境界與現觀，那個內涵就多了。比如說有人自稱是五地菩薩，那我要根據《楞嚴經》提出請問，依據《楞嚴經》的開示，三地滿心菩薩是色陰盡的境界，那色陰盡是什麼境界呢？沒有人講過，可是《楞嚴經》有，大眾讀也讀不懂，就算讀懂了也無法解釋。

我以前講過一、兩遍了，無妨再講一遍。譬如說月黑風高的晚上，你自己獨處於一個密閉的房間，正好大停電，所以你也不用關燈，因為停電了。這個時候一般人什麼都看不見，可是色陰盡的三地菩薩放眼所見依舊非常分明，而且沒有遠近之別，但是跟燈亮的時候看有點不同，就好像一張彩色的相片—亮光面的相片而不是平光的—不小心掉進了墨水裡面（寫毛筆字那個墨水），趕快撈起來沖水，沖完之後的相片有一層薄薄的黑色，但是色彩依舊很清晰，色陰盡在全無光線的狀態下所見就像那樣。這就是有體驗過的人才能講，否則你如何說明那個色陰盡的境界。

好了，他說他到五地了，現在問他，請問他有沒有色陰盡的境界？沒有！接著再探究他有沒有斷我見？根本就沒有，證眞如就別提了，何況眼見佛性呢！所以學佛之人在末法時代大妄語業很容易犯，如果沒有善知識出現人間，他肯定要下墮地獄，因爲不知道自己犯了大妄語業。所有的大法師們、大居士們都互相推崇：「**喔！他也開悟了，我也開悟了，大家都開悟。**」所以一群人相將入火坑。也因此，善知識既討人厭又惹人愛，因爲這一些大妄語業的人剛開始很氣，氣那個善知識：「**我本來有開悟的光環，都被你剝奪了！**」可是等到捨壽了，去到中陰身的時候才懂得感謝說：「**好在有這個大善知識，我在死前懂得懺悔，不然我已經下墮了，哪裡還有現在這個人身的中陰。**」所以善知識兩面不是人，永遠不會得到被救的人所說的感謝言語。

這就是說，想要得佛眼必須腳踏實地一步一腳印，一個蘿蔔一個坑，躐等不得，必須按部就班進修。所以先要有慧眼，然後次第進修才能得法眼，有法眼才能讀懂《瑜伽師地論》、《成唯識論》，然後還要經二大阿僧祇劫的苦修實修才能到達佛地，才能獲得佛眼。所以諸位想想看：色陰盡有那樣的境界，那到達佛地發起佛眼時有多少境界？因此我作了個定義：末法時代凡是號稱成佛的人都叫作凡夫。所以只要外面有誰說他是佛，你就說「**原來他是凡夫**」。因爲眞懂佛法的人，他知道從凡夫地到佛地的那一些內涵。所以，末法時代那些宣稱成佛的人都是沒有斷我見，他們是佛法的門外漢。也就是說，如果你能瞭解佛地的境界，你就是具有正見的人。因爲佛眼難可思議，而你能夠了知了，表示你有正見，所以說「**若得於佛眼，正見不思議**」。

得到佛眼的人就是「**逮得如是眼**」，這時候沒有一絲一毫的愚癡，因爲到達佛地必須煩惱障和所知障全部斷盡，也就是《勝鬘經》講的一念無明和無始無明全部斷盡。可是從末法時代的佛教界來看，單是一念無明的第一個「**見一處住地**」的斷除，就已經不可能了；雖然你們很多人說斷「**見一處住地**」沒什麼難，可是對末法時代的佛教界來講就是難，因爲他們身見具足。接著斷除欲界愛、色界愛、有愛住地，對他們而言更難。可是這還不難，接著還要斷無始無明住地，光是一個打破無始無明，他們都辦不到，而諸位有很多人辦到了。打破無始無明就有慧眼了，依著這個慧眼次第進修入地，稱爲見道的通達位。這個距離很遙遠，但是有善知識提攜就不遙遠，可以化長劫入短劫。

律部《菩薩瓔珞本業經》說：有人修第六般若波羅蜜多，正在第六住位中參禪時，「**般若波羅蜜正觀現在前，復值諸佛菩薩善知識攝受故，入第七住常住不退。**」所以修六度波羅蜜修完了，「**般若正觀現在前**」的時候，如果沒有佛菩薩攝受、沒有善知識攝受，就會退回六住位，乃至不信因果而造作惡業，導致下墮無數劫；所以 如來說淨目天子、王子法才、舍利弗，無數劫前證悟之後，沒有佛菩薩善知識攝受，十、百、千劫之中無惡不造，於是墮落了無數劫；後來回到人間修行，終於遇見 釋迦如來才又證悟。所以，我弘法初期特別告誡大眾說：學佛求開悟最怕的是有慢心。因爲有慢心的人不接受善知識的攝受，他會把退轉當作進步，我們弘法這三十年來屢見不鮮。

那麼由這個地方來看，開悟發起慧眼只是第七住位，要到達入地總共有三十心，從初住位開始到入地前有三十心，這三十心是歷經一大阿僧祇劫。換句話說，第七住位後面還有十行、十迴向位，這樣才算能夠入地，那要多久？一大阿僧祇劫的三十分之二十三，連第七住位算進來就二十四；可是說慢慢很慢、說快也很快，如果懂得快速去累積福德，然後有善知識提攜迅速前進，那就是化長劫入短劫。那請問諸位：娑婆世界是長劫還是短劫？（有人答：短劫。）是短劫，短劫之中再把它化短，可是這是諸位才有的機會，在會外沒機會。因此說，要瞭解佛地是很困難的事，你至少得要有法眼，也就是要有初地心。到初地心才能夠有個概略的瞭解說佛地是這樣的境界，你當然就知道「逮得如是眼，無復諸愚癡；」因為到初地時法法通達。

入初地的時候，一定懂得什麼叫作「法住法位、法爾如是」。以前很多人讀經、講經，從來沒有人提這兩句，反倒是我們講大乘如來藏妙法的人不斷在講這兩句。其實經中這兩句，它是大乘法講的，但是被結集之後大家都不講了。那麼大乘法為什麼會講這兩句？因為諸法各住其位不相混亂，可是諸法卻是互相關聯，不能像釋印順那樣亂切割而變成互不相關的零散法。但聲聞人不懂大乘法，所以聽完大乘經，結集出來時都會成為二乘經。但不論從萬法之中的任何一法，都可以衍伸到如來藏，也都可以衍伸到一切諸法，而且錯綜複雜之中又互相關聯，可是那些諸法的位次都不能混淆，也不會互相混亂。懂得這樣的人才叫作有法眼，有法眼才能夠略為知道佛地的境界。

所以諸佛如來沒有愚癡，可是西藏密宗怎麼講？他們說：「**我們密宗這個法是釋迦如來沒有講的，因為釋迦如來不懂這個法。**」那表示在他們的眼裡，還有 釋迦如來不懂的法，那 釋迦如來憑什麼成佛？所以我說他們眞是外道，他們完全不懂佛法；且不說大乘法，連粗淺的二乘法他們都不懂了。所以慧眼是很重要的，當你有慧眼之後，就不再信密宗那個外道法了。可是當你有慧眼的時候，說你佛法成就了，到底佛法有沒有成就？（有人答話，聽不清楚）誰說沒有？但眞的沒有！你們講對了！因為一切法你本來具足，你還要成就什麼法？

你就是一分一分、一步一步去把它瞭解，只是這樣而已，那一切法都是你本來具足圓滿的。所以當你證悟以後，你發覺：原來我無所得，我沒有得到什麼，我所證悟的都是我本有的，不從外得，所以「諸法無成就」。那麼這個道理要讓一切眾生得以聽聞，可是這道理要讓眾生聽聞而得勝解非常困難，因爲善知識出現於人間，不是把這個道理告訴眾生便罷，而是要幫助眾生同一所證。他自己證了什麼，告訴眾生以後，也要幫眾生同樣是這樣的所證；所證沒有第二個法，同樣是這個法，要能夠這樣才能叫作菩薩聲聞。

接著說：「**一切諸法相，猶如呼聲響，此中無聞者，亦無有說者；令無數眾聞，是名爲聲聞。**」這是說一切諸法各有法相，一切諸法不會是剎那相。一切諸法都有一個運行過程的行相，經由那個運行過程的行相，你來說這個叫什麼法、那個叫什麼法。如果只有一剎那，不算是法，因爲它沒有行相。這樣講也許有點虛幻，舉個例來說，你開車或者你搭車跟在人家的車子後面，前面那一輛車子如果要右轉，右邊的方向燈就先閃亮了，但它剛閃亮的時候是不是代表他一定會右轉，不一定，也許他打錯了，於是馬上又打左轉的方向燈出來，所以你一定要到第二次亮、第三次亮，才確定他眞的要右轉，這就是一個運行的過程。

假使有一輛車，他的右邊方向燈一直亮著，它不閃亮或者它好幾分鐘都不斷的一直閃；兩個情形都一樣，你會認爲他要右轉嗎？不會的，因爲經過好幾個路口、好幾個紅綠燈，它繼續閃著、繼續亮，你就確定說他那個燈故障了，要不然就是他忘了撥回去。還是要經過一個過程才能確定，那個過程就叫作行，經由行的過程來顯示出那一個法的法相，所以行很重要。那麼一切諸法的法相，它總會過去，不會一直都存在著，永遠都一直存在著的只有一個，叫作什麼？（大眾答：如來藏！）三句不離本行！除此以外別無他法。

那麼這一切法的行相終究會過去，所以「猶如呼聲響」，當某一個人在大聲呼喚的時候，那個呼喚聲終究會過去。某個人弄出很大的聲響時，那個聲響也會過去，大不了給它響個一天、兩天、三天，再不然響個一年總會過去，不會是無止境的，所以說「一切諸法相，猶如呼聲響」。講切身一點，你早上醒來，得要張開眼皮，得要翻身，得要下床、穿鞋子、刷牙、洗臉，有哪一個法相不是正在過去？所有的法相都在過去。正因爲有不斷的各種法相不停的過去，你才能成其爲一個人，否則你就不是人了。這時候有人會想：

「可是如來藏都沒有過去，那祂不是人了？」對！如來藏不是人。

這意思就是說，凡是會過去的法都像聲響一樣，呼喚出來以後就過去了。可是當你大聲呼喚出來的時候，有誰聽到了？沒有誰聽到啦！因爲你覺知心沒有聽到，你覺知心聽到的是如來藏給你的內相分聲塵，你哪有聽到外聲塵？只有如來藏聽到外聲塵。如來藏才能聽到外聲，可是如來藏也沒聽到，因爲如來藏不了別六塵，那請問到底誰聽到了？就是這樣，都沒有人聽到。可是明明又有人聽到，實際上卻沒有人聽到，就在沒有人聽到中來完成這樣的人生一場大夢。我度得諸位也是在這種沒有人聽到的狀況下度得諸位，讓諸位懂得什麼叫作沒有人聽到。

懂得這個沒有人聽到的，才算是眞的聽到佛法了。那我問諸位：諸位聽到這樣一席法，究竟我有沒有說法？嗄？我沒有說法喔？（大眾笑…）你們怎麼可以說我沒有說法？那我的說法功德都不見了！（大眾笑…）可是諸位講對了，我眞的沒說，因爲我的五陰自己不能說，而我的如來藏也沒有說；可是因爲有如來藏、有五陰，所以我說了法，而我這個說法的五陰沒有能力說法，有能力說法的如來藏卻沒有說法，你說怪不怪？這時候你如果還沒有破參，就想破了腦袋：「怎麼會是這樣？」可是等你破參證眞如了，你再來看：「果然是這樣啊！」就像那個學相聲的人都要練的入門句子，有沒有？「吃葡萄底不吐葡萄皮，不吃葡萄底倒吐葡萄皮」，有沒有？正是這樣。那你說到底有誰說了法？沒有啊！我五陰不能說法，得有如來藏才行；可是如來藏說了法，如來藏又沒說法，又是五陰說的法，那到底是誰說的？這還眞難定義。

所以，你從實相法界來看的時候無有說法者，根本沒有一個講法的人；可是沒有講法的人這樣講了法，也沒有聽法的人就這樣聽了法；這就是眞相，法界的眞相正是如此。可是你要是沒有證得第八識眞如，你怎麼能解釋這個道理。依文解義者來到這裡全部死於句下，他根本開不得口；可是菩薩聲聞正應當如此，把這個道理宣示出來、演繹出來「令無數眾聞」，這樣才能夠稱爲菩薩聲聞。

所以，要當個菩薩聲聞可不容易，諸位有幸值遇到菩薩聲聞，今晚回家太晚了，別喝！明天早上浮一大白——喝開水，不是喝酒。眞的叫作有幸得聞！可是，有幸得聞之後繼之以思惟實修，然後得證，得證之後還得不退轉才叫作得；因爲有人證了又退，所以《瑜伽師地論》說有「聞、思、修、證、得」五位。不退轉的人才叫作得，退轉的人可能回第六住，可能回第五住、第四住，乃至有的人退回初住位，那就可惜了！所以，發願當一個菩薩聲聞也不容易，因爲要有那個實質，眞的不容易。

接著說：「此中無所聞，亦無染著者；譬如人夢中，雖聞多種香，無一成就者；如是知香體，遠離一切垢，亦無聞香者，菩薩之解脫。」所以我常常講：「南洋縱使眞的有阿羅漢，來到正覺講堂也開不得口。」我每年都講這個話，不怕人家來拆我的臺，一則南洋根本沒有阿羅漢，連初果人都沒有；縱使眞的有，來了一樣開不得口。二則事實上眞正阿羅漢也不懂菩薩這個法，眞阿羅漢來到正覺講堂一樣開不得口。

回到經文來說，在這個法之中沒有一個所聞。人之所以會有貪染、會有執著，都是有個對象；有的人貪財，有人貪名，有人貪色，有人貪眷屬，有人貪恭敬，種種的貪都有個對象。如果有的人貪香味，可是若沒有香味給他貪，他就沒有什麼可以貪染了，所有的執著都不存在。所以，生在人間有這個鼻根鼻識就一天到晚聞香，有時候說這個好香，有時說這個好臭，臭也叫作香。可是，香味如同眼入一樣虛妄不實，它是如來藏變現給你的。外面的香味是如來藏所接觸，你接觸不到，而如來藏不了別香塵；你鼻識所接觸到的香味，是如來藏依外香而變現內香給你，就如同眼入是如來藏變現給你的一樣。

所以，從實相法界來看時眞的沒有所聞，那時就沒有能聞的人。就算能聞的人現前存在，而沒有所聞的時候，你要貪著什麼？就比如說有個人正在睡夢之中，他也嗅到各種香味，可是那些香味都是如來藏變給他的，沒有哪一種香味是眞實存在的，要能這樣去了知香在清醒位的眞實體。那請問諸位：香的眞實體是什麼？（大眾答：如來藏。）對！如果沒有如來藏，你根本聞不到香，那香味是如來藏變現給你的。

就好像我上週講的：你六識心是心，心是精神體，心不觸物。就好比說，光線遇到玻璃會怎麼樣？穿過去，無法停在玻璃上。如果遇到牆壁呢？反射回去，不會停留，因爲心不觸物啊！可是你如果弄個泥巴呢？往玻璃一丟就在玻璃上，不會穿過去，因爲它是色法。這樣的比喻，諸位應該就聽懂了。

換句話說，六識都是心，心不觸物；六塵是色法，心不能接觸外色法。得要由如來藏藉五扶塵根攝受了外六塵來變現出內相分的六塵，然後你六識覺知心才能接觸；所以你接觸的香塵也是如來藏變現給你的，就應該要知道香的眞實體其實就是如來藏。當你知道香的眞實體是如來藏，而如來藏的境界中迴無一法可得，如來藏是本來就解脫的。這時候發覺原來自己所貪著的一切都是如來藏，而如來藏於一切法都無所執著，於是轉依如來藏之後就「**遠離一切垢**」。從此以後，了知一切香不值得我去執著，因爲都是自心如來藏所變現。

這時候也知道沒有聞香的人，因爲香都不眞實了，那聞香的人還會眞實嗎？就像剛剛講的：先有六根，再有六塵，然後才有六識；聞香的人是六識心，之前先有六根與六塵，所以六識是小三，更不眞實，這樣就是菩薩的解脫。所以菩薩的解脫是有內涵的，因此解脫不是口說為憑，要有那個實際理地的現觀，有實際的證量作為根據才叫作解脫。

接著說：「多顛倒眾生，聞舌猶肉段，不能得知味；肉段若知味，亦應知平等；分別如是相，貪味為最惡；此界難思議，是名知於味；決定知味已，菩薩無所著，令眾聞決定，是名為聲聞。」

「多顛倒眾生」這一句說得好，特別是末法時代所有的眾生大多顛倒，放眼現代佛教界只有你們不顛倒，因為外面的人，有的大法師都還在否定如來藏說：「那如來藏是外道神我，如來藏是如來的方便施設，哪有如來藏？」直至如此，也還有四大山頭之一的網頁仍這麼說的。就只有諸位相信第八識如來藏是正法，所以我說諸位不顛倒。這樣多顛倒的眾生，即使心行顛倒，可是你如果告訴他說舌頭就只是一個肉段而已，又不是心，舌頭怎麼可能知道味道？對啊！假使不是有覺知心，舌頭不會知道味道；可是，覺知心不能觸知食物的味塵，因味塵只是物，覺知心無法觸到物，因此覺知心所領受的是如來藏變現的內相分味塵，那到底是誰知道味道？喔！原來舌頭不知道，是覺知心知道；可是覺知心只能了知如來藏變現的內相分，不能了知物法食物的外味塵，那到底是誰知道了所貪的那食物的味道？

就像《佛藏經》中講的「貪味為識」，有沒有？世間人貪味，非肉不飽，聽過這話吧？每一餐都得要有肉，沒有肉他就覺得沒有度過那一餐，吃了也等於沒吃，他不覺得他有吃飯。孔老夫子更講究的「肉不正不食」，說你煮給他的肉還要切得方方正正，不方正他還不吃。可是，問題是誰嚐到了肉味？舌頭是肉段不能嚐；心是心，是精神，也不能觸到食物那個味，那到底誰知道味道？果然「不能得知味」。

接著就反問：「肉段若知味，亦應知平等；」如果你肉段性質的舌頭能分別味道，那舌頭應該也能分別：這個不平等，這個叫平等。可是無始劫以來，有誰的舌頭知道什麼叫平等？所以，有智慧的人把這個道理分別出來，大家聽聞之後就知道說：原來沒有一個眞正能分別食物味道的人，一切都是因緣假合而成。所以「分別如是相，貪味為最惡；」如果為了貪著食物的味道而要去殺生，這樣的人就是惡人。就好像環保界講的，你如果不買象牙，就不會有大象被殺害，道理是一樣的。你如果不貪肉味就不會有人殺生，大家都不貪就沒有殺生。所以說懂這個道理之後，就懂得貪著肉味的人是最惡劣的眾生。想想看，自己不小心被針扎了，都覺得好痛好痛，可是竟然把人家殺了又剮又分屍，然後去吃動物的屍體，那不是很惡劣的人嗎？所以，假使還有人沒吃素，今晚過後也該吃素了吧！（大眾笑⋯⋯）

所以說：「**此界難思議，是名知於味；**」這個實相法界眞的難可思議，你要說給一般的人聽，還眞難！你苦口婆心說上老半天，他聽完了，給你四個字「不知所云」，說不知道你在講什麼。其實是他聽不懂，反而怪你不知所云。所以你只要懂得這個道理：原來分別味塵的是一個有機的組合體，背後有如來藏；然後你這五陰或者十八界和合運作，才能夠分別那個味道；而你所分別的味道，卻不是你所吃到的食物的味道，是如來藏依據食物提供給你的味道。從此以後，有得吃就好，只要它不是很難吃；能吃飽就夠了，有氣力可以修道，可以利樂有情就行，不用貪味道。

所以，從今晚以後再有誰跟你邀約說：「**臺中有哪一家素食館很好吃，**

咱們去跑一趟吧！」你說：「不了！不了！您去吧！」爲什麼？因爲你嚐到的是如來藏變給你的，你又不是眞的嚐到那食物的味道，那又何苦來哉，跑那麼一趟。車程也要兩個鐘頭，進了市區，路上還加上停車走路，也要花掉半個小時，吃那一頓飯半個鐘頭，再回家兩個半鐘頭，何苦啊！所以用什麼美食邀約我去哪裡，我都不去，除非我有事情要談，那就可以。因爲早就看清楚了，那味道就是自己的如來藏變生出來的。那麼這樣就知道這個法界「難思議」。

從這裡諸位來想想看：如來藏厲害不厲害？（大眾答：厲害。）因爲不管食物是什麼味道，祂都可以變出內味塵給你。人間有誰作得出什麼味道，祂就變出那個味道給你，然後不懂的人就貪著：「喔！他那個食物好好吃喔！」因此要排隊，大排長龍繞過好幾個街角這樣排。那你有智慧：你說再怎麼排得來，也是如來藏變現的味道；求人不如求己，我自己隨隨便便弄一弄，就胡亂過一餐了，不必辛苦在那邊排隊了。要這樣才說「是名知於味」；也就是說，你必須要知道味塵是從哪裡來的，這樣才叫作懂得不可思議的法。

接著說，菩薩決定知道那個味塵的由來，所以「無所著」。這六識所了別的味塵其實是如來藏所變現的，末法時代佛教界從來沒有人講這個。所以我說有些大法師很奇怪，你買一個五百塊錢的便當，你們內地叫盒餐，供養他，他不看在眼裡，非得要到人家那個店裡去，是到場現煮的，而且一定要一個人一兩千塊臺幣一份的，他才吃。我說他到底出個什麼家？那比世俗人還貪味。但你跟他不一樣：「決定知味已，菩薩無所著，」你眞的是菩薩；因爲你很清楚這味塵是如來藏變現的，所以只要能充飢，有體力修道就夠了，不必一定要什麼好吃的或者很香的味道。

「令眾聞決定，是名爲聲聞。」把這個眞相解說清楚，能夠讓大眾聽聞之後心得決定，就叫作菩薩聲聞。那麼請問：「我算不算菩薩聲聞？」（大眾答：算！）算喔，因爲諸位聽懂了，那我就是菩薩聲聞了。

「觀身分別相，本性空無主，若知於眞實，無生無能生；菩提如是相，亦無生能生；普令眾生聞，是名爲聲聞。」觀察色身有各種分別的法相，而菩薩把這個法相來爲眾生分別，分別之後發覺一切分別之中，種種身的本性都歸於空性。請問：空性是什麼？對了，是如來藏。全部都歸於如來藏、歸於空性，因爲一切諸法不論是什麼樣的法，它的顯現乃至覺知心不斷的加以分別，這一切的分別相也都要歸於空性如來藏；而如來藏無我無人亦無主，如來藏沒有三界中任何五陰我的我性，也沒有作主的法性，所以一切法的「**本性空無主**」。如果知道這個眞實相，那就沒有所謂的生，也沒有能生可說。

世間人都說有生，然而有生則必有滅，卻又討厭滅而只想要生；可是生了就不可能不滅，因爲他們不知道眞實法，所以只從現象界來看。若單從現象界來看，那就一切都有生有滅；可是你從如來藏來看，何曾出生過一法？就譬如一面明鏡：明鏡裡面影像中的張三來了又走了，李四來了又走了；可是明鏡不作分別，而明鏡一直都在那裡；而那些影像只是明鏡所有，明鏡又不分別張三來了滅了，李四來了又滅了；所以對明鏡而言，沒有生也沒有能生，所以說「**無生無能生**」。

因爲張三在鏡子裡確實出現過，李四也確實出現過，從影像來講所以說有生；可是這個生其實沒有生，因爲這只是明鏡影像中應該有的現象。如來藏也一樣：如來藏心體中的上一世張三出現了，然後走了；這一世換李四出現，現在還沒走，可是將來也會走；走了以後，換下一世的王五出現，也會走；但影像中的張三、李四、王五、趙六，他們前後世不斷的出現又消失了，只是如來藏應該顯現的現象；對如來藏來講，沒有生也沒有能生者，因爲只是如來藏中的現象而已，所以「無生無能生」。今天講到這裡。

《不退轉法輪經》上週說到五十二頁第一行，今天要從第二行開始說起：「菩提如是相，亦無生能生；普令衆生聞，是名爲聲聞。」這是延續上週講的那四句，但上週講的那四句其中最後一句「無生無能生」，接下來幾十句都是解釋這一句，也就是解釋「無生無能生」的道理。

以前佛教界談到菩提，總是有各種說法，所以經營事業也講禪、菩提。那麼世俗法中也講禪、講菩提；甚至還有個人寫了一本書叫《禪式管理學》，有沒有覺得很奇怪？參禪的方式管理或者證悟禪的方式管理，一個公司竟然可以用禪來管理，可是世間人也信得一塌糊塗，然後也很暢銷，當年也算暢銷書之一。但是禪只是求悟的方法，他只懂其中一小部分的專精一心，就說是懂禪了，還寫了管理企業的書發行流通。其實菩提很簡單，直譯過來就叫覺悟。那覺悟可以用來管理公司、經營企業，這太怪了吧！因爲佛門覺悟的內容是法界的實相、是生命的眞相，不是世間法，怎麼能夠用這個智慧拿來管理公司。

不過話說回來，我們有很多同修打從禪三悟後回來，那世間法的智慧也是不斷的增長，又好像可以；但其實不是，是因爲他的智慧增長，所以對世間法也開始觸類旁通。所以菩提其實就是覺悟，但菩提覺悟的就是五陰名色空、無所有，因爲空而且無所有，所以本來就無生；雖然空性如來藏有自性，可是祂無生，本來就在、不曾有生；是這樣的本來無生，不是滅後不再出生。但這個空性，祂是眞實法，必須要證得這個眞實法方能了知「**無生無能生**」。

菩提就是像這樣的法相，所以說菩提同樣也是「**無生無能生**」。有生的諸法看起來都是有滅，只差滅的時間早或晚，晚可以晚到八萬四千大劫，早可以是一兩個剎那就滅了；可是把它歸納到無生的如來藏時，那時生也不存在，能生的這件事情也不存在；而如來藏無妨繼續出生諸法，可是如來藏從來無生。這樣聽起來有點怪怪的吧？假使你沒有找到如來藏，或者你不是到正覺來熏習很多年了、聽我說到習慣了，你聽起來會覺得很奇怪。

就像《大般若經》講眞如說：「**如實知見諸法不生，諸法雖生，眞如不動；眞如雖生諸法，而眞如不生，是名法身。**」有沒有很奇怪？眞如出生了所有諸法，可是眞如心第八識自身不生，因爲祂無始以來就在，沒有出生過。諸法繼續被眞如出生的時候，眞如又不了知祂自己在出生諸法；所以從祂的境界來看，諸法無生；祂就只是像鏡子一樣直接產生那些影像，而鏡子沒有起一個作意說我要產生這些影像，或是我有出生這些影像，所以也沒有生與能生，這就是「**亦無生能生**」。能如是將這樣的菩提來說給一切的眾生聽，只要是有緣的眾生就說給他聽。譬如三惡道裡面，假使誰修得神通化現爲人身來聽聞，你也能講給他聽，這叫作「**普令眾生聞，是名爲聲聞**」。

接著說：「**意亦如是知，體性無所有，空無體性故，能令一切聞；如物法無生，無滅亦無二，無相無所見，是名爲聲聞。**」前面講了色身，講了舌識與味塵等法，因爲連三十七道品都解說了，現在從意識、意根繼續來演說這個「無生無能生」。意識與意根也應該像這樣了知，所以我們意識才能學法，可是意識學法時，應當同樣了知意識的「體性無所有」。

意識明明現前在運作，包括我坐在這裡講經，諸位於座上聞法，都要靠意識。可是意識爲什麼「體性無所有」？因爲意識是生滅法，不得常住，非本住法；意識生了以後會滅，滅了回到如來藏去，所以意識也是空，攝歸空性如來藏。「空無體性故」，你能抓得到空性如來藏嗎？抓不到祂。你能看見空性如來藏嗎？看不見。因爲祂無形無色，所以是空；而空性如來藏獨住的無餘涅槃中，何曾有任何一種體性？也正因爲空，所以常住不壞，性如金剛；所以，火燒不著，水淹不死，刀砍不斷，用針、用鑽子戳祂，也戳不到，你怎麼樣都沒能奈何祂，所以說這個空性沒有體性的緣故；雖然是這樣，你卻要把這個法演說出來，令一切有情聽聞。

那麼解說這個空性時，有點像演說物質的色法，可是物質的色，其實也是空性、也是無生；因爲所有有情的色法，從五色根到六塵都要歸於空性如來藏。這物質的色法如是，諸法亦復如是無生。所以從現象界來講，在二乘菩提中都說色法是無常空，因此說「物法」的五色根是空，六塵也是空，無常故無我，無常所以是苦，苦就不是眞實我。那色法如是，諸法亦復如是，所以你這一些心，比如轉識也都一樣，以及七轉識所有的各種心所法，那就是五位百法中的五十一個心所法全部，同樣都歸於空性如來藏，都是本來無生；只要攝歸於空性如來藏時就是本來無生，儘管不斷的生滅，可是卻都不離無生的如來藏空性。

那麼無生是這樣，無滅也是這樣，而且與空性如來藏無二，所以「無滅亦無二」。可是你不能單說無二，你若單說無二就壞事了；因爲你如果單說色與法與如來藏是一無二，那這些色與法壞的時候，如來藏便壞了，因爲是無二；所以只能說非一亦非異。那爲什麼色與諸法都和如來藏無二？比如說鏡子中的影像，你不能把它外於鏡子，所以是不異；而每一個有情的色陰以及七轉識，全都依於如來藏空性而運作，始終不能外於如來藏空性，所以說不二。

而這樣的法，推究到實際的時候「無相無所見」。所以，假使有人悟後說他看見了如來藏像個什麼，早期有人說祂就像一層霧一樣；那這樣到底是有所見或無所見？有所見！我們早期還有一個慈濟的委員打三時跟我講：「老師！我看見了、看見眞如了。」我說：「妳看見了什麼？」她說：「我看見一個圓圓的、無形無色。」我說：「妳看見了圓圓的，不就有形了嗎？如果沒有色，怎麼能看見圓形的？」於是她閉嘴了。

所以證得如來藏的時候，你只是從作用上面、從祂的功能上面去找到祂，不可以要求祂像正方形的、立方體的、圓形的、三角形的，不可以要求祂有什麼形狀，因爲祂無形無色；但你眞的可以看見祂的作用，可是祂無形無色。這樣聽起來有沒有很怪？是怪啊！既然無形無色怎麼可能有作用？有的人一定會提出這個質疑：「你說的有問題欸！」可我告訴諸位：「祂眞的無形無色，卻能產生無邊的神用。」所以無相之法而令人無所見，你卻可以實證祂、體驗祂；能夠把這樣的法來告訴眾生的人，才能夠叫作菩薩聲聞。

「咸使聞其施，法施不思議，修行趣道場，成就於菩提；譬如種種子，各得相似果；修施不思議，證道亦復然。」身爲菩薩聲聞、身爲菩薩阿羅漢，應該要使一切有緣的眾生都能夠聽到布施的道理。一般人總是想：布施就布施，不過是三種施；財施，就把財物送給人就得了，還要講什麼道理？無畏施，幫助人就幫完成就好了，還要講什麼道理？乃至於法施亦復如是。可是，爲什麼說布施是波羅蜜？布施波羅蜜的意思就是說布施到彼岸，爲什麼布施可以到達無生無死的彼岸？總有它的道理，這不是泛泛其說、誇誇其談可以了結的，而是要有實質。即使是從世間相來說布施，也得要看福田勝、施主勝以及施物勝，要分別它們的因和果；所以布施的道理不淺，然而佛教界從來不講這個，只有我們正覺的禪淨班裡教導大家這個布施的因果道理。

也就是說，一定要讓所有眾生都懂得布施的道理，懂得布施的道理以後才談得上什麼是法施。三種布施之中以法施爲勝，但是這個法施爲勝有前提。如果是以常見外道法來布施，一點點勝處都沒有，而且是造惡業；因爲那是邪見，就像《佛藏經》講的：「**世間十大不善法中，邪見最爲惡劣。**」所以演說邪見的人，他的罪惡極大無邊。所以布施的道理一定要爲眾生說分明，而法施的時候要特別說明是佛菩提道不可思議法的布施，這樣才叫作「**法**

施不思議」。如果是布施相似佛法，不但沒功德還有罪惡。所以法施不思議，它有個前提就是所布施的法必須是如實的法，而且不只是二乘菩提，必須得是正確的大乘菩提，這才叫作「法施不思議」。由這樣的法施導致有情修行趣向道場，將來才能成就菩提。

修行而趣向道場，我要請問諸位：道場是什麼？（大眾答：如來藏。）對！道場就是第八識如來藏。所以，道場不是指硬體蓋起來的一個大寺院，或者我們臺北這樣的六間講堂，這不叫道場，眞正的道場是第八識如來藏。從所證法來說，如來藏是修證之標的；而從修行八萬四千法門的過程來說，「聞、思、修、證、得」這五個過程全都不離道場，因爲修這五個過程，你都在自個兒的如來藏中修。你七轉識從來沒有離開過道場，自始至終都住於如來藏所變現的色陰與六塵境界中，可是因爲仍然有無明所籠罩，只看見五陰與六塵境界，因此不知道場何在，那就得經由聞思修去證得道場，這樣就是「修行趣道場」。

終於有一天找著了自己的道場，這時候就說你「成就於菩提」，說你的覺悟成就了。古今多少佛弟子朝思暮想，想的就是成就菩提；可是往往少小出家當了沙彌一直聞思修，修到老，老到七老八十了說：「垂垂老矣！菩提何在？」就這樣感嘆啊！所以，想要成就菩提確實很難。不說外面的人，即使在我們會中說成就菩提很容易，其實也不那麼容易，一個梯次禪三打下來最多五個人，少則一個、兩個，看來也不容易吧！那爲什麼會這樣？因爲我們現在不敢太輕易奉送，老是怕有人悟了退轉就覺得很麻煩。退轉了如果自己回家吃老米去，與我倒也不相干，問題是退轉了以後還會謗法、謗賢聖。我們又看不得他捨壽後下地獄，就得出手相救；但救起來總是很麻煩，沒有容易救回來的，都是要費了很多手腳才救得少數人回來人間；所以說「成就於菩提」這件事情自古不易。

現在因爲我們草創期已經過了，所以兒子生多了不稀罕，慢慢再生吧，所以要求品質好一點。如果你從來都沒有生過一個兒子，想方設法都要生一個，怎麼樣都行，不計較。可是你如果生上十個兒子，叫你再生一個，你就很考慮了：「如果不是千挑萬選的，我就不要生。」對吧？一定是這樣。但終究還是可以成就菩提，所以成就菩提的事情不可思議，因爲尚未實證之人總是無法了知菩提究竟是什麼，無從摸索。

而這個菩提果的成就是跟因地有關的，所以說「譬如種種子，各得相似果」。種子種下去，你就能得到水果，可是這種子發芽成長以後，開花結成的果實會是你以前種下去的原來種子或是以前的那個水果嗎？不會，所以種子種下去，還得先有前因，就是那個種子怎麼成就的。先要有上一世的種子成就，然後這一世來投胎就是種下種子了；而投胎之後就是種子種下去了，種子會出生成長，然後又繼續開始聞思修證的過程，是否就能夠實證呢？不一定，因爲一世又一世、一劫又一劫，這樣多百千劫修學下來之後，這個種子才會開始漸漸的具足成熟的因緣。所以，聞思修證的過程是一段很長遠的時間，不是十百千世而已。

所以有的人剛悟的時候，說：「我眞的有這麼好的運氣可以開悟嗎？」於是善知識濫慈悲幫他悟了以後，他心裡想：「這一定不是眞的，這一定是假的。」我弘法以來就是這樣。所以，現在鐵了心，我把心打橫了，至少要上山來三次，我才給他悟，因爲不這樣就會退轉。如果他的信力不夠、信根未圓滿，我讓他打上十次禪三，那時候再爲他印證；從此以後，打死也不會退轉，因爲他心想：「老子我十次禪三才過關的，你叫我退轉，我才不甘心。」就像那個挑著一擔麻，歷經很遠的路和很多村落回到村莊的人，他不肯捨棄，他說：「我挑了這麼遠，你怎麼叫我捨棄？」所以人家從一開始撿到的細草一直換，換到最後，換成一擔黃金挑回家來；他還是挑著那一擔麻回家，始終不肯捨棄。當然這個譬喻有點不倫不類，因爲眞如畢竟不是麻。可是我跟你說眞如比麻還要賤，等你證了以後，你說：「我這眞如能拿來幹什麼？我賣也賣不掉，換一餐飯都換不到。」那不就是不如一擔麻嗎？

可是你證得眞如之後，就是往世多百千劫聞思修的過程完成了，你的種子已經足夠成熟了，所以上一世死了，這一世入胎來，結果修學佛法就證悟了。這一個證悟的果報是從往世多百千劫修學而來的，可是多百千劫所修所學有許多相似佛法，有許多表相佛法，一直來到釋迦牟尼佛的年代，然後又繼續修學來到這一世終於證悟了，那就像「種種子」一樣，所得到的都是

「相似果」，不是現世現學現證，而是這一生修了來生又修，不斷的經歷百千多劫之後，因緣成熟了才終於可以證悟，所以說「各得相似果」。

因此，假使你未來有了如夢觀，有一天去到某一間廟裡，看見人家供著你往世的像在那邊禮拜。那你進去以後到底拜不拜？（有人答：要拜。）爲什麼要拜？拜了不是拜自己嗎？那爲什麼要拜？因爲「譬如種種子，各得相似果；」如果不是往世你那個五陰老相好努力修行，今天能有你開悟嗎？所以你進得廟裡看見說，「他們在拜往世的我」，人家說：「你來拜啊！很靈感啊！」那你也就跟著拜，因爲如果不是有那個往世，不會有你的這一世，所以這個叫作修「相似果」。

修行的人如此，佛法布施的人亦復如是。譬如說，往世我爲你們說法，今世你們證悟了，而我這個佛法布施也是同樣的道理，我收得的是「相似果」；所以這世有你們這些人證悟了，其實卻是緣於往世的你們努力修學，而我往世努力作法布施，所以這個法布施也不是一世就能收成。你看，如來說的，說這一些弟子們都是往世多劫以來追隨祂修學佛法，這一世回到如來座下才終於證悟。

所以　如來說這一些弟子們都是遺失的孩子，這一世把他們找回來幫他們證悟，所以才需要二十年除糞，這二十年中都是在講除煩惱的解脫道；因爲孩子遺失了，看見大富長者也不敢認，得要除糞二十年以後才敢認老爹。所以，如來其實爲這一些弟子們說法已經無數劫了，而這些弟子們與　如來走失了，然後　如來尋尋覓覓又找回來；剛找回來時不能一下子就把家財交付給他，他會怕，要先讓他建立信心，讓他修集福德以及除性障。當他努力修二十年的福德，又證了阿羅漢果，等於把家裡的糞挑出去，也就是斷煩惱二十年了，糞就是煩惱；斷二十年的煩惱之後，才把眞如之法傳給他們。

可是　如來對這些弟子們，幫助證悟的這一些果實，種子並不是這一世才種下去的，是前後多百千劫前種下的，所以叫作「修施不思議」。所以說，有佛教以來最不可思議的，就是釋迦牟尼佛所作的法布施。這些弟子們證道也是一樣的道理，要先有前面多百千劫　如來的法布施，而弟子們次第修學，一世又一世輪轉，到這一世才終於證道，所以證道的事也是不可思議。

但有的人會想：「證道之後，我就跟我的老師一樣了。」幾乎每回禪三都有人這麼想的。這也很平常，因爲在他的認知：「證悟就是悟如來藏，你悟如來藏，我也悟如來藏，那我跟親教師不都一樣了嗎？」我們十多年前有一位同修也是這樣，禪三報名表寫著：上禪三的目的——明心見性。一次要過兩關。後來他告訴我說：「我本來以爲我上來一次過兩關，我就跟蕭老師您一樣了。」我聽了笑一笑說：「怎麼會一樣呢？因爲佛法不是只有這樣而已。」結果光是破初參，他上山六次；見性呢，如今還在努力中，有點遙遙無期！所以同樣是證悟，有的人悟了就成佛，因爲他是妙覺菩薩；有的人悟了，十地、八地、九地乃至於初地；可是有的人悟後，才只是第七住位；因此，同樣是一個證悟，結果千差萬別。所以，佛法布施是不可思議的，聞思修證也是不可思議的。那麼既然說這個布施，當然就要來分別布施了。所以說：

「悉施諸財物，法施爲最勝，捨心無貪嫉，是名菩提道；心常不取著，雖施無依怙，若能如是施，速證於菩提；能離一切相，悉捨諸結使，無有諸染著，是名爲聲聞。」「悉施」就是全部布施，把所有的財物全部布施出去了，這是難能可貴的事。就像 世尊住世的年代，有個婬女，現在好聽的名稱叫作公關女郎，有沒有？她聽聞到有 佛如來住世就去拜見，聽聞一席法之後，請 佛明天受供，佛默然應許。她連夜準備好了，第二天請 佛來受供，供養完了，她就把整個莊園供養 如來，拿一把小凳子坐在 佛陀前面的側方，請 佛說法。她是很有名的婬女，說一句成語叫作什麼？國色天香。然後請 佛說法，佛說法說完了，然後請求歸依三寶。這個布施不容易欸！見 佛當下立捨一切。現在諸位來看看這一典故，到底是她布施了所有財產莊園比較殊勝，還是 如來的法布施比較殊勝？（大眾答：如來的法布施。）你看，就因爲 如來的法布施，所以使她布施了一切財物；所以說即使盡捨一切財物布施，不如佛法的布施爲最殊勝。

「捨心無貪嫉」，這是什麼道理？一般人會解釋說就是因爲心中有棄捨之意，所以這個捨棄一切財物的心是沒有貪著、沒有嫉妒的。可是不像語譯時候的說法，我這裡要演繹出一個說法，是說他聽聞法布施之後把自己的心給捨了。怎麼說是捨棄自己的心？因爲把自己所知的心給砍了，由於否定五陰的自己常住，否認掉以後不就孤獨無依了嗎？不！要依止於所悟的佛菩提，佛菩提是悟個什麼呢？是第八識如來藏；依於這個如來藏而把覺知心的自己、作主心的自己給捨了，這時候無貪亦無嫉，沒有嫉妒了、沒有貪著了，這樣就稱之爲佛菩提道。

如此之後，「心常不取著，雖施無依怙，若能如是施，速證於菩提；」所以我說諸位聰明有智慧。在其他的道場，他們布施了以後，會常常記得：「我今年布施一千萬元，去年布施五百萬元，前年也布施五百萬元。」然後哪天見到了師父就說：「師父！我已經護持兩千萬了、三千萬了！」討人情了！這表示他的布施有福德而無功德。所以，有的人一天到晚在想著「我到底布施了多少錢」，然後遇到世俗人就拿出來講一講，洋洋得意。我就說他有福德而沒有功德，因爲布施這件事情不用記掛，來世該有的福德來世跑不掉，說了也在、不說也在；但說了沒有功德了，因爲被布施這件事情給繫縛了。

被繫縛了就是有我來作布施、有我這個施主，然後有個對象是受施者，兩個人中間就有布施雙方的人與中間的物，那就是三輪不空。可是依如來藏來說，布施以後都無所牽掛，因爲意識知道那個福德跑不掉，然後從自己所證悟的菩提心如來藏來看時，沒有布施的我，沒有受施的有情，也沒有布施這回事與財，所以布施這件事情三輪體空。布施這件事情之所以成就，都因爲背後有如來藏，全都歸於第八識如來藏；而如來藏的境界中從來沒有布施，所以布施之後意識心中永遠都沒有取著，根本不記掛布施這回事。

所以雖然布施了以後，沒有布施這回事可以讓自己作爲所依，因爲你悟得空性如來藏了，而空性如來藏就像六祖說的「如日處虛空」，太陽有什麼所依呢？沒有啊！但就這樣運行。所以「雖施無依怙」，不用老是牽掛著說：「我死後到未來世有這一世布施的好多福德可以來依靠，那就是我來世生活的依怙。」其實根本不用去記住。布施就布施了，而你依止於如來藏而住，然後無妨來世繼續獲得可愛的異熟果，又繼續擁有錢財，那你心裡又何必牽掛。如果還沒有證悟，聽聞之後懂得這樣依止，就是依止於這樣的正見而作布施，如來說「速證於菩提」，很快就可以證悟菩提。

「能離一切相，悉捨諸結使，無有諸染著，是名爲聲聞。」所以布施之後不管作的是財物施、無畏施、法布施都一樣，布施完了就遠離了，不墮於一切相之中，這樣才是眞正的「能離一切相」。「能離一切相」的人，心中「悉捨諸結使」；「使」就是五利使，就是身見等五個惡見；「結」指三縛結、五下分結、五上分結；這些全都捨棄了。這時候沒有什麼可以染污的貪愛執著，這樣就叫作菩薩聲聞。顯然這個菩薩聲聞得要是證眞如的阿羅漢才行，所以不是悟後大事已畢，而是悟後事更多。

接著又說：「其聲深微妙，於諸聲最上；此聲今速聞，佛法不思議；能令一切知，諸聲無所依，非一亦非異，是名爲聲聞。」像這樣爲大眾宣說佛法的聲音，這是甚深而且極微妙的，因爲這樣的法難可得聞，而一般人聽聞了之後亦復不解，所以說這樣的聲音是各種聲音之中至高無上的；而這樣的聲音如今已經很快的聽聞到了，所以說佛法是不可思議的。

諸位還記得嗎？《法華經》有講到各種聲音：象聲、馬聲、牛聲，乃至聲聞聲、菩薩聲、佛聲，有沒有？可是這一切聲要歸結到什麼聲？（大眾答：如來藏聲。）對啊！諸位答得好，正是如來藏聲。從各個層面來看，假使不是如來藏，根本就不會有聲音可言；而菩薩聲聞為眾生演說的聲音就是這樣的佛法音聲，所以這樣的佛法音聲難可得聞。也許有人聽了說：「這有什麼難？**我每週二來到正覺講堂都能聽見。**」可是諸位想想看：不說中國，說天竺，正法時期過後，有多少時候可以聽聞這樣的勝妙音聲呢？

那麼再說來到中國好了，菩提達摩把法送到中國來，好幾代都只能單傳，因為弘法的時代尚未到來；得要等到玄奘菩薩把三乘菩提的法，把那些經典翻譯出來，才足以支持南方禪宗的開始弘傳。所以必須先有玄奘譯經把法傳了，然後六祖在比較末期才開始弘傳；這時候有經典支持了，禪宗才可以廣弘。如果沒有譯出那些經典來支持，而大家都還在爭論說「佛法是七識論、八識論、九識論」，那時候禪宗要怎麼傳呢？所以六祖一花開五葉，那其實是 如來安排好了。因此預記到六祖的年代才可以開始廣弘，在此之前是不可以廣弘的，因為信受的人很少，又沒有經典可作根據，得等玄奘把大部分經典都譯好了開始流通以後，終於禪宗教外別傳之法可以廣弘，所以說佛法眞的不可思議。

禪宗廣弘了以後分爲五家宗派，開始廣弘了應該很容易聽聞了吧？是不是？也不是這樣，所以你看，傳到了宋朝，那北方的遼金要來請中原證悟的高僧回去；說個請，那是客氣，其實是抓；因爲他們知道佛法勝妙，他們也想得佛法。所以本來要抓 克勤大師去的，後來大慧宗杲出面說：「我去就夠了，您老和尚不要去，您太尊貴了。」結果大慧禪師把胡人當面破斥了以後，那胡王也是賤骨頭，遭大慧宗杲一頓喝斥之後，他反而信了，就把大慧宗杲給放回來。因爲這樣才會有後來四川昭覺寺，大慧又找到了 克勤大師，然後當晚進住首座寮；第二天晚上上堂說法，那個「眉間掛劍、血濺梵天」的公案才會產生。你看，那時一直都是動盪的局面，可是動盪也還好，畢竟還可以弘法。到了元朝，天可憐見，整個都是喇嘛教外道，而且那時候國家還規定，誰家要嫁女兒先得要送去給國師先睡上一晚才可以，荒淫到這個地步。

那時佛法何在？不能弘傳哪！所以不得不去西藏，看能不能搞出一個窩裡反，沒想到還是被達賴五世滅了，這就是眾生的業力。就只有明朝初年，因爲朱元璋曾經得過佛教的庇蔭活命下來，後來當了皇帝，所以才使佛教表面上復興起來。可是到明朝中葉，皇帝愛的又是喇嘛教的雙身法；甚至於到清朝，雍正還大力打壓如來藏妙法。所以你說佛法容易聞嗎？不容易欸！容易聞的都是相似佛法，看起來好像佛法，其實不是佛法，都落入常見外道法中了，但是看起來好像佛法。諸位看看，這三、四百年來不都是這樣嗎？看來都像佛法，其實都不是；所修的解脫道不是眞正的解脫道，修了佛菩提道也不是眞的佛菩提道；所以說「佛法不思議」，難可得聞哪！

我們每週二上座都唸那一首開經偈，也只有我們敢這樣唸，你要把這個偈寫好了，即使請書法大師、書法名家寫了，送去各大道場，他們敢用嗎？也不敢用，連掛都不敢掛，因爲每一次唸到「我今見聞得證悟」，他們聽了就想：「我能證悟嗎？」乾脆別唸了，連掛都別掛，收藏起來。可是，菩薩聲聞不是只有演繹勝妙法而已，還要令一切人都知道、都實證勝妙法，這個才難哪！想想看，我出了一百多本書，都還沒有辦法讓臺灣的一切學佛人都能閱讀到；而且書還是對外流通的，但這講經只在我們講堂內，有多少人得聞？全省所有講堂加起來，不超過三千人；可是書籍對外流通，應該更多吧？也不見得！所以菩薩聲聞「能令一切知」，這個很難作到，所以我們才需要繼續努力推廣。

可是菩薩要令一切眾生知道的是什麼呢？就是「諸聲無所依，非一亦非異」。聲音不都是依如來藏而有的嗎？爲什麼又說「無所依」？因爲當你從如來藏的境界來看一切聲音時，結果連一聲也無。如果從現象界來看，聲音的出現，首先必須要有有情，然後得要有空氣，得要有聽聲音的人，不管是自聽還是他聽。而這個聲音的發出，從現象界來看，要有聲帶，要有這個身體可以吸氣，利用出氣的時候把聲音發出來；看來聲音是有所依的，可是發出聲音的這個身體自己不能發聲，得要有覺知心，要有意根才行，而覺知心與意根卻是要依如來藏才有；所以這一切都要攝歸於如來藏，而如來藏「無所依」，所以諸聲也就「無所依」。

那麼這些聲音看來源自於如來藏，請問：你發出的聲音和你的如來藏是一還是異？（大眾答：非一亦非異。）欸！正答！「非一亦非異」。你如果說聲就是如來藏，明明聲不是如來藏；如果說聲不是如來藏，聲卻依附於如來藏而有；所以聲與如來藏「非一亦非異」。菩薩得要把這個道理說給眾生了知，也要使眾生同一所證而能現觀，這樣才能稱之為菩薩聲聞。

「欲令一切聞，諸佛之所說，隨所聞法音，皆發於菩提；聞諸福田中，佛福田最勝，隨佛所住處，親近救世尊。」想要使令一切眾生都能聽聞諸佛所說之勝妙法，那就必須要讓眾生瞭解，隨著 如來所演說出來的法音，隨著眾生所聽聞的一切法音，全部都從菩提之中而發出來。因為 如來說法是悟後而演說的，而 如來悟後所說的法講的是所悟的內容，講了以後記錄起來成為經典，經典中所說的當然是 如來所悟的內涵，而 如來所悟的內涵是什麼？（有人答：如來藏。）對！如來藏，又名第八無垢識，所以祖師們才說：「佛語心為宗，無門為法門。」說 如來所說的言語是以第八識眞實心作為宗旨，可是要證得第八識眞實心時，則是以無門作為法門。

咱們《宗通與說通》出版之前，有好些個道場極力主張：「宗門是宗門，教下是教下，兩者不相干。」竟然這樣講！但他們爲什麼這樣講？因爲看到咱們那《公案拈提》第一輯、第二輯、第三輯，一直出到第七輯，終於不得不承認說：「你蕭平實眞的有證悟，否則你寫不來這個深妙法；可是悟了歸悟了，跟經典是兩回事，你不用拿經典來印證。」因爲他們的所悟，不能以經典的內容來印證，而我拿經典來印證，他們就說：「教下是教下，宗門是宗門。」但問題是，佛所說是悟後而說法，所說的法是解說祂所悟的內容，那宗門不就跟教下一樣了嗎？難道 佛陀悟得這個眞如，結果卻專講非眞如之法嗎？不會這樣吧！

所以，我故意要寫《宗通與說通》。也就是說，善知識之所以有說通，是因爲他先有宗通。如果宗門不通，教下就不通，他根本無法教誡教授於任何人。所以，宗通與說通是菩提的兩面：說通顯示他有宗通，宗通使他能有說通；宗通是自利，說通是利他。我就把這個道理寫在其中，那將來要再看見有誰寫《宗通與說通》，大概就沒機會了，因爲我把佛法的概略加以說明了。換句話說，佛之所說諸法就是演繹 佛之所悟。那麼想要把 佛之所悟，令一切有緣人都得聽聞，這就是菩薩阿羅漢，是菩薩聲聞所應該作的事。

而眾生隨著所聽聞的法音，願意歸依三寶發菩提心，這就是最初發菩提心。歸依三寶一定要發四宏誓願，可是有的道場歸依三寶不發四宏誓願，很奇怪！那到底他們歸依大典是在辦個什麼？我不知道。所以，歸依三寶時一定要發四宏誓願，這就是初發菩提心。第一次發菩提心之後在十信位進進退退，有時信、有時疑，來到十信滿心位才終於具足信，才願意眞的實修六度法門。所以，你看那麼多的佛教徒，你告訴他們說：「你要修六度法門。」他問你說：「六度是什麼？」你告訴他：「就是布施、持戒、忍辱、精進、禪定、智慧。」他才一聽到布施，馬上把口袋按緊，那你說他能修嗎？有的人沒有那麼明顯，可是心裡就開始抗拒，覺得不太想聽了，因爲你說修行第一件事就要布施，他聽了起煩惱；所以你要讓他修六度法門，難喔！不容易。所以，初發菩提心是發了四宏誓願，可是他心裡對四宏誓願還是半信半疑的，因此就得要這樣多百千劫處於十信位中，繼續修修停停。

所以，《起信論》說有的人十信位滿足要一萬大劫，但有的人不用，只要一劫就夠了。那諸位如果遇到不肯修六度的人，可是你跟他的情分非常好、關係非常好，很想度他，該怎麼辦？想辦法呀！你就問他：「我請問你，你歸依了沒有？」說：「有啊！我早就歸依了。」你又問他：「你很早就歸依了，你歸依的時候唸了四宏誓願沒有？」「有啊！我有在佛前發四宏誓願啊！」那你就告訴他：「佛道無上誓願成，你發了吧？」「有啊！發了。」可是才剛說發了，馬上又把嘴蒙起來：「糟了！我說我發了這個願，那我沒有努力修行，好像跟這個願又違背了。」他會警覺了。可是你別逼他，說完就好了，改天再說。度人要這樣，不能一次就把法給說完；說完了，他起煩惱了。他回去想一想，想上半個月一個月、半年一年，你再找個機會又問他：「**那佛道無上誓願成**是什麼意思？」慢慢來，不要急。

那麼像這樣「發於菩提」心得要修行很久，十信位的修行，有的人要一萬大劫才夠。所以在這個過程中，你要慢慢把三寶的道理告訴他，然後歸結到最後說：三寶緣、由於佛寶，沒有佛就沒有三寶。然後接下來這一生，你就慢慢跟他講：如來有五根、五力、三不護、四正念、四正勤，然後七覺支、八正道等等，你就慢慢講，到最後把十力、十八不共法講完了。他就想：「喔！原來諸佛這麼勝妙。」

當他懂得 如來這麼勝妙了，你正好可以跟他說：「如來是一切福田中的最勝福田。」就跟他講述種福田的道理。所以這時候，種福田有什麼世間果報要先講，讓他心中生起歡喜。你就把《優婆塞戒經》的那些道理先告訴他，先不要講功德，先講福德。當他聽完了：「喔，布施給一條狗，來世得百倍報；喔，布施給破戒的佛弟子，還得千倍報。」他想想：「那布施給初果人呢？」你跟他說：「無量報！」他想到無量報：「喔，不錯欸！那你跟我介紹哪一個人是初果人？」他就會想到這一點，然後你就拉他到正覺來，你跟他說：「我們正覺增上班每一個人都是初果人，隨便你供養。」那也許他就買了一大箱蘋果來，一個人發一顆，你就告訴他說：「你來世有好幾卡車的蘋果了。」（大眾笑⋯）「數不完啦！可是你吃得了嗎？」問他呀！他會想：「想想也對啦！那我該換個方式來種福田了！」他就想，最後想到布施錢財，你跟他說：「你布施錢財，我們這些同修們不會收的，那你護持正法。」他說：

「嗄！護持正法？我要種福田哪！」你跟他說：「這個正法福田更勝於我們增上班的同修們，因為增上班的同修們是由於這個正法福田而出生的，這也是無量報啊！」

然後次第跟他引進，最後跟他說：「你家裡應該要供養佛像，因為佛是無上福田。」他心裡歡喜，終於請了佛像回來，佛堂設立起來，每天供上清水好香，然後水果供上去。過一段時間，你再跟他講：「你每天供佛，你總也該誦誦經吧！」等他終於開始誦經，告訴他：「你每天課誦《金剛經》，那經中講什麼？」一步一步要把他引進正法中，最後告訴他：「你看，這《金剛經》是佛說的，好多人只要悟了《金剛經》，一生受用不盡，而且盡未來際受用不盡。」他聽了歡喜：「啊！原來我每天供佛，供對了。」接著他就會進入佛法中了；這樣才能修六度，否則還在信位的人，你要他快速走完信位，那非常困難。

從此以後，每天「隨佛所住處，親近救世尊」。他每天早上一起床，想到就趕快刷牙洗臉，「我要去供佛，我要禮拜如來」。這個習慣養成了，成為串習，他未來世只要聽到有佛出世，三步併作兩步就趕去見佛了。所以從現在養成每天見佛的習慣，雖然那是木雕泥塑不是眞佛，但養成習慣之後，他未來世聽到有人說：「現在有如來出現於世間，名爲某某佛。」他趕快就去了，這就是「隨佛所住處，親近救世尊」。如來才是眞正救世者；外道講什麼救世主，那是在害人，不是眞的救世主；他們講了一堆邪見，能救人嗎？連救他自己都救不了。而且上帝會起瞋、會殺害人，那怎麼叫作救世主呢？所以要能使人得解脫，而且這個解脫是不退的，這才是眞正救世者，才是三界中最尊貴的人，名爲「救世尊」。

接著說：「使聞三千界，安住於虛空，眾生亦復爾，皆同涅槃相；所說四大界，分別爲眾生，猶如虛空相，等於不思議。」菩薩聲聞要能使眾生普能得聞，所以菩薩聲聞想方設法要把佛法廣布出去，令三千大千世界一切有情普能得聞。得聞之後「安住於虛空」，他不會洋洋得意，不會說：「我已經使三千大千世界眾生得聞佛法。」他不會，他自己住於虛空中。虛空中是什麼？對，就是虛空無爲，如來藏猶如虛空是無爲法。所以度眾生也就是度眾生，沒有所謂的洋洋得意，也沒有所謂的功德有多少；因爲功德無形無相，它不是世間法，功德就是自受用以及他受用。那麼當他自己能夠這樣的話，他所度的眾生一步一步聞思修證，終於得不退轉的時候，那就跟他一樣了，所以說「眾生亦復爾，皆同涅槃相」。

那麼請問諸位：「你證得如來藏以後，如來藏是不是涅槃？」因爲即使是二乘涅槃，也是依如來藏而施設；譬如諸阿羅漢入無餘涅槃後不是斷滅空，而是第八識如來藏獨住，如來藏不生一切法時就叫作無餘涅槃。菩薩聲聞不但證聲聞法的二種涅槃，同時也現見本來自性清淨涅槃，這時候看見一切有情都住於本來自性清淨涅槃中。而這個涅槃不生不滅、無生無死，一切有情都住在這樣的境界當中，所以說一切眾生「皆同涅槃相」。

菩薩聲聞爲眾生所宣說的四大界「地水火風」，其實是承襲於　如來所說的六界之法「地水火風空識」。每一個有情，特別是指欲界的有情，色陰一定有地水火風這四個主要的成分；而這四大極微存在，組成這個人身時還得要有空，如果人身之中沒有空，如何說話、如何說法、如何飲食便利？都不能，所以還得要有空。有這些空的地方，才能有飲食等各種的運作，包括血液的流通等，非常多。可是如果有地水火風空，沒有七轉識在身中，也不成其為有情，所以還得要有識，這樣才能具足名色。可是名色不能自己存在，得要背後有個如來藏支持著，這名色才能存在。菩薩聲聞得要把這地水火風的道理講給眾生聽，也就是要為眾生分別：「每一個人離不開地水火風，色法的存在要地水火風，飲食也是地水火風。」這樣為眾生說明，可是還要進一步說明地水火風的由來：「如果不是有如來藏，三界中不會有地水火風。」

諸位如果還沒有證悟如來藏，心中可能有疑：「您蕭老師這麼說了，我聽也就聽了，可是我要怎麼信呢？」也確實如此。可是我告訴諸位，每一個有情有八個識。這八個識中的前七識，就是識陰六識加上意根，沒有一個心有大種性自性；既沒有大種性自性，當然接觸不到四大，如何能產生這個色身？因為心是精神，心不觸物，如何能抓住四大來製造這個色身？得要色識如來藏才辦得到，所以如來藏真實存在。可是有人又要問了：「那地水火風到底從哪兒來？」還是同樣的答案，七識心沒有大種性自性，如來藏有大種性自性，所以如來藏能變生四大。因此說，如來藏不是只有變生這個色陰而已，還變生宇宙中的四大；然後由共業有情的如來藏共同變生出一個器世間，這一個器世間需要有多少四大，這些共業有情的如來藏就共同變現出來，然後經由聚集而成就了星球等山河大地，成就了一個三千大千世界的三界器世間。

可是，這些四大所成的器世間、各個有情的色身，其實都不是眞實有，而是依於第八識如來藏才有；而如來藏是虛空相，所以每個有情的色身以及所有的星球世界、山河大地等法都歸如來藏，而如來藏「猶如虛空相」，這樣諸位來看三界中的一切四大，不就「等於不思議」法了嗎？說個不可思議，眞的令人難信難解，所以才叫作不可思議，如果易信易解就不叫不可思議了。譬如說醫學上，把人的皮膚、骨骼、肌肉切片來檢驗，先從顯微鏡來觀察，然後切細了觀察，再作各種化學分析，不過就是一些化學物、一些無機物組成。四大是無機物，加上一些化學元素，東西便完成了。那很簡單的道理，你既然分析完成了，你都了知了，那請你製造一塊雞肉給我，製造看看吧！又做不到。

即使幾十萬年後，科技發達到可以弄個什麼，然後裝在哪裡，隨後它就會生長成肌肉，其實會生長的還是外面如來藏附進來而開始生長的，那就不曉得哪一個倒楣的如來藏被利用了。現在的人造皮就是這樣，從某些人皮膚上取下來，放進培養皿裡面，然後它開始生長，不曉得哪個倒楣的如來藏就被利用了。所以還是得要有如來藏，不是用機器像工業產品一次製造出許多來，還是得要有一個如來藏的製造過程，那是要經歷一段長時間才能完成的，不是像工業產品可以短時間內大量製造出來。所以，如來藏產生四大、聚合四大，這是不可思議的事。

如果你還沒有證悟如來藏，聽我今晚這麼說，心中一定起疑。但是我容許你起疑，因爲起疑才是正常的。等到最後有一天自己證悟了，發覺自己的色陰是這麼來的，從色陰往外推之於山河大地等器世間，當然也就是這麼來的。宇宙中的一切都非無因而有，背後都有其因。所以說菩薩聲聞追隨於如來，爲眾生所說的四大界，爲眾生詳細分別說，這四大繼續把它細分、細分到最後不可再細分了，那個四大極微叫作鄰虛塵，再細分下去就是虛空了。可為什麼虛空可以變成鄰虛塵，然後成就四大極微的功德呢？都因為如來藏。所以說，為眾生分別這四大界其實猶如虛空一般，這樣說明白了，就等於不可思議法。

「**諸界如是相，亦無有能知，是中無生死，無惱無涅槃；諸法無眞實，眾生亦皆然，是名寂滅界，云何見生者？**」你看，又回到「**無生無能生**」了。經文這樣首尾相照，就是在告訴你這個「**無生無能生**」。說這地水火風四大界之中，它就是這樣的極微聚合而成的法相。可是四大極微無知，四大極微是物，是色法，怎麼可能有知呢？同樣的道理，我們這個色身只是色法，色法不可能有知。色法之中而能有知，是因為第八識如來藏，所以才出生七識心能覺能知。那麼色法的本身無有能知者，而這個色法壞了就說他死了，出生了就說他生了；可是生死之中，這色法本身沒有生死，色法自己怎麼會知道自己有生死？色法又怎能生與能死？是因為有覺知心在其中了別，才知道自己有生死，而生死是由第八識如來藏來出生及死亡的。因此，所有有情的整個生死的輪迴，其實都依第八識如來藏。可是，如來藏在生死輪迴過程當中卻又不了知生死，而祂自己從來無生，是故未來永遠無死。

依止於這樣的眞如境界而住，煩惱漸漸消除而越來越少，到最後消失了，所以沒有煩惱了。可是沒有煩惱，是否代表證得涅槃呢？其實也沒有涅槃可證，因爲涅槃就是第八識如來藏；而你證得如來藏，說你證得涅槃，可是涅槃仍然是如來藏自己的境界，不是你五陰的境界，所以涅槃也不存在。可是，千萬別誤會說「所以沒有涅槃可證」，那又錯了！因爲從聞思修證的立場，涅槃是如實可證，證涅槃就是證如來藏，這就是大乘涅槃。可是你證如來藏，依於如來藏的自住境界來看涅槃的時候，如來藏的境界中沒有涅槃，那你依如來藏就沒有涅槃可證，所以斷煩惱而證涅槃以後是「無惱無涅槃」。

那麼所生的諸法沒有一法是眞實法，因爲萬法莫不從如來藏生；既然萬法都從如來藏出生，有生則必有滅，所以沒有一法是眞實法。既然如此，眾生都是有生之法，所以才叫作眾生。那麼眾生的道理跟諸法是一樣的，從現象界來看，說一切諸法生滅不住、無常無我；一切諸法包括名色有情以及一切器世間全都生滅不住，剎那剎那不斷的變異。那眾生五陰身也是如此，剎那變異，無一時一刻安住，可是為什麼能夠這樣不斷的變異而輪轉、永遠不消失呢？因為背後有如來藏常住。而這個如來藏就叫作寂滅法界，所以把器世間歸於如來藏，把名色歸於如來藏時，這名色和器世間就叫作「寂滅界」。所以一切有生之法，莫非無生的如來藏所變現。那麼這一切的器世間、一切有生之法，全部攝歸第八識如來藏以後，其實也就叫作「寂滅界」。既然一切都是寂滅的，當下就是寂滅，為什麼還看見有誰出生、有誰死亡呢？今天講到這裡。

現在大家好像很喜歡地下室兩間講堂的樣子，因為使用方便，不用搭電梯排隊，空氣也比樓上講堂好，因為都裝了大臺的熱交換機，都有新鮮空氣了。好，《不退轉法輪經》上週講到五十三頁第三行，今天要從第四行說起：

「為無量眾生，晝夜常聞知，不著己名利，但為眾生說；當知是聲聞，欲令一切聞，實非聲聞法，但現為聲聞。」聽過這八句，不曉得諸位對菩薩的認知是怎麼樣，從這八句看來，顯然菩薩當聲聞就是一個天下第一號的傻瓜蛋，不斷的說法都是爲了無量的眾生而說，想方設法就是要讓眾生懂，都不是爲自己。眾生如果不懂就一而再、再而三，乃至九而十，一直講、講到要讓眾生瞭解；所以這是爲無量眾生而說，說之不足，繼之以寫，就出書了；因爲出書可以流通很多代，那讀的人就更多了。

所以說菩薩是爲無量眾生，白天裡想的、晚上想的，都是希望眾生永遠可以聽聞、可以了知。但是有個問題是，菩薩解說完了，眾生如何「晝夜常聞知」？這個命題不小喔！這個命題廣大而又深奧。所以，你們有的人跟我已經三十來年了，有了呵？有喔！現在可以「晝夜常聞知」，該慶幸！這樣勝妙的佛法，白天黑夜永遠都聽見，因爲自心如來一直都在宣說勝妙法。可是如果從事相上來講，你如果說之不足，繼之以述，記載下來。那麼有人來講堂聽聞了，後來整理成書，晚上要讀也行，白天要讀也行，這是事相上的說法。

菩薩想要達到這樣的目的就得很努力，這麼努力並非猶如世人說的，不過就是爲名爲利，但菩薩卻不是爲名也不是爲利。不求名也不求利，那到底求個什麼？有人說：「求人家恭敬啊！」可是菩薩也不求這個。「喔！那我知道了，求眷屬嘛！」如果求眷屬的話，應該看見誰退轉了，馬上就追上家裡去問：「你爲什麼離開了？再回來啊！」可是我們講堂有個特色就是：「來者不拒，去者不追。」只要你知道這個法的勝妙，然後你好好的學；然而如果起了慢心，覺得自己了不得，想要離開，我們也不留人，這就是我們的原則。但爲什麼菩薩這樣作？因爲菩薩所證的法是「無所得」，轉依了如來藏無所得的眞如法性，所以無得亦無失，這時候都不看重名與利。

世間人最重視就是名與利，如果拿錢財出去布施，目的是爲了名，一般人是爲了將本求利。但菩薩不執著自己有什麼名和利，所以寧可讓「千夫所指、萬夫所罵」，終究不退轉，要摧破邪說，要把實相告訴大眾，這樣才能當得菩薩。就好像密宗他們誣告了我們，在法庭上我們說：「我們什麼都無所求，就是爲了救眾生。」結果他們在庭上怎麼講，他們說：「殺頭生意有人作，賠錢生意沒人作；你們正覺如果不是拿了中共的錢，幹嘛要賠錢登那麼大的廣告來破我們密宗？」他們上下全都不信，就誣賴說：「你們正覺一定拿了中共的錢，所以打壓我們。」可是我們到現在沒拿過中共一毛錢，我們還捐錢到中國去救災；但他們不信，因爲他們學的是有所得法，要盡量據爲己有；而我們學的是無所得法，所以不爲名不爲利，千夫所指、萬夫所罵，繼續講、繼續教，根本就沒有畏懼。要有這樣的菩薩心腸，你才當得了菩薩；否則就只能當假名菩薩——就是受了戒說我是菩薩，可是實際上還是想著好穿的、好吃的等等世間法。

所以，想要當菩薩得要先認分，認什麼分？認自己的本分。來到正覺講堂，自己的身分就是菩薩，本分就是要利樂有情。菩薩得要爲無量眾生說法，要破斥邪說而演說勝妙的了義法，然後有時得要讓眾生從你腋下咬上幾口，你也不能退轉，還要繼續演說，爲眾生繼續講解；所以「但爲眾生說」，就只是爲了要爲眾生講這個勝妙法，心中從無所求。弘法三十年，我也讓諸位擔心過，但現在不用擔心了，因爲以前作了那些破斥大邪說的事情都沒有被殺，現在正法鞏固了，應該可以安心了。

也就是說，當你想要當菩薩聲聞的時候，你就要確定決心廣弘正法，下定決心要令一切人皆聞。不是只有教導少數幾個弟子入室就罷了，而是要教導很多的人都能親入如來之門而不是在外門行走，所以說「當知是聲聞，欲令一切聞」。如果時局眞的沒辦法，那就隱居著，但是也要度少數幾個私淑弟子，也不能一個都沒度；所以咱家上一世在江浙一帶也度了幾個人，只是不能廣弘，因爲都在戰亂的年代。終於來到臺灣有機會了，咱們開始大弘特弘；但是示現出來的是菩薩聲聞，都是藉音聲得聞，可是菩薩教導的法卻不是聲聞法。所以如果我這一世有個因緣出家了，頭不必再剃了，因爲已經剃好了，那就住到寺院去了示現爲聲聞；可是我說的法依舊是菩薩的法，但是讓大家依音聲而聞，所以說「實非聲聞法，但現爲聲聞」。

如來在世時就是這樣，那十大弟子或者說五百大弟子等，其實都不是聲聞。眞正的聲聞是證阿羅漢果的聲聞，就只有結集四阿含的五百結集裡面那四十位阿羅漢，以及 佛陀捨壽前先入滅的幾個阿羅漢，其他的弟子們都是菩薩。所以示現爲聲聞僧，其實修的、證的、得的都是菩薩法；也正因爲如此，這個勝妙法才能繼續流傳到今天。如果那些聖弟子們全是聲聞，兩千五百年前都入滅去了，人間哪還有勝法呢？

接著說：「世雄假名說，諸法中最上，是故知眾生，一切皆如相；是名爲聲聞，無漏除繫縛，解脱一切結，而爲眾生說。」所以，如來付囑諸菩薩是有道理的，《金剛經》也說 如來付囑諸菩薩，就沒有一部經典說 如來付囑諸聲聞，因爲付囑聲聞不可靠。聲聞人捨壽就入涅槃去，他在世能度得幾個人證解脫果呢？很有限，也不能傳佛菩提道。所以聲聞法一代不如一代，到佛滅後五百年部派佛教時期，聲聞法就已經失傳了。從那時開始，南傳佛法都依於覺音論師寫的《清淨道論》在修學，但那是凡夫論，依之修學永遠無法斷我見，更不可能證阿羅漢果；所以從那時開始，南傳佛法所謂的阿羅漢全都是假的。假使誰今晚第一次來聽我講經，聽到我講這話，心裡就起煩惱，但我說的是事實。佛法如果是這樣付囑給聲聞，傳不了幾代就滅了，何況還要再一萬一千五百年。

但是大乘佛法至今猶在，這完整的佛法，我們正覺繼續把它弘傳下去。

也許有人心想：「我看不出你正覺有完整的佛法呀！」可是，我們開始弘法不久就講了《成唯識論》，《成唯識論》所說就是完整的佛法。這時候也許有人聯想到供在我背後的他，對吧？《成唯識論》是他寫的啊！當年我也不知道他是誰，我只知道他叫作玄奘。那我想這部論在中國佛教來講非常重要，這個內容太勝妙了；所以一說到買講堂，馬上就聯想到要供奉他。所以當年在什麼地方不講，那雕刻師問我說：「那你要雕成什麼模樣？」我說：「簡單，你看我這樣。」我就這樣坐（此時導師比起當時坐的模樣）（大眾笑⋯），他就這樣雕了。那都是當下臨場的反應不假思索，然後我又想：「除了供奉世尊，還得要有一尊大慈大悲的觀世音菩薩來攝受諸位，包括我在內。」所以就這樣供了這三尊。

那《成唯識論》就是個完整的佛法，可是時至今日，我發覺我當年應該是白講了，因為聽懂的人太少。那沒關係，我們根本大論講完之後，大約再兩年吧，就開講《成唯識論》。這回把影音都錄起來，要好好保存。可是完整的佛法不只是這樣，我們二〇〇三年開始講《根本論》，也就是《瑜伽師地論》，現在還沒講完，預計再兩年圓滿。《瑜伽師地論》講了六百六十個法，那個篇幅是《成唯識論》的十倍，那就更完整了。所以我們有完整的佛法，這完整的佛法包括禪定的實證都函蓋於其中，只是禪定的修證須要滅五蓋、除性障，以及足夠的時間來修，這樣佛法就完整了。

所以這些完整的佛法，要如何具足傳授給眾生，這是個大題目，也是個艱鉅的工作。就如同 世尊初成佛時，想著這佛法這麼深妙廣大，要如何傳授給眾生，覺得是很困難，想想不如入涅槃算了；那時驚動了大梵天王趕快下來人間，請 佛住世。因為要從一無所有之中教導眾生實證，然後次第進修到入地後，眞的太難太難；所幸有大梵天王來請 佛住世，所以這法傳了下來，也才有今天的正覺同修會。所以你們增上班的同修要很珍惜這個法，因為不是每一世都能值遇，何況我們不是像禪宗一破初參就叫作大事已畢，我們悟後有學不完的法。

但是這一些學不完的法不能憑空揑造，卻又不得不施設名相言語來傳達，所以 世尊施設了許多的名相來教導我們這一些佛法，都是以語言名相來教導我們「無名相法、無分別法」，因此說「世雄假名說」。如果不藉著名句文身來宣揚，根本無法瞭解什麼叫作佛法。能藉著世間名句文身來施設各種名詞法相為大家說明，而且所說的法是「諸法中最上」，這是很困難的事。想想我這個大傻瓜，從三十年前開始當，當到現在，講到現在，才有這麼多人能有很好的智慧；包括以前退轉的那三批人，都一樣有很好的智慧，不然怎麼能來挑戰我。都是我教出來的，若不是我教的可都不堪一擊，所以說這個法是「諸法中最上」。

但是為什麼這個法叫作「諸法中最上」？一定得有個理由，不能空口說白話；這個法就叫作第八識如來藏，又名阿賴耶識、異熟識、無垢識、眞如。這個法為什麼是「諸法中最上」？因為這個法在一切眾生身上，各個都是本來具足，無有絲毫欠缺，只是難會。如果不是這個法這麼勝妙，眾生早就滅絕光了；正因為這個法太勝妙，所以眾生可以一世又一世繼續輪轉永無斷絕，可能有人沒有想到這一點。也就是說，你這個五陰不從前世來，也不能去至後世；然而，為什麼你可以有一世又一世的五陰永不斷絕呢？因為你有個第八識如來藏，性如金剛永不毀壞，而且能生萬法，這才能夠有你一世又一世不同的五陰連續無量世而不中斷，終於來到這一世，而且你還要去到未來無量世。

你可別跟我抗議說：「我來世要求解脫了，你怎麼叫我還去到無量世，那我不是輪迴了嗎？」其實沒有輪迴，有輪迴是你落在表相上；你本來就是如，無始劫以來都是如，然後以為自己好痛苦的過活。等你證悟了，你放眼一看所有的有情都是如：從販夫走卒，往上看到轉輪聖王乃至諸天天主都一樣，往下看看畜生、鬼神乃至地獄有情，莫不都是如相，所以說「一切皆如相」。每一個有情都顯示出如如的法相，這就是菩薩的所見。菩薩如是看見了、如是證得了，所以說一切法是真如。但是這樣的法太深妙、太難理解，要說到讓眾生可以生起勝解很困難，不是因為善知識幫不上忙，而是因為眾生證悟的條件不夠。

所以當你悟了以後，心裡面想：「現在看來，要證悟真如這個事情並不難，可是真要幫助人證悟而不退轉真的很難。」因為你馬上會聯想到一件事情，就是眾生根本不會相信，你得要讓他辛辛苦苦來求得，而且他求得之前該具備的條件，比如智慧資糧、福德資糧都具足了，你才能幫他悟，否則幫他悟了反而害他，因爲他會謗法下地獄。

這時候換自己擔心了：我想要幫人家開悟，可是我又恐怕害了他。這比殺人還恐怖，你要是把他殺了，不過害他一世；可是你如果跟他明講，不是讓他具足條件之後證悟，他悟後還會謗法。謗法死後下地獄，那得要多百千劫才能再回到人間，那你想想看：你是害他多少世？所以如果有個外道來求你說：「你跟我是好朋友，不如直接告訴我好了。」你就這麼告訴他：「不如叫我直接殺了你。」他一定奇怪，問：「你爲什麼這樣講？」你就告訴他：「因爲我若殺了你，不過害你一世，可是我如果跟你明講，我就會害你無量世，你要哪一種讓我害的方式？你選一種，我眞的配合你。」他一定想：「我連一世都不要被害了，何況無量世；不論哪一種，我都不要。」你看，我們度人不就是這樣；所以退轉規模最大的就是二〇〇三年那一次，他們毀謗最勝妙法；好在我出了很多書救了他們回歸正途，不然就是未來無量世都不在人間了。

所以說，這個法太深奧、太難信受、不可思議，因為「是故知眾生，一切皆如相」。等你證悟了以後，你只能認同我講的這一句話「一切眾生皆如」。到時候你說：「這樣看來，一切眾生都沒有生死。」我就說：「你答對了，眞的沒有生死。」所以當年，那是一九九〇年，我把見道報告寫出去給我這一世的學法師父；後來發覺我都白寫了，沒用。我還記得有兩句：「信知我從來不曾禮佛，信知我從來不曾學佛。」有的人一定想：「你明明有禮佛，每天禮佛上香，怎麼說你自己沒禮佛；你明明學佛了，所以今天有證悟的這個內涵；為什麼說你沒學佛？」那我就說：「因為我『如』，『如』所以不學佛、不禮佛；卻無妨我這個五陰繼續禮佛，因為本來是『如』，轉依於『如』，就沒有禮佛、學佛這件事情了。」證得這個法了，而且能為眾生宣說，令眾生也得以實證，證得一切眾生悉皆如，這樣才能夠稱你是菩薩聲聞阿羅漢，否則沒有資格稱為聲聞；因為你藉著音聲讓眾生得聞。

這樣的聲聞得有條件，叫作「無漏除繫縛，解脫一切結，而為眾生說」，你必須先自己證得無漏法，證這個無漏法就表示你斷除了繫縛。進正覺同修會來，上禪三第一件要務就是斷三結。斷三結在同修會裡不算什麼，雖然仍然有人無法斷三結，但是只要多上幾次禪三，不斷也得斷。可是斷三結之後，得要進一步證眞如；證得第八識眞如轉依以後，現見眞如沒有任何繫縛，於是依止於眞如無繫縛的境界，悟後起修漸漸斷除各種繫縛，才能作到「梵行已立、所作已辦、不受後有」。斷三結證眞如，不過是個「我生已盡」，想要解脫還早著呢！所以悟後進修好好努力，求見佛性、過牢關，在過牢關的過程裡面建立起梵行來。「梵行已立」就是遠離欲界愛而發起初禪，得不退轉的初禪就是「梵行已立」，然後斷五下分結、五上分結就不是難事。這個時候，五上分結也斷了，就說是「解脫一切結」。

所以想要成爲菩薩阿羅漢，示現爲聲聞，藉說法的音聲使令眾生得聞，不是容易的事，特別是在末法時代；但是諸位進入正覺，對你而言，這就有分了；會外的學人們，那可難說了。所以諸位皆當精進努力取證，悟後最會拖的人，給你拖到九千年後，你也得證阿羅漢；如果夠精進，這一世就取證了。能這樣作到，然後來爲眾生說，這才是眞正的菩薩聲聞。

「顯示離諸縛，清淨無調戲；見已爲人說，佛法皆亦然；不久當得見，如佛所說法。」接著就是告訴大家應當如何努力；換句話說，佛陀對菩薩藏的定義簡明扼要，你先得要證解脫果，然後再來證第八識眞如而轉依之。因此說，來修學這個了義法的人，先要顯示自己已經遠離了各種繫縛。各種繫縛想要遠離，當然有它不同的層次；如果還無法斷三縛結，至少先從表相上作到。既然要斷三縛結，那就得調整自己的身口意行，從表現上先來契合斷三縛結的境界，能不能證初果之後再繼續來努力。

這樣顯示出來之後，就是個眞正的修行人，不是只在表相上用心的人，所以他顯示出來的狀況，就是「清淨無調戲」，於世間諸法特別是欲界諸法都無所貪著。調戲是最難斷的，善於調戲的人，他很適合當說書人，特別是外國的脫口秀。在中國，說書人也不是很喜愛調戲的，除非是不入流的人。說書人出得口來，那可都是對仗工整的句子，才能說得一本好書。外國那一些脫口秀，我吃飯的時候打開電視，如果看到那個，我就轉臺，爲什麼？因爲百分之一百一十都是戲論。我們是修證了義法的人住於實相境界，幹嘛聽他那個 talk show 都是戲論，覺得浪費生命、浪費我的耳朵。所以，我們爲眾生說的法都是清淨法，從一開始見道就是清淨法，因爲眞如境界中無有雜染，當然爲大眾演說眞如之法，那就是清淨法，所以都沒有調戲。菩薩看見了這個法，就得要爲別人演說；所以求悟不是爲自己，求悟是爲了對眾生有更大的利益，是爲了眾生所以我來求悟。如果想要共同荷擔如來家業，我就得要有智慧，才能懂得什麼該作、什麼不該作，所以要爲眾生來求悟。

「見已爲人說」，講的就是這個道理，不論是哪個階段的佛法都是這樣。諸位想想看，佛法中有個四無礙辯，四無礙辯從你證眞如以後開始有那麼一點點，幾乎看不見，終究是有了；可是這個四無礙辯要修到什麼時候圓滿呢？要到九地滿心才圓滿。但是轉回頭來想想看，修這四無礙辯的目的是爲什麼？是爲眾生說，所以佛法都是爲眾生而說的；因此學佛法、修佛法、證佛法、得佛法，也都是爲眾生，不是爲自己而修。這樣哪天你證悟了，這個功德就大了。如果你是爲自己求悟的，那功德只有一個人；如果是爲眾生求悟的，功德就是利益眾生這麼大；到底你要選哪一個？不言自明！所以能夠這樣作的人，如來說「不久當得見，如佛所說法」。

那麼　佛說的法到底是什麼？就是諸位講的如來藏，亦名眞如，所以證眞如是很重要的事情。這個證眞如爲何那麼重要？因爲第八識眞如是無生之法，卻能生一切諸法，所以《大般若經》說：「眞如雖生諸法，而眞如不生。」因爲祂本來無生，祂是法爾如是本來就在的不曾有生，祂是本住法、常住法，所以祂能生諸法。所以證得第八識眞如以後，隨著所悟的智慧深淺，次第觀察世間、出世間一切萬法，最後發覺無有一法不是從第八識眞如中出生，這樣就是證得生命的實相，也就是宇宙萬有的眞相。

這時候，你看見那一些科學家、醫學家從世間的色法裡面要研究出生命的起源，你就覺得可笑；因爲他研究的範圍都在現象界的物質裡面，都看不見生命背後的那個眞相，所以都在表相上摸索；甚至於現在科學發達，還發射了飛行器，飛上幾十年，終於到達太陽系外某個星球，傳回來說這裡可能有生命的起源。但生命的起源就在他們自己身上，繞那麼遠去幹什麼！諸位聽了，覺得他們很可笑，可他們很嚴肅，不苟言笑跟你講了一番大道理，然後說：「你們不懂啦！」其實生命的眞相直接切入就好了，不用去研究那個科學，然後跑了幾十年還找不到生命的起源。所以證眞如很重要，實證以後才有辦法在善知識的引導下，去現觀第八識眞如如何出生了自己這個五陰身心，然後就有資格轉依眞如，捨離一切私心而爲眾生。

所以說，**「菩薩所修行，於法無染著，是名爲聲聞，無縛而清淨；亦使一切聞，如聞而修行。」**菩薩之所修行，不管他如何精進，對任何諸法都沒有貪染、沒有執著。古時候，禪師家度得弟子證悟以後，剛開始幾年都調教弟子們要轉依眞如，時時刻刻住於眞如，要依止眞如而住；一旦落草，那竹篦直接就打下來了；這樣悟後努力修行，便叫作管帶。可是轉依眞如修行二、三十年之後，如果一天到晚都還住在眞如的境界裡，又要挨棒了；因爲既然眞如的境界無一切法，你幹嘛一天到晚緊緊抓著眞如。

所以剛證悟以後不久，走在路上看見那老比丘、老比丘尼，心裡就想：**「唉！可憐，不懂得要學習正法。」**可是再過後五、六年，你習慣了，因爲你轉依眞如無一切法可得。但爲什麼你看見他們不懂得轉依正法？是因爲到最後，說人家沒有好好來學習正法，原來是自己的過失；因爲眞如之中無一法可得，怎麼會有這件事情呢？所以悟後要次第轉進，漸漸地對於各種世間法，遠離雜染、遠離執著，純粹就是爲眾生，因此來提升自己悟後的見地，按部就班次第前行，這樣就叫作聲聞「**無縛而清淨**」，所以要當個菩薩聲聞還眞不容易。

當二乘菩提那種聲聞就容易了，可是當菩薩聲聞很難，因爲既無雜染，不執著一切法，卻又不能捨離一切法，這才難哪！像阿羅漢那樣捨離一切法，隨時隨地預備要入無餘涅槃，那個不難，只要把一切放下就得了。你可別誤會說：「**那我放下就是阿羅漢了。**」那可不是喔！別誤會這個。那樣的二乘阿羅漢心境是灰色的，一切都不牽掛。可是菩薩阿羅漢來當聲聞，心境依然是彩色的，但無有任何雜染、任何執著，這才難哪！所以自古以來，禪師家都說「火中生紅蓮」，說這個最難。

咱們會裡大多數人都沒有出家，卻要你住在五欲境界中去發起離欲的功德生起初禪，這樣才難。阿羅漢們看見五欲避之猶恐不及，轉身逃之夭夭；菩薩卻在五欲裡面當下離欲，現前五欲可得，可是沒有雜染與執著，才能發起初禪。定性聲聞是要住在寺院、住到深山叢林遠離五欲，最後才終於發起初禪；可是那樣修來的境界，有許多人是經不起考驗的，只要一碰到五欲就黏著了。那菩薩對五欲習慣了，依眞如而觀這五欲不管有多麼勝妙，都是不離諸行，依第八識眞如以觀，無有一行可得，何況五欲；所以說，這樣的菩薩聲聞「無縛而清淨」，自己遠離了繫縛。

所以得受供養而不受供養，這就是菩薩之所行。如果以我今天的實證，可以廣受供養，但是我對供養沒興趣，所以打從弘法到現在，我不曾接受任何人的錢財等供養。有人抱怨說：「老師！您都不接受供養，我們哪裡種福田去。」福田多的是，我開闢了很多方。所以錢財我不缺，田產房地我不缺，弘法三十年現在名聲也不缺。名聲對我沒有用，因爲蕭平實現在鼎鼎有名，可是拿到世俗法中總是被罵的多，何必宣揚。等到後世大家推崇說：「喔！當年蕭平實說的法多棒，你看留下這麼多著作。」可是後世那個宣揚又與此世的我何干？也跟我無關！就在這樣的情況下無雜染、無執著而要繼續為眾生說法。

「亦使一切聞，如聞而修行」，這就是菩薩聲聞的本分，所以看看世局可以弘法無礙，咱們就出來弘揚，如今增上班也有六百多人了。我期待著有一千人的時候，可以浮一大白，當然是茶，不是酒。讓大家聽聞之後，可以「如聞而修行」，終究有一天可以實證，這就是菩薩聲聞應當要作的事。然而作這件事情無可邀功，不要想著說：「我這一世作了這麼多事，我走的時候世尊來接引了，我可以交代。」然後計畫著說：「世尊來的時候我要怎麼稟報，我這一世作了多少事情。」如果這樣，他就不是菩薩聲聞，也不是菩薩阿羅漢。

其實這是菩薩的本分，無可宣揚於人，只要能利益大眾就夠了。如果還記掛著，表示落在五陰之中了，那又怎麼叫作菩薩阿羅漢？所以就沒資格當聲聞了。那麼為何要讓眾生「如聞而修行」呢？因為要讓眾生實證，實證之前當然要「如聞而修行」。修行、修行，到底是修什麼行？修自己的身口意行；要如善知識所說，如佛菩薩所說，去修改自己的身口意行，轉成眞正的一個菩薩所行。那麼修行之後，終究有一天可以實證佛菩提，這就是菩薩聲聞的目的。

然後 如來作了結論：「阿難汝當知，我以方便說，如是知聲聞、菩薩無所依。」世尊吩咐阿難尊者說，從菩薩信行、法行到菩薩須陀洹、斯陀含、阿那含、阿羅漢，乃至現在講的菩薩聲聞，已經說了這七種，其實都是以方便說來爲眾生宣講，因爲實際理地無一法可說。可是你要讓眾生聽聞而實證，並且付諸於修行，就得要施設各種方便，所以 如來有十喻、九喻、八喻、七喻，一直不斷的用譬喻來宣說，要讓大家瞭解。像這樣不斷的施設方便來演說，讓眾生如實了知什麼是聲聞的境界，其實聲聞的境界「無所依」，然後進一步宣說般若種智，讓大家瞭解菩薩的境界也是「無所依」。

聽到「無所依」，也許有人心裡面疑惑：「既然無所依，到底我要證個什麼？」其實是要你證個「無所依」的心，然後轉依祂的「無所依」境界而住，不是要你「無所依」，你五陰身心存在世間還是得要有所依的第八識眞如；

但是你去證得第八識如來藏，現觀祂的眞如法性以後，發覺其中無一切法，但祂卻能生一切法，祂是萬法根源、萬法的實相，包括山河大地、諸天、器世間莫不從之而生，可是祂卻「無所依」，「如日處虛空」。就是要你證得第八識「無所依」的境界，然後你轉依祂以後，無有一法可依，就只有一個如來藏而得解脫生死。這就是菩薩聲聞在人間所應該作的事。

而後 如來總結說：我教導了三乘菩提給眾生，有了諸多聖弟子，這些聖弟子們都是藉著我的方便說來實證的，實證了以後就知道聲聞「無所依」，菩薩亦復「無所依」。所以將來如果有誰找到如來藏了以後，跟你說：「我們證得如來藏，我們依如來藏而有，可是我正在探究如來藏依什麼而有。」他這句話還沒講完，你就給他個五爪金龍；因爲這個人顯然悟緣不足，他證悟的因緣還沒有到，幫他提前開悟了，又是我的過失。這個早計成熟很麻煩，可是我又希望有更多人可以證悟，正法的力量越來越強，才足以延續到九千年後。

我還打妄想：是不是九千年後能夠把它再延一千年，多棒！但眞實法是

「無所依」的，所以就像六祖講的「如日處虛空」，就像太陽處於虛空，它就自己這樣運行，它不需要依止什麼。那麼 如來作個總結：「阿難當知，是即如來等正覺為諸菩薩摩訶薩方便說名聲聞。」好，接下來進入下一段：

經文：【阿難言：「云何如來等正覺復為菩薩摩訶薩說辟支佛法？」佛言：「阿難！菩薩現見一切法。云何現見？所謂知諸法無諍，皆是假名；不壞法性而能見法證法，是名辟支佛。佛不思議，於一切法及諸眾生，同涅槃相等無差別，無形無相清淨寂滅；實際、眾生際、涅槃際，猶如影幻，無分齊、無所有；於此諸際亦無際相，非言非說無所依止，亦無所說；何以故？如我空，無生無滅。知眾生際，則知法際生死際即是佛際；知如是際，是名辟支佛。現知於色，色者則名色陰；色陰盡已，但有言說，無我我所；何以故？如說色陰，但有言說，是空，無生無滅；言無言相，云何以言說、說是色陰？亦現見受、想、行、識乃至說是識陰，知假名識陰等，但有言說；言說皆空，無生無滅，非實非虛。言說尚無，何況陰相？知是五陰從假名起，是名辟支

佛。何以故？因於名字言說爲色，色但假名；無因非因，說名爲因；是陰因緣不可說相，一切諸法無依無緣，如是覺知名辟支佛。」】

語譯：【阿難尊者又爲大眾請問：「什麼是如來等正覺又爲菩薩摩訶薩們演說辟支佛法？」佛陀說：「阿難！菩薩現前看見一切法。什麼叫作現見呢？也就是所說的了知諸法無諍，全部都是假名；不毀壞法性而能見法證法，就稱之爲菩薩辟支佛。佛不可思議，於一切法及一切眾生中，同於涅槃相平等而沒有差別，無形無相並且清淨而寂滅；實際、眾生際、涅槃際，就好比影子幻象一般，沒有一個界限、也無所有；在這個諸際之中其實也沒有際的法相，不是言語不是所說也沒有所依止，也沒有任何的所說；爲何是這樣呢？猶如我是空，無生也無滅。了知眾生際，就能了知法際生死際其實就是佛際；了知這樣的境界，就稱之爲菩薩辟支佛。現前了知於色法，色法的意思就稱之爲色陰；色陰滅盡了以後，只有言說而已，沒有我與我所；這是什麼緣故呢？比如說色陰，其實只是言說，它就是空，無生也無滅；言說也沒有言說相，怎麼可以把言說就說是色陰呢？也現前看見受、想、行、識乃至於說這就是識陰，也了知這其實也是假名爲識陰等，其實就只有言說；而言說全部都是空，無生也無滅，非實亦非虛。連言說都不存在，何況有五陰的陰相呢？了知這個五陰是從假名而生起的，這樣就稱之爲辟支佛。爲何是這樣呢？因爲緣於名字而言說爲色陰，而色陰就只是假名；沒有因也不是因，假名說它叫作因；這五陰的因緣有個不可說相，一切的諸法無依也無緣，像這樣覺知了以後就稱之爲菩薩辟支佛。」

講義：這樣聽完了，有聽到什麼法嗎？所以說，自古以來大家都感嘆說：「佛法博大精深，三藏十二部浩如煙海。」有的人說：「讀都讀不完了。」爲什麼讀不完呢？因爲他想要把它弄清楚，但始終弄不清楚，所以一部經典就讀上一世了。有的人說：「怎麼讀不完？我《大正藏》都讀過六遍了。」可是他老哥讀完了以後，跟我說：「蕭老師！我讀了六遍《大正藏》，看來我就是腦後欠一槌。」我說：「行啊！王老哥！你來上禪三，這一槌，我給你吧！」可他沒辦法來，因爲他肺氣腫，不曉得他還在不在世。

也就是說，菩薩辟支佛得要對因緣法有深入的理解。以前很多學佛人都說：「因緣法，那個簡單啦！不信，我說給你聽：無明緣行，行緣識，識緣名色，」就一直講到「生緣老死憂悲苦惱。」這還不打緊，他還可以往前推，說：「老死憂悲苦惱緣於生，生緣於有，有緣於取……」就一直往上追到無明，然後說：「這個簡單啦！這有什麼難。」問題是，既然不難，爲什麼他不是辟支佛？喔！諸位聽了，會心一笑，因爲他們不懂：「因緣法的背後就是阿賴耶識，就是第八識如來藏。」他們不懂。

那善知識能否一出世弘法就來講這個？也不行！所以，我們在禪淨班裡面，親教師們都告訴諸位：「十二因緣法的背後，祂就是阿賴耶識。」然後終於因緣成熟了，有的人說：「那蕭老師懂禪，懂其他的法，可是他其實不懂阿含。」我說時節到了，因爲他們有注意到我沒講解阿含了，所以我就寫了《阿含正義》，我對因緣法提出一個獨到的見解；其實這個見解不獨到，因爲都是 佛講的，我不過是吃了 佛的口水，把它重講出來；但是對末法時代的佛教界而言，那就是獨到，或是叫作創見。我寫《阿含正義》，裡面講得分明，佛陀說因地時要修十二因緣法之前，先要修十因緣；這十因緣法的順觀，就是流轉法、黑品法，這黑品法先修好了再逆觀，成就白品法；然後再來修十二因緣觀的黑品法、白品法，這樣才能成為辟支佛。

可是要成為辟支佛之前，他得先要有定力並且修好福德。有定力而且還得是「梵行已立」，光有未到地定還不夠。所以我這《阿含正義》寫了出來，佛教界才懂原來要先修十因緣，然後才能修十二因緣觀，所以要當辟支佛也不好當。我們把這個前提要領提出來，實際上每一支的觀行，他們都得要自己去作，這我就不能教了，因為觀行是每一個修因緣觀者的本分事。也就是說，其實不管是聲聞法、緣覺法或者是菩薩法，全都要有現觀，沒有現觀的話，講再多都是戲論。所以，真正的三乘菩提實證是現法中的事，不是想像的法，也不是思想。在現前所領納的諸法、所接觸的諸法中就要實證，因此佛法不是玄學，佛法是義學。

以前印順派他們都說義學是什麼呢？就是把佛法的經教語句一一把它研究出來的結果叫義學，其實那還是玄學，因為他只能用思惟去想像佛法是什麼，他不是現法中的實證，所得全部都是思想。一定要在現前一切諸法中有所實證，證得的才是眞正的佛法，那才叫作義學。可是現在佛教界還有很多人繼續在搞玄學，他們卻自以爲是義學。所以，這裡開宗明義說「菩薩現見一切法」，說得夠白了！佛法不是想像的，不是思惟得來的，而是親證；親證時卻不可以離開現前萬法，得在現前萬法之中去證得第八識眞如，所以說「菩薩現見一切法」。

如來接著就來解釋什麼是現見？就是所說的：「知道諸法從來無諍，一切諸法都是假名；能夠在一切諸法之中不破壞任何一法的法性而能夠現前看見了法、證得了法，這樣才能叫作辟支佛。」那請問諸位：法是什麼？（大眾答：如來藏。）對了，因爲諸位聽過《大法鼓經》了，「法」與「非法」都講過了，「法」就是如來藏阿賴耶識。「知諸法無諍」，這是悟前必須要有的正見，先要確定諸法無諍。

那麼諸法究竟有哪些法？從《根本論》來講有六百六十法，可是如果依《成唯識論》來講，說有百法，總共一百法；從第一位的八識心王，第二位的五十一個心所法，第三位的十一個色法，第四位的二十四個心不相應行法，到最後第五位的六個無爲法，總共一百法。這一百個法互相之間沒有任何爭執、沒有任何的諍論，因爲這一百個法之間，或者互相有相應，或者互相成爲顯現，但是不會有諍論發生，把它歸結起來就說：「**法住法位，法爾如是。**」佛教界在正覺弘法之前都不講這兩句，可是我們要講這兩句，因爲這百法如果再細說爲六百六十個法，再細說千法明門，再細說萬法明門，一直衍伸下去無量無邊法，但是無量無邊的法互相之間都沒有諍論。

這樣講有一點空泛，舉個例來說，不說百法，說八識心王就好，意識和意根之間沒有諍論，那意根和如來藏之間也沒有諍論，而意識跟前五識也沒有諍論，八識心王互相就沒有諍論了。如果這八識心王有諍論，且不說八識心王，單說意識就好，如果意識自己胡思亂想，對自己的想法有諍論，他就得住進精神病院。那精神科醫師說得很好聽：「精神分裂。」問題是精神會分裂嗎？精神是心，心怎麼能分裂？有時候說：「**那是雙重人格，那個人有多重人格，所以有時候當好人，有時候又當壞人。**」胡說八道。那是他的如來藏所蘊藏與意根、意識相應的種子，有善種也有惡種等有記性的種子，而且都很強烈，不是什麼多重人格。所以電視上有些節目，談到後來請出精神科醫師的話來，我就轉臺，我從來不聽。那是如來藏所蘊藏種子的事情，什麼多重人格、雙重人格，什麼精神分裂？也就是說，因爲邪見所以產生精神科醫師所說的所謂精神分裂的事，一切皆因邪見，邪見滅了就沒有這些事了。

所以很早期時，我們剛弘法不久，有個師兄住進榮總的精神病院去。我去救他，就只是跟他說法，不說別的；我每天去爲他說法，說完了法，七天後他出院了。結果醫師要勘驗他還有沒有精神病的時候，發覺他的智慧不得了，因爲他說的，醫生聽不懂；可是醫師說的，他聽懂。所以我就只是把他的邪見滅了而已，就這麼簡單。那醫師對付精神病患的作法是什麼？就是打鎮靜劑，讓他意識不能作怪；包括鬼神附身都一樣，打鎮靜劑就好了。他們知其然，不知其所以然，我們從根本對治，把他的邪見滅了，他就好了。所以精神病患好不好治？（有人答：好治。）不，重點在他肯不肯砍掉自己的邪見，因爲有的人不肯砍掉，他寧願繼續精神錯亂，爲什麼呢？因爲他想要繼續逃避，那是逃避世間苦的一個方法。

所以說「諸法無諍」，你如果斷了邪見，接著來證佛菩提，證了第八識眞如以後，你來觀察這百法，一一法都互相無諍，配合得恰到好處。假使這諸法有諍，你得住進精神病院去了，有諍是因爲邪見；所以想要證眞如之前，先要確認這一點：「諸法無諍。」而佛菩薩所說的諸法全部都是假名，你說：我這個叫眼識，我能見色分別；我這個叫耳識，我能聽聲音分別；我這個叫意識、意根、如來藏。可是你這八識心王自身，祂們有名字嗎？根本就沒有名字，於是你給祂安個名字，那名字就是祂們了？不是的，不論你給名字、不給名字，祂們依舊是祂們，不會改變祂們八個識的體性，也不會改變祂們的認知。

就比如說，你現在能聽聲聞法、能了知，這個了知的心是意識，你也知道自己的意識是哪一個，因爲意識有證自證分而能反觀來確定。可是當你說「意識」兩個字的時候就眞的是意識嗎？也不是，這意識兩個字，只是一個假名施設，用這個名詞來代表說就是這一個心。當你說意根、說如來藏，意根才不理你，如來藏也不理你。所以當你呼喚說：「意根啊！」你意根自己也是如如不動，才不管意根這一句，那是你意識家的事，得要是六俱意根才會知道你在呼喚什麼，所以這一切都是假名。

那你說：「意識啊！」意識就回應你嗎？也不，因爲當你呼喚意識的時候，意識知道是你在呼喚自己，那你自己要回應自己喔？也沒有或不必要了！有沒有人一天到晚說：「蕭平實啊！你應該如何如何……」然後自己又說：「好啊！我就如何如何……」有沒有人這樣？沒有！所以直截了當，想了就想了，作了就作了。一切都是假名，「諸法無諍」。那菩薩就現見這一切法歷歷分明，每一個法都不破壞，就繼續「不壞法性」，意識無妨是意識，意根無妨是意根，前五識無妨是前五識，色塵、香塵乃至法塵無妨是這六塵，都不壞一切諸法，就在現前這一些法當中來看見眞正的「法」，也就在這一切法當中看見第八識如來藏。

所以，以前不懂的人說：「你想要證得出三界的境界，那你得要到三界外去證。」如果要到三界外去證，那又何必證，到三界外就已經出三界了，還證什麼涅槃？所以要證得出三界的境界，得在三界中證；出三界的境界中沒有境界，你要證什麼？如果能出三界就不必證了。所以有一些古人與今人，眞的是胡說八道，我們聽了當作笑話就好，所以菩薩「**不壞法性而能見法**」。

接著說「**證法**」，爲什麼「**見法**」時不是「**證法**」？因爲看見如來藏，找到第八識眞如的時候，不見得敢承擔。所以佛菩薩很重要，就像《菩薩瓔珞本業經》說的，舍利弗等三人無數劫前證悟如來藏，沒有佛菩薩攝受所以他們退轉了，十劫之中無惡不造而下墮三惡道，那是多慘痛的經驗。不過看來，好像眾生都逃不掉這一個過程，因爲人都是在犯了過錯之中，接受了世間因果律的懲罰以後才學乖。不說誰，說我自己就好，我也是接受過懲罰了，然後才終於又回來，遇到 釋迦如來，終於跟隨祂修學、而且是修學很多劫以後，才修到這一世這個地步。很少人可以不經歷那個過程，所以如果看見有人證悟後會退轉，都很正常。

你們也不用憂心忡忡，能勸解他、教導他，你就勸解教導他，救不救得回來就是他自己來決定。如果你經歷過那個過程了，這一世證悟了，就不會退轉，這個都正常。所以不管誰退轉了，只要無礙於正法的弘揚，那就像以前有一句話說：「**風繼續吹，我們腳步不停止，繼續前進。**」一樣的道理，能夠隨緣爲退轉的人作什麼我們就作。就像二○○三年我們出了很多書，這些書也得到一個結果而且是好的，就是大部分佛教界不再謗法，反而說：「**求開悟，去正覺。**」這表示我們這一些書導致很多人認識什麼是正法，然後不再誹謗正法，他們就不造口業而不必下墮了。

所以說，找到如來藏之後說之爲「**見法**」，當你看見第八識如來藏了，可是不代表已證，悟後還得要能轉依才行，轉依後才算是實證。那如何是「**證法**」？就是能現觀祂爲什麼是眞如，爲什麼祂作得到的，而你妄心作不到；爲什麼祂能生諸法，爲何祂是萬法的根源……，然後死心塌地轉依如來藏，就是轉依第八識眞如，再也不退轉了，這才叫作「**證法**」。「**證法**」之後，站穩了腳跟，一步一步往前行，才叫作「**得法**」。所以有時候古德會問：「闍梨得法於誰？」問說：「**你這個出家人，你得法是從哪裡得的呢？**」要問你的師承，所以見、證與得是不同的層次，可是菩薩「**見法、證法、得法**」都是

「不壞法性」的，要能這樣才能夠說這叫作菩薩辟支佛。所以，辟支佛雖然從十二因緣裡面悟入，悟入之後壞一切法，因爲他要入無餘涅槃；可是菩薩辟支佛「不壞法性」而能「見法證法」，這就是不同的所在，這樣才叫作菩薩辟支佛，所以菩薩辟支佛永遠不入無餘涅槃。今天講到這裡。

《不退轉法輪經》今天要從五十四頁第二行開始說：「**佛不思議，於一切法及諸眾生，同涅槃相等無差別，無形無相清淨寂滅；**」好，我們先說這四句。這裡是告訴大家說，佛地的境界不可思議；確實不可思議，因爲連妙覺菩薩一生補處都無法理解。所以有一次，大眾請求 如來解說佛地的境界，如來說諸佛如來有十地境界；十地，地就是講境界；說諸佛如來同樣都有十個境界。那密宗外道不懂就說：「**諸佛如來分爲十個階段。**」就自稱他們不入流的淫賤境界超勝於 釋迦如來，眞是亂講，其實這十地是最後身菩薩成爲如來時，就十個境界全部具足了。而這十個境界，釋迦如來本來不想說，因爲明知大家聽了都不懂，可是大眾三請，如來不得不說。可是，如來說完十地中的第一地，也就是講了第一種境界，準備要講第二種境界時，大家請求說不用講了、不用講了，因爲第一地的境界就聽不懂了。這就是說，佛地的境界不可思議。如來說給我們聽的三不護、四無所畏乃至十八不共法等，那是講給我們能聽懂的；至於祂的自住境界，大眾聽不懂，因爲妙覺菩薩都聽不懂了，何況是大眾呢？所以佛境界眞的「不思議」。

凡是一切自稱已經成佛的人，表示他們都不懂佛地的「不思議」，所以自稱成佛的人都叫作凡夫。一直要等候五億七千六百萬年後，彌勒菩薩來人間成佛，那時人間才又會有佛。當正法仍然在人間的時候，大家感應到的佛，都是化身佛，就是變化身；但是應身佛已經過去了，下一尊應身佛要再等五億七千六百萬年後，這個世界才會繼續有佛示現，人們可以親承奉侍供養，所以說「佛不思議」。如來也早就講過了，一個世界不可能有兩尊佛，因爲如果要以最低的層次來講，一個世界只要有一位初地菩薩就夠了。所以初地菩薩就能住持一個小世界，如果有人說有兩尊佛同時住持正法，根本就沒有道理。所以，佛的境界不可思議，佛的福德不可思議，佛的智慧不可思議。

但是在這個地方，「佛不思議」卻是要說第八識如來藏，第八識如來藏眞如就稱爲佛。所以，每一個有情身中都各有一尊法身佛，也都有應身佛、化身佛，這我們以前講《念佛三昧修學次第》的時候講過了，這裡不再重複。這裡的「佛不思議」，是指第八識如來藏不可思議。講到這一句話，也許有人心裡想：「這第八識也不過爾爾，有什麼不可思議的呢？」可是我要提醒諸位一下：證得第八識的時候看來就是這樣，沒有什麼特殊的地方，可是你如果想要具足了知這個第八識，就得要等你成佛以後。所以悟後不退轉在第七住位，光是要修入初地，好多人就哇哇叫說：「還要走那麼長遠的路喔！」可是入地以後還要兩大阿僧祇劫，所以這個如來藏眞的不可思議。

諸佛如來的境界不可思議，所以說如來藏不可思議，因爲對如來藏的具足勝解，那是成佛之時的事了，所以別小看如來藏。你說：「哇！我知道了，就是這個。」但這個是這個，你到底知道祂多少？所以禪三最後一天，指導你們喝水喝完了，你們說：「哇！原來如來藏還有這麼細的地方喔！」我說：「這個還算是很粗的，眞正要細，那就到佛地再說吧！」所以說「佛不思議」。這個自心如來的不思議，在於說祂「於一切法及諸眾生，同涅槃相等無差別」。

所以，這個自心如來第八識，在人間對待這個五陰眾生是這樣子無所差別，祂從來不會起一個念說：「這一世我出生了這個五陰對眾生這麼惡劣，這樣惡行惡狀的十惡不赦，我應該讓他短命。」祂從來不會這樣想，一樣是讓他具足長壽，命裡該有一百歲就活一百歲，命裡該有七十歲就讓他活七十歲；除非他自己自作孽，殺了人被判死刑而且執行了，那就另當別論，但如來藏不會刻意要他促壽。但也不會爲他延壽，因爲如來藏不起這個念想。所以對一切諸眾生，祂的所見所知，其實「同涅槃相」，跟涅槃沒有差別，祂對一切法也是如此。修學二乘菩提的人，有的人甚至詳細去探討到八十一品思惑，說：「哇！原來這些煩惱有粗有細。」作了許許多多的分別。可是到了大乘法中，看見一切煩惱，莫不從自心如來而出。

假使不是有自心如來阿賴耶識，就不會有這些煩惱現行；不管什麼煩惱，從三縛結到五上分結，從身見到八十一品思惑，都是因爲有第八識如來藏才有。如果沒有如來藏含藏著這一些種子，根本就不會有這一切法，而煩惱也屬於一切法。那麼有人想：「那我不要如來藏了，都是因爲如來藏才會讓我有這些煩惱。」可是從另一方面來講，假使不是如來藏，你身上也不會有無漏法、無爲法，你身上也不可能有無漏有爲法。想一想：「也眞的是如此，假使不是如來藏，我根本不可能修行成佛，所以如來藏還是好的。」但是有的人誤會，就說：「都是因爲如來藏，都是因爲這個阿賴耶識，才會讓我流轉生死，所以我要把祂找出來，把祂滅了。」原來他們誤會經文了。經文說的是如來藏具足一切法，既然具足一切法，當然就有染污與清淨。那染污的法把它修除了以後，就不再叫爲阿賴耶識，就剩下異熟識這個名稱了。所以在異生地，名阿賴耶識，亦名異熟識，可是等到把思惑斷盡了，就單單留下異熟識這個名稱，阿賴耶識就滅了，是把阿賴耶識的識性滅了，方便說爲「滅阿賴耶識」，並不是把阿賴耶識這個心滅了。

所以有的大法師誤會了，就開示說：「如果你想開悟，就得把阿賴耶識找出來，一槌把祂搗碎了，然後你就開悟了。」香港月溪法師、臺灣的聖嚴法師，都是這樣講的人。問題是，窮其一生他們都沒有找到阿賴耶識，可是他們卻自稱開悟了。這就像自己掌嘴之後都還不知道痛，直到我們書上寫了寄給他讀過了，才知道自己講錯了，又不好意思更正，你說可憐不可憐？所以一切法因這個自心如來名之爲佛而有，那麼修行人只要把祂所含藏的煩惱種子全部滅除，如果是聲聞人只要把煩惱的現行斷除，那這個自心如來就改名爲異熟識，不再叫阿賴耶識了，因爲祂沒有阿賴耶性了。

所以阿賴耶識的意思，是說他的第八識還收藏著各種分段生死的種子，有這種收藏性、這種執藏性，還有這樣的我愛種子存在，所以才稱爲阿賴耶識。可是等你找到了祂，你發覺祂的自性是清淨的，祂在一切眾生五陰身心之中，從來不染汙，所以祂在運行的過程之中，顯示出來的是眞實性與如如性，同於無餘涅槃的法相，沒有差別，因爲無餘涅槃的無境界境界中就是第八識眞如；你能現前觀察到這一點，就說你已經證眞如、證得本來自性清淨涅槃了；除此以外，沒有一法可以稱爲眞、稱爲如。而這樣子的眞如性，可以方便說爲不生不滅、不垢不淨、不來不去、不增不減，成就中道義。

那麼從二乘菩提來講，證涅槃是什麼？是斷除生死、遠離生死。可是二乘聖人離開生死不再受生，是把五蘊身心滅盡永遠不受後有，六祖評論他們叫作將滅止生。可是菩薩證得的涅槃是當下就涅槃，是本來無生而不是將滅止生，所以當下就是無餘涅槃，無餘涅槃和每一個有情的五陰身心同時同處，所以說「同涅槃相等無差別」。當你找到如來藏以後，你來看如來藏，發覺你找不到一個方法可以毀壞祂，所以是眞，所以說涅槃常住；然後你稱讚祂也好，辱罵祂也好，祂終究如如不動，所以稱爲既眞又如，合併就說爲眞如。而這個眞如，剛剛說了有那八不，其中一個不生不滅，換作另四個字叫作不生不死，不生不死不就是涅槃嗎？可是二乘人是把五陰身心滅了以後不再出生，所以就不會死，因此叫作將滅止生；但菩薩們是現在就已經無生，不必把五陰身心滅了。

這個道理講了出來，二乘阿羅漢聽了瞠目結舌，眼睛瞪得大大的看著你：「這到底是什麼道理？」舌頭打結了，說不出話來，可是菩薩現見就是如此。但是在三賢位畢竟思惑猶在，思惑仍在就不能夠說是證得二乘涅槃了，所以換個名詞叫作本來自性清淨涅槃，直到妙覺地都還是這個涅槃。所以這時候，你去觀察二乘聖人滅除五蘊不受後有以後，他剩下什麼？剩下他的第八識如來藏無形無色，誰都看不見了，就這樣不再受生，所以說不受後有，這樣稱之爲入無餘涅槃。可是他入無餘涅槃以後不受後有了，剩下的還是這個如來藏；而如來藏的不生不滅，我現前就已經證了，我又何必入無餘涅槃。那你說，阿羅漢聽你這麼一開口說明完了，他也只能默然。

當然那個默然不是維摩詰大士那個默然，因爲他不知道該怎麼回答。假使那個二乘阿羅漢有慢，爲什麼呢？因爲他也許會想：「我可以入無餘涅槃，你入不了。」你就問他：「那我請問尊者您，您將來捨壽入無餘涅槃以後，那是什麼？」聽到這一句話，他就懵了，根本不知道如何回答，你就告訴他：「因爲您那時候還有個第八識不同於七轉識，祂的自性叫作不來不去、不生不滅、不垢不淨、不增不減，您知道是什麼嗎？」你這麼一問，他只好合掌恭敬，什麼都作不了。但你可以告訴他說：「我現在就住於第八識涅槃的境界中。」讓他更驚訝，這就是「同涅槃相等無差別」。

所以，這個自心如來、這個自性佛「同涅槃相」，所以你要證涅槃，現前就證了；因此，菩薩就依這個本來自性清淨涅槃一直修到妙覺地去。所以，你們增上班的同修可別瞧不起說：「我只證得這個本來自性清淨涅槃。」但我告訴你：「這個涅槃可以讓你繼續修持直到妙覺地，你說偉大不偉大？」不好講出口，就在心裡面說偉大。如來又說祂「等無差別」，爲什麼等無差別？因爲涅槃就是如來藏，如來藏就是涅槃，二者是一，爲眾生分說爲二，所以「同涅槃相等無差別」。

而如來藏這個自心佛或者叫作自性佛，「無形無相清淨寂滅」。你想要爲祂畫個圖、畫個形、畫個相都不可得，根本就無形亦無相。所以如果有誰說：「我看到一個什麼形狀的、透明的，叫眞如、叫如來藏。」那不就是形相了嗎？祂無形無色沒有什麼法相。如果要說祂有相分，那就叫作眞如。所以在無生法忍裡面說「眞如亦是識之實性」，又說「眞如亦是識之相分」，而眞實與如如的自性是祂在人間運作的過程當中，顯示出來的眞實法相，就是阿賴耶識的眞實性，不但無形無相，而且祂是無始以來就是清淨性。

這要分成兩個層面來講：一個是自體，一個是祂所含藏的種子。第八識自體祂不斷地在運行，運行的過程之中從來沒有貪染雜念，一點點邪思亂想也無，一點點的貪瞋癡都沒有，所以祂本性清淨。這個清淨的本性不是修來的，是無始劫來法爾如是；但是這樣看來，是不是證悟時就該成佛了？因爲祂是本來清淨的。卻不是這樣，因爲祂還有含藏著跟七轉識相應的種子，而那些種子是不清淨的，那些不淨種子卻跟祂不相應，只跟七轉識相應。所以，如果哪天你證悟了以後，爬到大樓頂去站在那個女兒牆上面試試看自己怕不怕；我保證你還會怕，因爲你還不是阿羅漢，而那一些怕死的種子跟你相應，可是如來藏依舊不會怕。假使在世間活不下去了，你說：「**一了百了吧！跳下去啦！**」七轉識決定跳了，祂沒有意見；七轉識決定要跳，祂就會跳，跟你一起就跳下去了；跳下去，你死了，祂不死，祂又轉到下一世去。

所以，那一些煩惱種子跟祂不相應，那一些種子只會跟七轉識相應。所以悟後轉依了，貪瞋癡淡薄了一些，依二乘菩提就說你到了薄地，因爲你悟後經過一年、二年、三年好好轉依修行，結果貪瞋癡淡薄了，就說你叫薄地，就是二果。可是你還要修到阿羅漢位、還要入地，該修的還是要由你修，你可不能夠說：「我找到祂了，現在悟了，接著換祂來修行。」祂不修行，祂是你修行證悟的標的，祂是你將來修行乃至成佛時的所依，祂永遠不修行。所以悟後修行依舊是你，跟悟前一模一樣。那麼這樣自己努力修正行爲以後，未來你的身口意行都清淨了，那如來藏含藏的跟你相應的種子也就清淨了，所以你就叫作阿羅漢，所以你將來就會成佛。因此悟前是五陰自己修行，悟後依舊是五陰修行，但是藉著一世又一世虛妄不實的五陰來修這個如來藏眞實法中的各種種子，所以叫作藉假修眞。但是這個如來藏祂不修行，祂無始劫以來的自性就是清淨的。

接著講「寂滅」，最寂滅的境界是沒有六塵的境界，對吧？對不對？（有人答：對）對唷？不太對喔，能夠沒有六塵一定是六識滅了，但是六識之滅，很多情況可以滅，晚上睡著了、眠熟了或者說極重睡眠，其實悶絕也可以歸入這個眠熟位；然後無想定、無想天、滅盡定位，全都沒有意識，那就沒有六塵了，可是意根還在，就不是絕對的寂靜。譬如說你眠熟的時候，你還會接觸到法塵，因爲你意根還在，所以你在眠熟位裡面，人家跟你講話，你聽不見，可是如果在你耳邊大聲呼喚，你還是會聽見，於是醒過來了。所以意根還在了別法塵，這表示仍然不夠寂靜。可是如果連意根也滅了，就是無餘涅槃的境界，這時才是眞正的寂滅。這個眞正的寂滅境界就是如來藏獨住的境界，因爲第八識如來藏不了別六塵，所以說祂是寂滅的。但是你說明祂的時候，不能夠只說清淨，也不能只說寂滅，而是應該合在一起講。

那麼 如來又說：「實際、眾生際、涅槃際，猶如影幻，無分齊、無所有；於此諸際亦無際相，非言非說無所依止，亦無所說；」「實際」就是說祂是眞實的本際，「際」也可以說叫作境界，祂就是眞實的境界。凡是說法的人都必須依止「自心現量」而說，如來在《楞伽經》說過「自心現量」的意思，是說一切諸法都是自心所現的事實，量就是境界、就是事實。一切諸法都是「自心現量」就是說：一切諸法都是自心如來所現的境界或事實。證悟後你就可以肯定這一點，一切諸法一定是依五陰才能領受，可是你所領受的一切諸法包括自己五陰身心在內，莫不是第八識如來藏的所現境界，這個事實叫作「自心現量」。那麼既然一切諸法都是這個如來藏所現的境界，那就表示一切諸法有生有滅而不終止，而如來藏不生不滅，因爲祂是一切諸法的本源，所以祂又名爲「**實際**」。

又說如來藏叫作「**眾生際**」，因爲一切眾生不外於如來藏。沒有一個有情可以自外於如來藏，假使沒有如來藏就沒有有情，所以十方三世一切世界有那麼多的有情持續在輪轉，可是輪轉的過程都不外於如來藏；一切眾生莫不如是，所以說如來藏就是「**眾生際**」。又說是「**涅槃際**」，涅槃際剛才已經作了說明，因爲涅槃就是如來藏，不外於這個自心如來，所以涅槃是依第八識獨住的境界來施設的。

接著說「**猶如影幻**」：我們有時候說，一個參禪的人突然間找到如來藏了，說「**就把祂一把抓住**」，可是到底抓住了什麼？還眞不曉得是祂抓你，還是你抓祂呢！對啊！到底是你抓住祂，還是祂抓住你？還眞不好說。所以有時候，禪師家就是這樣施設機鋒的。以前我們很早期，那時候跟人家借地方用，在石城；那一次，我們理事長陸老師當監香。有一天，我交代他說：

「晚齋過後過一會兒，你找個鋁的臉盆來，拿根棍子來，就到大殿、男寮、

女寮都去敲。大喊：『抓賊啊！抓賊啊！』」那時一眾驚慌：「賊在哪裡？賊在哪裡？」我聽到喊抓賊了，就走到大殿裡，我看見了法智師，將他一把抓過來，一面搖動他的身子說：「賊抓到了！賊抓到了！」結果他大喊：「不是我！不是我！」（大眾哄堂大笑…）我聽了一把將他推開，我說：「就是你，可是你不敢承擔。」你看，就這樣抓住了，有沒有？有啊，抓住了；可是現在我都不想用這種機鋒了。

所以到底證得如來藏的時候，你說：「我一把就把祂抓住了。」但抓住的，到底是你抓祂，還是祂抓你？還眞分不清楚。不是你分不清楚，而是說眞的不好說，因爲祂無形無色，你怎能抓住祂？可是祂卻又跟你在一起。所以說祂「猶如影幻」，無形無色，怎麼樣說個抓住祂的道理，一定抓不到。

可是祂有大種性自性，你就可以藉這個大種性自性的功能來抓住祂。當你抓住祂的時候，你說：「其實是祂抓住我，我再怎麼抓也是祂抓住我。」所以，如來在《阿含經》裡講得非常清楚：「識緣名色，名色緣識。」你的五陰身心這個名色是祂的所緣，所以祂緣於你這個名色；而你這個名色也緣於祂，不能離開。所以說名色和如來藏猶如束蘆，猶如三支腳的束蘆一樣。人家收割了稻子以後，那個稻稈綁起來分成三支腳，就這樣相依而轉或者相依而立，就這樣放在地上晒太陽，要把它晒乾，有沒有？就這樣晒。名色與識互相依止，所以祂「猶如影幻」，卻有無量無邊的神用，這得要等你證悟之後慢慢去觀察，觀察到最後成佛，所以想要瞭解祂，不是那麼容易的。

因此在大乘法中，單單是一個見道就區分爲眞見道、相見道、通達位。眞見道是在第七住位，相見道要從七住滿心一直修到第十迴向位，那是一大阿僧祇劫的三十分之二十三，這是相見道位，這些修完能入地了，才叫作通達位，才剛剛入地，要修那麼久。所以想要眞實瞭解祂的內涵不是那麼容易，因爲祂有諸多神用，而祂的心體自身「猶如影幻」，只不過像個影子，像幻化的東西一樣，所以無形無色。

又說「無分齊、無所有」：「分齊」，譬如說我買了一塊地，這塊地從什麼界限到什麼界限，這樣叫作分齊。或者說，我來到這家公司任職，我的工作是要作哪一些事，這全部的內涵就叫作分齊，也就是整個界限的意思。那如來藏「無分齊」，諸位想想看：你能如何限制阿賴耶識？祂無形無色。如果祂有個界限，你就可以說祂多大，但祂無形無色，如何說個多大的道理？

可是有時候，禪師家會故弄玄機，如果有個禪和子隨便來問：「請問禪師，這如來藏有多大？」他就說：「像你這麼大。」如果有個天人來問：「如來藏有多大？」他也說：「像你這麼大。」如果有個四禪天的天主來問，那身量夠高了：「如來藏有多大？」他一樣說：「像你這麼大。」可是如果螞蟻也會問，他也會答：「像你這麼大。」因爲如來藏，套一句未悟凡夫祖師講的話，他那一句倒也講得不錯，他說：「卷舒自在。」說要捲起來時捲成很小也行，要放大到很大也行；其實那一句話有語病，因爲如來藏無形無色，你要怎麼捲祂，要怎麼把祂張開。所以古時候那個大中皇帝問禪師，禪師就說：「這如來藏值得一個天下。」說皇帝你的如來藏值得一個天下。對啊！因爲皇帝擁有天下，卻藉這個五陰身心去擁有的。他既然擁有一個天下，那就是他的如來藏，不是他擁有。假使如來藏走了，他什麼都不是。所以說祂「無分齊」，因爲祂沒有大小，小可以小到像病毒那麼小，病毒比細菌還要小；但如果大，可以大到像四禪天王那樣的天身，所以祂沒有個界限，「無分齊」。

又說「無所有」，假使離開了五陰、離開了名色，祂可是什麼都沒有。凡是有，都屬於三界法，然而祂不屬於三界法，所以「無所有」。可是反過來說，如果有人問禪師：「如何是佛？」禪師就說：「你這個人。」第二天又上來問：「我這個人到底是什麼？」禪師就說：「鳥！」後天又來問：「鳥是什麼？」「花！」「花是什麼？」「水！」跟他胡謅一通，那為何這麼說？因為祂「無所有」，但是祂擁有一切，乃至山河大地都是共業有情的如來藏變生的；可是禪師說的卻不是這個意思，而是另一方用意，那就得要上上根人才聽得懂。

就好像如來降生在人間弘法以後，看見某一些人來拜謁，如來就說：「善來！比丘！」這個人當下就鬚髮自落，因為他一切煩惱斷盡，這些都是菩薩再來擁護如來的，都是菩薩。他們都知道什麼叫作「無所有」，卻是在無所有之中而如來藏能擁有一切有。所以從地獄有、鬼道有、畜生有、人有，一直到無色界有，四生二十五有，莫非是祂所變現。假使有所有的，那就沒有辦法變。有所有，就表示他是什麼就永遠是什麼，因爲比如說他是個人，那就永遠是人，就不能具足一切；因爲他是個人，那就永遠是個人，有所有。可是如來藏不是人，所以有時是天、有時是地獄不等，各種狀況都可以出現；所以無所有的反面叫作有一切。

接著說「於此諸際亦無際相」，所以你說「實際、眾生際、涅槃際」，看來是有境界相的，可是在這一些境界相裡面，祂卻沒有任何的境界相。譬如說諸位來到講堂聽經，你有個五陰相坐在這裡聽講，可是五陰相是你五陰之相，不是祂第八識的法相。祂沒有任何境界相，正因爲沒有任何境界相，所以祂才能夠變幻出各種境界相；所以有時當轉輪聖王，有時去當午夜牛郎，有時生天當天主，有時下墮去地獄不一定，就可以由如來藏變生而擁有一切相，正因爲祂「於此諸際亦無際相」。

所以很多世俗法看來都是不可變易、不可改變，都是互相對立不通的；可是從如來藏來看，諸法互通，那個對立就消失了。有一些凡夫研究佛學者，他們不懂就說：「世間相才會有對立，實相的境界是沒有對立的，祂是絕對待的，所以我們在人間應人接物或者隨緣應物，我們就不要有任何的法相。」他就這樣主張，然後就把意識強行壓抑著，不要去落在境界裡面；可是意識只要存在，永遠都不離境界。所以他們誤會了佛法，說：「不要跟人家相對立，這樣才是佛法。」可是，只要五陰身心存在的當下，他就與一切法對立了。如果不是，五陰身心又怎能了知一切法？了知一切法的時候就表示跟一切法站在對立面，否則怎能了知一切法。

而這個如來藏不可言說；假使為了幫人證悟，而用言說講了出來，那還是言說。言說永遠都是言說，而如來藏「非言非說」，所以落入言說相而想要找到如來藏，那就永遠沒有機會。也許有人心裡又起了個疑：「既然沒有言說相，可是禪宗祖師弘法度人不都在言說嗎？不信，你把《大藏經》請出來看看，禪宗的語言文字最多，任何宗派都及不上禪宗那麼多。」說的也是。可是禪宗的言說不是言說，禪宗祖師藉著無量無邊的言說，都是在指涉那個如來藏，可是聽聞的人得要有因緣才能聞而實證。而那些禪宗祖師講出來的那些言說都不是如來藏，言說只是個工具，藉那些工具來指涉如來藏；然後有的人緣熟了，因此就證悟了。

所以說，禪宗那一些公案叫作指月之指。假使有人想要看見明月，祖師就指明月給他看，他要順著指頭的方向去看而不要看指頭，看指頭、研究指頭永遠都是指頭，正是學術界研究佛學的人幹的事，得要順著指頭的方向去看，才看得到明月。所以有的人一天到晚在研究禪法，禪師就罵他：「抱著指頭當月亮。」有人被罵，說他抱著指頭當月亮，也就是說把禪師說的話當眞。禪師那些話是指月之指，你不要把那個指頭當作月亮，研究禪學就是把指頭當月亮，那麼因此說如來藏「非言非說」。

那麼有人也許想：「我們五陰身心都依如來藏而有，那如來藏依什麼而有？」一向就有人這樣，自古至今莫不如是；因爲古時候就有人這樣想，到末法時代我們弘揚佛法，依舊有人這樣想，所以就自己創造佛法。第一批退轉的人這樣講：「蕭老師幫我們證得如來藏了，這如來藏阿賴耶識是我們五陰的所依，可是如來藏要依什麼才能存在？」這個問題自古至今都一直存在著。所以玄奘菩薩爲什麼寫作《成唯識論》？他的目的是要楷定八識論，讓眾生知道唯有八個識，所謂的一個心就叫作阿賴耶識，但阿賴耶識一心函蓋總共八個識。不是到現在我們才作這個楷定，世尊就已經楷定完了，然後馬鳴、提婆、無著、玄奘一直這樣延續下來，都在楷定八識論。所以《成唯識論》明明白白列出來，八識心王總共有三種能變：第一種能變，異熟識又名阿賴耶識；第二種能變，叫作意根恆審思量；第三種能變，叫作分別識，就是識陰六個識專作六塵的了別；就是提出這個道理來，沒想到來到現在，我們還在講這個。古時候在天竺，馬鳴菩薩也在辨正這個道理，《起信論》講的就是這個道理。

而這個第八識如來藏無所依止，有所依的一定是依於他法才能出現，既是有生之法，那就不是實相了。所以證得第八識如來藏以後，不要再問自己說：「那我還要找找看，我這個如來藏是依什麼而有？」如果是這樣作，他就是退轉，因爲再也找不到什麼可以作爲如來藏的依止了。如果眞有什麼作爲如來藏的依止，那一定是可證的。如果是可證的，如來早就應該要講了，

可是 如來沒講過。

如來藏必須是無所依止的，這樣成佛才有可能。如果你發明新說：「如來藏依止菴摩羅識。」那別人可以再發明一個識，說：「菴摩羅識依止無垢識。」又有人再發明創造新說：「無垢識依止某一個識。」大家繼續發明，就永遠不會成佛，因為對於所依的識持續推究而永遠無止盡，古時候說這叫作「無窮過」，是說：「這樣講就有無窮無盡的過失，永遠不能究竟。」所以說如來藏「非言非說無所依止」，然後又加一句「亦無所說」。

到底如來藏有講過什麼話？講話的是你五陰，可是如果沒有如來藏，你可是一句話也講不得，那到底如來藏講不講話？還眞難講喔！可是沒有講話，明明話又講了。所以在佛法中說一切法都是中道，你不能說如來藏有講話，也不能說如來藏沒有講話，因為講話是眾緣和合才能講得出來；首先要有如來藏，然後要有你的色陰十一個色法，還要有你的這個七轉識，再加上七轉識相應的好幾個心所法來運作，你才終於講出一句話來。看來這講話還眞不簡單，可是這得要悟後繼續進修，懂更多了以後才有辦法理解：原來講話的事，不是如來藏，也是如來藏，可是永遠都不能夠說是五陰講的或是如來藏講的。你看，這說話還眞麻煩！可是如果要從實際理地來講，如來藏根本不會講話；因爲你罵祂，祂也不懂；你褒獎祂，祂也不懂；祂什麼都不懂，怎麼會講話？所以作個結論說「**亦無所說**」。

接著說：「**何以故？如我空，無生無滅。**」所以講話的到底是誰？你沒有辦法下一句話就把它斷定，因爲如來藏無形無色，祂怎麼能講話？可是沒有如來藏在，你五陰早就壞了，你還能講話嗎？你這個五陰，七轉識是心，心接觸不了這個色身，心不觸物，而你這個色身是個肉段，肉段無覺無知又怎能講話，所以你還得要有如來藏時時配合著，否則你講不了話。如來藏就像你這個五陰身心一樣是空，一切眾生我都是空，可是這個空有兩個道理：一個是說這五陰身心緣生故空，但那是二乘菩提講的；如果緣生故空，怎麼能夠說無生無滅？所以這裡告訴你「**如我空，無生無滅**」，說如來藏這個自性佛猶如我五陰一樣空，那這個空到底是指什麼？當然是如來藏，才能夠說「**無生無滅**」。

如果五陰是無生無滅的，那麼人間就沒有家庭了，因爲五陰永遠存在。所以如果你們夫妻倆生了個兒子、生了個女兒，你們永遠都不會死、永遠不會老，他們生了以後永遠不會長大。說句老實話，他們根本就不可能出生，爲什麼？因爲一切有情都會本來就存在；既然如此，哪還能有家庭呢？那麼也就不會有欲界，因爲本來就存在的一定是無欲；本來會存在的，一定不是男女兩性的有情。所以這個空不是講緣生故空，而是說猶如五陰這個我就是空，這個空就是自性如來、就是佛，祂無生亦無滅，從來不曾有生，本來就存在著。既然不曾有生就不會有滅，有出生過的才會滅。所以五陰有出生，有出生就會滅，就像鏡子裡的影像，這張三來了，在那裡活動一會兒，走了換李四來，有來的就一定會離去、一定會壞掉；可是明鏡依舊在那裡，然後李四走了換王五，王五走了換趙六，就這樣一直換。可是你如果把明鏡裡的那些張三、李四、王五、趙六都匯歸到如來藏的時候，那些影像歸屬於如來藏中的一部分，那也就說張三等人「無生無滅」。所以如果有人來問說：「蕭平實你證悟了，那如來藏不會壞，你應該就不會死了。」我就答他：「對啊！

我不會死啊！」他一定說：「那你從以前出生到現在七十幾歲，再過個一、二十年，你不也要死嗎？」我說：「我不會死，因為我是如來藏的一部分，所以沒有死，我只是消失，不叫作死；我是如來藏的一部分，我消失了，可是我這個如來藏還會再出現另一個我。」所以這時候，五陰跟如來藏同樣無生亦無滅。

「**知眾生際，則知法際生死際即是佛際；知如是際，是名辟支佛。**」換句話說，一切眾生都有本際，這個本際不是大乘法才說的，《阿含經》中就已經講了。所以我說《阿含經》其實有很多部經典都是大乘經，只是被二乘人結集成為二乘經了。《阿含經》裡面講「**諸法本母**」，講「**名色緣識**」，講「**本際、實際**」，其實都是在講第八識如來藏。那麼「**眾生際**」的本質，大家身為菩薩都應該親證而如實理解。「**眾生際**」就是「**本際**」，因為沒有一個眾生可以自外於他的如來藏，一切的五陰身心都攝歸如來藏時，「**眾生際**」就是「**本際**」。

那麼這樣了知「**眾生際**」以後，就知道「**法際生死際即是佛際**」，因為經中也說「心、佛、眾生，三無差別」，說心就是佛，佛就是眾生，這三個沒有差別；爲何沒有差別？因爲全部就是第八識。從現象界來看是有差別，眾生是眾生，心是心，佛是佛，可是從實際、從本際來看的時候，這三個其實就是第八識心所生，由如來藏心來顯示出三個法，其實就是一個心。這時候就知道法的實際是什麼，因爲這個如來藏心出生了五陰身心，然後接著才有一切法。

而這一切法雖然表面看來是從五陰身心而生，其實還是從如來藏中生，藉五陰流露出來。所以八識心王在運作的時候，依於色陰十一個法才能運作，可是運作的過程中，那色陰十一個法運作的時候顯示出有各種心所法，簡單來說就是五十一個心所法；但這五十一個心所法也是要如來藏流注種子才有，所以能生的就生一切法，所以心所法不是由七轉識生的，因此「法際」就是「眾生際」，就是「佛際」。

那麼有這些法，接著再衍生出來二十四個心不相應行法、六個無爲法，乃至五陰身心又想出很多的法，所以你看學術界各種各類非常非常多的法，全都不離五陰身心，而這些法能夠出生，其實還要依靠背後的如來藏。所以到這時候已經了知「眾生際」了，就能了知「法際生死際即是佛際」，因爲到達佛地時一切諸法也是從第八識出生，這就是佛法的平等性。

可是在外教不許這樣講，外教講的是唯一的上帝，他是唯一的。你如果哪一天祈禱說：「上帝啊！請你保佑我，我有一天要跟你一樣啊！」你如果膽敢講這個話，他就把你打入無間地獄永不超生，因爲你要挑戰上帝。可是佛法不是這樣，在佛法中希望你們每一個人將來都跟如來一樣，因爲諸佛如來確實是這樣教導眾生次第邁向佛地，所以這才是眞正的平等法。所以眾生就是佛，佛就是眾生，只是智慧有別、解脫有別，所以眾生看佛的時候佛變成眾生，就想：「您如來不也跟我一樣，每天還得吃飯，冷了還得穿衣服。」可是佛看眾生，眾生都是佛，因爲你們遲早都要成佛，那是生命最後的歸宿。可是畢竟智慧有別、解脫有別，所以眾生還得要依止諸佛如來修行。可是當你有一天證悟了，你就知道眾生的本際是什麼，那就知道說，一切諸法的「法際」、一切「生死際」其實就是「佛際」。當你了知這個，知道諸法背後的眞相時，就說你「知如是際」；你知道這樣的「際」，你就叫作菩薩辟支佛，所以要當個菩薩辟支佛還不簡單呢！

接著說：「現知於色，色者則名色陰；色陰盡已，但有言說，無我我所；」先講這一小段。菩薩辟支佛必須要在現法中了知色陰，不是用推理的，而是現前就要了知、就要看見。「色」叫作色陰，在初階佛法裡面說色叫作五色根，是「眼耳鼻舌身」五根；可是在無生法忍裡面說「色」有十一個法，色陰就是五色根加上六塵，這個叫作色陰。色陰滅盡了以後就只剩下言說，沒有我也沒有我所，因爲色陰這詞只是善知識的方便施設。色陰盡的境界是三地滿心菩薩的境界，一切三地菩薩都會體驗過色陰盡的境界，到達三地滿心的時候就變成時時刻刻住於色陰盡的境界中。

到達色陰盡的境界時，他對一切法的見解就不一樣了。雖然現見這個三地菩薩一天到晚有所言說，就告訴眾生說：「你應該這麼修行，我教導你，所以你應該聽話。」有你我。有時候說：「我爲汝師，汝爲弟子，所以我教導你，法該怎麼修。」也是有你我。有時候弟子聽不懂，他又說：「我不是告訴你嗎？你應該這樣修、這樣修，你怎麼沒有依照我講的方法修呢？」還是有你我。可是在他的心境中，所有的言說就只是言說，沒有我也沒有我所。他的言說只是在教導眾生如何去達到那個修證的境界，其實他沒有我也沒有我所。

沒有我也沒有我所，才能到達色陰盡的境界。那色陰盡的境界，我也跟諸位講過了：猶如暗夜關燈，他照樣看得清清楚楚，沒有遠近差別，即使很遠的地方，那木板上有毛細孔，他也看得見；都沒有光，他還看得見。可是色陰盡的境界，人間沒有誰講過。所以如果你們是聰明人，你悟後，我有三套書必須要讀：解脫道叫作《阿含正義》；佛菩提道呢，《楞伽經詳解》、《楞嚴經講記》你得要讀。

有的人誹謗說：「唉呀！蕭平實什麼也不懂啦！都是自己杜撰的、編造的啦！」杜撰能杜撰成這樣有系統的法義喔？這法還能編造出來的嗎？所以我們好多親教師讀了以後，都懂：「喔！這就是蕭老師的證量。」他們讀了就懂，可是還有人不相信。所以，我們有一位法師在親教師會議裡面說得很白：「不管信不信，把世尊請出來詢問就知道了。」（大眾笑……）這也是個方法啦！因爲眞的假不了，假的眞不了！這可以矇嗎？矇不過的。所以你必須得體驗過，才能講得出來。

以前呂澂寫一篇文章說〈楞嚴百僞〉，說《楞嚴經》有一百個地方證明它是僞經。我說他根本講的是渾話，他是個渾人！渾人講話一定是很渾，讓人家弄不懂。我把《楞嚴經》講解完了，那時候《楞嚴經講記》還沒出版，我說：「遲早會有人來反駁他那篇文章，所以那篇文章我不用回應。」果然過了不到一、二年，人家就寫出來了，針對他那篇文章一一加以駁斥。《楞嚴經》講的五陰盡的境界具說分明而且是可以體驗的，所以我才把色陰盡的境界註解出來。那個境界裡面，所見就好像你那個亮光面的彩色相片掉入墨缸，趕快拿出來沖水，把墨汁沖掉；就像那一樣，彩色還是看得很清晰，但是有一層淡淡的黑色，那就是色陰盡的所見。

所以在三地菩薩來說，凡有所教導、有所言說，沒有我也沒有我所，這就是他的心境。有的弟子不懂，就說：「你還不是一天到晚講我講你，講我講你那不就是有你我。」他要這麼質疑的話，也可以拿來質疑 如來，如來也說：「我所講的是怎麼樣，你講錯了。」那不是 如來也有我也有你嗎？可是如果不施設你與我，要如何說法？要教導弟子就困難了、沒辦法了。所以，一定要依世間法的施設，施設了這些名句文身來爲眾生說法，法才有辦法傳。禪宗不是講「一字不立」嗎？結果禪宗的典籍最多，它的分量最大，其他宗派都及不上，爲什麼？因爲要藉言說來指授這個非可言傳之密，不然眾生要從何下手呢？

所以三地菩薩證得色陰盡以後，只有言說，沒有我與我所，爲什麼這樣說？這就要解釋：「何以故？如說色陰，但有言說，是空，無生無滅；言無言相，云何以言說、說是色陰？」也就是說，爲什麼要說「但有言說，無我我所」呢？譬如說我們大眾講：「這個是色陰」，可是這樣講的時候，色陰兩個字畢竟只是言說，而其實色陰的本質就是空性如來藏，沒有生也沒有滅。如果從二乘菩提來講，就說：「色陰只是個名詞，這個名詞你聽了就過去了，所以它實際上不存在，無常故空，所以沒有生也沒有滅，它就只是個言說。」

可是這時候就要問：「言無言相，云何以言說、說是色陰？」當你說色陰兩個字出來，這兩個字也沒有什麼形相，它就只是個聲音。而這個聲音，你不能夠說言說這兩個字的聲音就叫作色陰，因爲講色陰兩個字，它只是個施設，施設色陰兩個字是指涉說什麼叫作色陰，所指涉的那個對象才叫作色陰，不是那兩個字叫色陰。

那麼「亦現見受、想、行、識乃至說是識陰，知假名識陰等，但有言說；言說皆空，無生無滅，非實非虛。」意思是說，不但色陰如此，受陰、想陰、行陰、識陰也都是這樣子。當你說這叫受陰，是你藉那一些語言文字所指涉的那個才叫作受陰，不是你講受陰兩個字的時候叫作受陰，乃至想行識陰的道理也是一樣。所以當你講眼識的時候，不是眼識兩個字叫作眼識，而是藉眼識這兩個字來顯示出來的藉著眼根可以分別顯色，就是可以分別色塵的顏色的那個心叫作眼識，而不是眼識兩個字叫作眼識，受想行識也都一樣。

但是宗喀巴就不懂這個道理，他認爲說：「佛所講的色陰，受想行識陰就是那些名詞，而你把那些名詞當眞，你就是還有我見；所以你只要把那些名詞滅了，不認爲那些名詞是眞的，那你就是斷我見了。可是這個身體五色根是眞的，不能說這個五色根是假的；所以色陰是假的，但五色根是眞的，那受想行識也是一樣；所以這六識那個名詞是假的，我們眼識乃至能了知諸法的這六個識祂們是眞的；你能夠把那些名詞的執著都斷除了，你就是斷身見了、斷我見了。」然而問題是，他爲什麼要這樣講？我跟諸位偷偷講一下，別講出去喔（大眾笑…）：因爲他要藉此表明五色根與六識都是眞實我，才能繼續搞雙身法呀！就是這樣。

所以他們都透不過這個部分，都死在這個部分；而其實言說都是空，因爲言說無常都會過去，所以言說其實不曾存在。這時候一定有人心裡想：「眞的嗎？」當然是眞的。比如說：「我是蕭平實。」這樣是一句話，可是你把這一句話詳細分析再詳細分析，其實不存在。比如說，「我」這一個字講了，可能是十分之一、五十分之一秒，它就過去了；那麼接著換下一個字「是」，這「是」的聲音也是一樣在過去；那麼這一句話五個字都過去了，它在哪裡？沒有啊！而這五個字是每一刹那都在過去，既然每一個字都在過去，怎麼會是眞的？

所以剎那不住就是空，然而空之中，你去把它前後連貫，瞭解它的意思了，所以它又不是眞正的虛妄法，所以非實亦非虛。你如果說它是眞實法，明明它會過去，它每一剎那都在過去，所以不眞實；不眞實之中，你又懂得那個意思了，領納了它的意思，所以又不虛。可是追究起來，這些言說從哪裡來？還是要從你的如來藏來，因爲如果沒有如來藏，不論是誰都得當啞巴。可別不服氣，我這麼說還算客氣。假使沒有如來藏，連命都沒了，還能說話？這一切言說都從如來藏來，所以言說雖然是空、「無生無滅」，你不能夠說言說有生有滅。假使言說滅了，那待會兒爲什麼又有言說，所以言說的本際還是如來藏，都得攝歸如來藏，因此「言說皆空」，言說就是如來藏，但祂「無生無滅，非實非虛」。

接著說：「言說尚無，何況陰相？知是五陰從假名起，是名辟支佛。」這就是說，言說根本不存在，言說之所以能存在是因爲如來藏空性，假使不是如來藏空性，言說不會存在。那麼從世間法來看，言說是生滅法，不是眞實的存在；那言說尚且如此，何況五陰的法相呢？所以五陰那一些名詞，不管是哪一個名詞都一樣，都是不存在的東西。五陰是在指涉五個法才是眞正的五陰，五陰二字言說的本身畢竟只是言說。那麼要了知五陰是依五陰之相方從假名而生起，這樣才能叫作辟支佛。所以要當菩薩辟支佛也不簡單，得要眞相以及假相兩邊都通達；就是說實相與虛相，你兩邊都得通達，然後知道五陰從假名而起，這才叫作辟支佛。那爲何這樣說呢？

「何以故？因於名字言說爲色，色但假名；無因非因，說名爲因；是陰因緣不可說相，一切諸法無依無緣，如是覺知名辟支佛。」因爲有了名字言說才把色法稱之爲色，所以當善知識說色的時候，那個色就只是假名，那個色「無因非因」。色明明有因，爲何說「無因非因」？因爲言說的色「無因非因」，而色所指涉的色以如來藏爲因。所以當人家說色陰的時候，不應該以那個言說當作色陰，只有愚癡如宗喀巴才會這樣認爲，他的《廣論》就是這麼講的，所以宗喀巴的斷身見很簡單：「你只要把色受想行識五陰都弄清楚了以後，然後說五陰的名言都無自性就好了，那就是斷我見了。」像這樣斷三縛結還不簡單？誰不會！怪不得末法時代各大道場都自稱為阿羅漢，因為宗喀巴是這麼講的啊！《廣論》是這麼說的啊！大家信以為真，所以各個大小山頭都跟著大妄語。結果都要等到正覺出來弘法，才知道原來自己是大妄語。

所以，你聽到色陰就要聯想到五色根跟六塵合起來成為十一個法叫作色陰，而不是指色陰這個名詞、這個聲音。所以，這個名詞、這個聲音沒有因，這個名詞也不是色陰的因，色陰的因是第八識如來藏；而這個名詞不是以如來藏為因，所以它沒有因，「無因非因」，就這樣把它說這就是色的因。所以色陰言說的生起因，其實是由五陰七轉識所生，但其實五陰七轉識祂也是生滅法；可是你如果從實相法界來看，色陰的生起從如來藏來，受想行識亦復如是，所以眞要講五陰的因，祂就是第八識如來藏。

而這五陰的「因緣不可說相」，五陰的因緣是如來藏，如來藏有個「不可說相」，因為如來藏不可說、不可說，不可說，不可思議。凡有所說皆非如來藏，因此諸佛菩薩為眾生宣說無邊佛法，所說的佛法不是佛法，眞正的佛法是如來藏。所以要藉佛菩薩所說的無量無邊佛法去理解如來藏，當你理解了、證得了這個眞如，那就是佛法。而這五陰的因緣如來藏祂有「不可說相」，因爲祂無形無色，你不可以說祂像什麼，但你也不能夠說祂不像什麼，因爲一切法都是祂所生，那你怎麼可以說祂不像什麼，可是當你說祂像什麼的時候又已經不對了。

所以就因爲這個緣故，禪師怎麼答怎麼對。「如何是佛？」「花藥欄！」因爲花藥欄的出現得要如來藏；沒有如來藏，花藥欄還出現不了。「如何是佛？」「火燒不著！」因爲火燒不到這一句話，還得有如來藏，否則也不能成就。有時候乾脆跟你闡明了說，人家問：「如何是佛？」他說：「吃飯！」吃飯很白吧，大家都聽懂，再笨的愚癡人也聽懂，那不就變成色法了嗎？明天又來問：「如何是吃飯？」他說：「飯！」乾脆跟你講飯，不講吃了。那飯是物，爲什麼是佛？爲什麼是如來藏？因爲飯也是如來藏變生的，難道有錯嗎？你要跟他論理，他就跟你論理，可是你要再跟他問說：「那如何是飯？」他又說：「飯！」一切言語、一切物莫不從如來藏來，一切心莫不從如來藏來，所以你要說萬法都是如來藏，對啊！所以他答什麼都對！但問題不在答的那上面，不在所答的內容上面，因爲這個如來藏不可說、不可說。這一個五陰的因緣眞的有「不可說相」，因爲五陰之所從來就是如來藏，要是沒有如來藏，一陰也無，何況有五。

最後說：「一切諸法無依無緣。」這很怪吧？一切諸法都要有所依、要有所緣，比如說眼識是不是一切諸法之一？是，那眼識要依什麼？說簡單的所依就好，不要講九緣，簡單的所依是一定要有眼根，眼根就有扶塵根、勝義根之別；然後還要依意識而存在，不依意識還不能現起，還要有意識背後的意根和如來藏作爲所依才能現起。那眼識現起之後緣什麼？緣於色塵，就緣色塵中的顯色——顏色的部分，所以顯然有所依、有所緣。可是竟然說「無依無緣」，因爲眼識其實是如來藏的一部分，如來藏根本不需要有所依、有所緣。由這個道理，你現在輪轉生死久了，變成眼耳鼻舌身意有六個結，那每一個結各有不同的作用，可是當你修行把那六個結一個一個陸續全部打開來以後，都歸如來藏所用的時候，雖然示現在人間有眼耳鼻舌身意六根，其實六根就可以互用，因為你這六結全都打開了。所以這時候「一切諸法無依無緣」，一切諸法就是如來藏，由如來藏直接起用，要能夠覺知到這一點，你才能叫作菩薩辟支佛。今天講到這裡。

《不退轉法輪經》今天要從五十四頁的偈開始講，請張老師唸一下：

經文：【爾時世尊而說偈言：「

現見一切法，皆悉知無諍，不生亦不壞，無有濁亂相；
現見一切法，本性皆空寂，體相如是者，則無有決定。
現見究竟處，一切法亦然，是名為正智，緣覺不思議；
眾生及涅槃，前際不可得，是際無有生，佛亦難思議。
知眾生涅槃，無生無出處，若法無生相，是名為涅槃；
眾生與涅槃，皆如水中影，有像無眾生，是名為涅槃。
眾生與涅槃，一切假名說，無生亦無滅，但有假名字；
如是言說相，知無有眾生，是義應當知，眾生即涅槃。

一切言說空，無心亦無法，以言說非言，決定無知者；
非言際無依，言說亦無住；如是言說者，眾生不思議。
眾生及涅槃，實際非實際，遠離得安隱，永趣寂滅宅；
一切眾生際，猶如於影響，無因亦無緣，實際不思議。
一切諸法本，但以假名說，是際無所有，不得名字相；
實際無言說，亦無能知者，以空無實際，眾生不思議；
實際無言說，言說無所成，眞實相如如，眾生亦無際。
言說相自空，非以言故知，如汝之所說，眾生莫能思；
如是實際相，非思議能知，是名正覺說，辟支難思議。
現見於色陰，但有假名字；如是陰相性，常離於言說，
無有眞實相，乃名爲出世；如是知諸陰，本性無住處，
是色無所有，假名以爲陰，但有空名字，不生亦不滅；
言說及諸法，無有決定處，若無有言說，是名說色陰。
現見於痛陰，想行亦如是；乃至識陰等，但有假言說；

是陰不可說，離於一切相，本性無所有，不生亦不住。
如所說眞實，遠離一切法，如是知諸相，體性無住處；
假名之所說，識陰等亦空，知言說空已，無生亦無滅；
言說及諸法，無有決定處；若無有言說，是名爲識陰。
是陰離言說，不可得限量，無生無滅相，亦無所依處；
解脫諸煩惱，非業非果報，非覺亦非陰，非言非涅槃。
是相無決定，亦無有智慧，內外不可得，無懈怠精進，
無調戲疑悔，亦無有成就；不驚不怖畏，無有一切色；
亦不見於空，無相亦復然，無有一異相，非縛亦非解；
一切諸言音，是聲無所入，是名爲律陀，非言所能及。
究竟現於見，而說無盡法，得是三昧已，不著於言說；
此智若現見，等說阿律陀；律陀同諸法，默然而演說；
於此現見到，不從他因緣；是名爲正覺，緣覺不思議。

語譯：【這時候世尊以偈的方式重新再解說一遍：「

現前觀見一切諸法，全部都知道諸法互不相諍，諸法不生也不壞，也沒有濁亂的法相；

現前看見一切諸法，本性都是空寂無擾，諸法體相如果是這樣的話，那就沒有決定性了。

現前看見究竟的地方，一切諸法也如是看見，這樣就稱爲正確的智慧，菩薩緣覺因此而不可思議；

眾生以及涅槃，這是諸法的前際，而這個前際終究不可得，這個前際無始以來不曾有生，佛陀的境界也難可思議。

了知眾生本來就是涅槃，沒有出生也沒有一個出處，如果有法是從來無生的法相，這樣就稱之爲涅槃；

眾生與涅槃，都好像是水中的影子一般，只是有影像而沒有眞正的眾生，這樣就叫作涅槃。

眾生與涅槃，一切都是假名言說，本來無生也無滅，只是有一個假的名字叫作眾生與涅槃罷了；

像這樣的言說相中，了知沒有眞實的眾生，這個義理應當要知道，眾生其實就是涅槃。

一切言說本來就是空性，沒有心也沒有法，由於言說不是言說，所以決定沒有一個能知的人；

沒有言說的實際是無所依的，而言說從那個實際而來卻也是無所住；像這樣言說的人，說眾生是不可思議的。

眾生以及涅槃，是實際也不是眞的實際，能如是了知而遠離的人便可以獲得安隱，永遠趣向寂滅的大宅；

一切眾生的本際，說出來時猶如世間法上所看見的影子或音響，祂的存在是沒有因也沒有緣，這樣的實際是不可思議的。

一切諸法的根本，只是用假名來說明，而那個實際的境界中是什麼都沒有的，所以不可能得到名字上的法相；

眾生這個實際沒有言說，也沒有能知的人，由於祂是空性而沒有實際，這樣說眾生是不可思議的；

眾生的實際是沒有言說的，言說在實際的境界中是無所成的，而眞實相是如如的，眾生也都像這樣沒有任何的境界。

言說的法相自己本來就是空，不是以言說的緣故而得了知，猶如你的所說一樣，眾生都沒有辦法思惟；

如是實際的法相，不是用意識思惟所能了知的，這樣就稱爲正覺的所說，這樣的菩薩辟支佛是難可思議的。

現前看見了色陰，而色陰就只有虛假的名字；像這樣的色陰法相和自性，始終都遠離於言說，沒有眞實存在的法相，這樣才能夠名爲出世之法；

如此了知全部的五陰，而這五陰的本性並沒有住處，這個色陰它其實無所有，只是施設的假名方便說它爲陰，其實只有空性的名字，不生也不滅；

所有言說以及所說的諸法，並沒有一個決定自性的處所，如果沒有言說的話，這樣就說是色陰。

現前看見到了受陰，想陰行陰也就像這樣子；乃至於看見了識陰等法，也都同樣只有假名言說；

這五陰不可說，遠離於一切的法相，本性其實並沒有所有，本來就是不生也不住。

如的所說則是眞實法，卻是遠離三界一切法，像這樣了知各種法的法相，知道體性是沒有住處的；

假藉名言之所說，識陰等諸法也同樣是空性，又了知言說也是空性以後，就知道無生亦無滅；

言說以及諸法，沒有決定的處所；如果沒有言說，這樣就稱之爲識陰。

這樣的五陰離言說相，沒有辦法用一個數量來加以定量，而它無生也沒有滅的法相，也沒有所依的處所；

如是解脫於各種的煩惱，既不是業也不是果報，不是覺受也不是陰蓋，不是言說也不是涅槃。

這樣的諸法眞相沒有決定性，也沒有智慧可言，在五陰內外都不可得，既沒有懈怠也沒有精進，

既沒有調戲也沒有疑悔，也沒有任何一法的成就；既不驚駭也不怖畏，

也沒有一切的色法；

也不能看見於空，無相的道理也同樣是如此，所以空性與諸法之間並沒有一相或異相，既沒有繫縛也沒有解脫；

一切各種的言音，那一些只是聲音而無所入，這樣就稱之爲律陀，這不是言說之所能及。

究竟顯現於能見所見中，然而卻說是無盡法，得到這樣的三昧以後，就不執著於言說了；

這個智慧如果現前看見了，就平等地叫作阿律陀；阿律陀同於一切諸法，於是實際默然而爲眾生演說；

在這個地方現前看見到了，而不是隨從於他人的因緣；這樣就稱之爲正等的覺悟，這樣的菩薩緣覺是不可思議的。」】

講義：以前有許多六識論的僧人出來大聲唱說：「大乘非佛說。」最有名的是釋印順那個門派，可是釋印順連同他率領的這個門派，也只是呼應日本一分佛法研究者的學說。因爲日本人在那個年代想要脫亞入歐，他們不願意自己附庸於中國文化，所以軍事上要成爲世界第一強權，想要征服中國，文化上當然也不願意當中國佛教的附庸，他們要脫離亞洲文化而進入歐洲文化，想要跟歐洲的學術界並駕齊驅，因此他們就提出「大乘非佛說」的主張。大乘法的主要弘傳地區就是中國，中國文化中最勝妙的就是佛教文化。他們既不想當中國佛教的附庸，不願意當中國文化的附庸，想要跟歐洲文化並駕齊驅，所以就提出「大乘非佛說」，希望這樣可以一舉把中國佛教打倒；表面上看來他們成功了，其實並沒有成功，只是因爲中國戰亂連年，所以善知識不能出世弘法、不能反駁他們，不代表他們成功了。

後來咱們在臺灣開始弘揚起來，諸位也都知道日本那一些研究中國佛教或佛法的學術界人士，他們都讀懂中文。在那個年代他們的中文造詣，絕對勝過諸位在這個年代的中文造詣，所以他們很清楚。可是他們後來八、九十歲了，看見正覺同修會這一些書，知道大事不妙了，因爲不論怎麼研究，正覺說的就是對，所以他們永遠不吭聲。甚至於幾年前大陸有中央的某一個部，要爲他們再度出版《修剪菩提樹》那本書，他們也婉拒了。算他們聰明，因爲他們讀了正覺的書，終於懂得菩提樹不可修剪，也沒有誰有能力修剪，即使摘一片葉子都不行，誰都辦不到；所以他們婉拒了重新出書，否則我就會特地寫一本書來破他們。

這意思是說，以前的人都是意識層面的理解，他們讀《阿含經》的時候，可以從意識層面去理解，當然他們依舊理解錯了。所以我們把《阿含正義》寫出來，讓大家看一看，阿含的眞正義理是怎麼樣。他們讀後也只能閉嘴，所以他們永遠都出不了那口惡氣，因爲即使可以用意識理解思惟而得的阿含部經典教義，也不是他們所能理解的，我的書就證明他們都理解錯了。但我爲什麼說阿含部的經典可以用意識層面的思惟和理解而如實知呢？因爲它講的都是現象法界的事，不涉及實相法界。如果要說有涉及實相法界，那就只有一部《央掘魔羅經》，然而也是點到爲止。

所以，他們那個學術研究的境界，讀到大乘經典時都會覺得矛盾不通，因爲他們自詡爲高級知識分子，專門搞學術的，所以目空一切不可一世，就直接認爲這大乘經典不是 佛講的；因爲他們認爲自己的學識和智慧超越世間一般人，竟然連自己都讀不懂，顯然這些大乘經典都是假的。但他們沒想到的是，大乘經典所說的內涵是實相法界的事，是從現象法界去追溯到實相法界，然後把實相法界的道理加以說明，那不是意識可以思惟理解的。所以後來正覺出世出了很多書，他們讀了以後又覺得無懈可擊，於是只能繼續默然；可是他們那個默然卻學得不像，跟維摩詰大士不可相提並論。

所以，能爲大眾演繹大乘經典的人，所說如實而不謬，才是佛法中眞正的善知識；因爲大乘經典的所說是實相法界的事，你必須要先親證實相法界，然後才有辦法去演說而讓大眾得以理解。那我們出來公開說：「大乘是佛說，而且遠超於二乘菩提。」今天我們就來說明一下這麼長的一首頌：

「現見一切法，皆悉知無諍，不生亦不壞，無有濁亂相；現見一切法，本性皆空寂，體相如是者，則無有決定。」如來說現前看見一切諸法時，全部都知道這一切諸法是沒有互諍也沒有議論的。對那一些六識論的凡夫僧和佛學學術界來說，他們認爲大乘法跟二乘法之間有諍論。爲什麼這樣講呢？因爲他們從古時候佛教的弘傳歷史來看，天竺部派佛教諸部之間的諍論很多。他們又把菩薩僧團錯誤定義爲部派佛教裡的一分子，所以他們就認爲自古以來就有諍論。而他們認爲最有諍論的是什麼？叫作空有之諍，其實空宗與有宗都是凡夫僧，他們之間的諍論都與菩薩們的大乘佛教無關。

然而菩薩們譬如馬鳴、龍樹、提婆、無著、世親，被他們定義爲瑜伽行派，這是沒有錯的，但是瑜伽行派不屬於部派佛教，他們卻把它定位爲部派佛教中的一派。我們知道眞相的人，就說他們所說叫作一派胡言，因爲他們那一派六識論者從來沒有眞實的言語。瑜伽行派講的就是《瑜伽師地論》的法，不是密宗那個無上瑜伽，那密宗叫作無下瑜伽。瑜伽行派就是馬鳴、龍樹、提婆、無著、世親、玄奘這一派一直流傳下來，講的是八識論的正道；但這是大乘法中實證的菩薩，與部派佛教的聲聞人無關，因爲部派佛教流傳的是聲聞法。

部派佛教最開始只是上座部，然後分裂出來大眾部、說一切有部、薩婆多部等好多個部派，那全都是聲聞法，因爲上座部就是聲聞法；他們從聲聞法中分裂出來，然後對聲聞法解脫道也沒有實證，所以弘法時眾說紛紜，就像世俗人講的「公說公有理、婆說婆有理、不說也有理」，莫衷一是，沒有定論。

可是瑜伽行派的菩薩們實證之後出來說法，而那些部派佛教也開始修學大乘經與大乘論，然後依自己的所知就提出來質疑菩薩，其實是他們沒讀懂大乘經論。想要眞懂大乘經論，他必須先得證眞如，然後還要能通達。所以不是眞見道、相見道位就能全部勝解，要到通達位才能如實的生起勝解。那菩薩們出來說法，二乘人聽了又提出質疑，又去讀大乘經然後再提出質疑，其實都是六識論的聲聞凡夫僧出來與菩薩相爭。

然後那些六識論的凡夫僧裡面又有三論宗，主張一切法皆空，他們也不懂眞正的三論，而這個三論宗所講的六識論基礎的法義，跟聲聞法所講的又產生了爭執。那聲聞法的弘傳者落入常見法中，又被稱爲有宗，那個有宗卻不是被妄稱爲有宗的唯識宗，因爲唯識宗不能稱之爲有宗。而聲聞法裡面修學大乘法的人又跟三論宗諍論起來，才算是空有之諍的一部分；另一部分就是那些聲聞部派佛教的僧人與菩薩們相諍，也被不懂佛法的學術界歸納入空有之諍。可是實證而通達的菩薩們心中有諍嗎？全都沒有諍論，菩薩們是在說明法的眞實義，所以不是諍論，猶如 世尊說：「**外道與我諍，我不與外道諍**。」因爲 佛陀說的是眞實法，爲了救眾生，所以把法義說清楚，把外道的落處也說清楚，所以不是諍。

因此諸法本來無諍，如果學佛學到說「**二乘法與大乘諍，大乘法與二乘諍**」，那表示他眞的沒有學好，還在十信位當中，信不具足。猶如我常援引經中所講的「**法住法位、法爾如是**」，表示每一個法都各安其位，既然各安其位怎麼會互相諍論呢？而那一些法你也沒辦法把它加以移動，比如說八識心王，你不能移動它；五十一個心所法，你也不能移動它；十一個色法、二十四個不相應行法，最後六個無爲法，你都不能移動它的位子，這叫作「**法住法位**」。

諸法各安其位，怎麼會相諍呢？當你了知諸法的由來，是怎麼樣演變出來的，你就知道諸法最後都歸結到阿賴耶識，都歸結到第八識如來藏。既然是從如來藏次第演變出來的，那諸法之間都是相依相緣，顯然不會有所諍；

所以覺得諸法有所諍的人，一定是他誤會了經論的意思。因此，我們正覺同修會裡面學法的人都應當如是知：一切諸法皆無所諍。

而這一切諸法不但無諍，同時也是「**不生亦不壞**」。在二乘菩提中說：一切諸法都是生住異滅，無有一法不是生住異滅。可是《阿含經》裡面也有說到「**諸法本母**」，有說涅槃「**本際**」，佛卻從來不曾說「**諸法本母**」有生有滅，從來不曾說涅槃的「**實際**」、涅槃的「**本際**」有生有滅；但《阿含經》中如來也沒有點出來說，涅槃的本際不生不滅、諸法本母不生不滅。如來沒有點出來，是因爲那不是二乘菩提解脫道的重點。二乘菩提的重點是把蘊處界等現象界諸法滅盡，不受後有，能達到這個解脫的地步，二乘菩提的修證就已經圓滿了。可是二乘菩提所說的一切諸法有生有滅，如果把這一切生滅性的諸法，全都攝歸它的根源第八識如來藏時，歸不生不滅的如來藏所有時，那麼這一切諸法就變成「**不生亦不滅**」，也就是這一句經文講的「**不生亦不壞**」。

就好比一面明鏡，張三來了，顯現出張三的影像；張三在這裡生活了一輩子走了，換下一輩子李四來了，成爲李四的影像；李四活上一輩子走了，換王五上來。你如果沒有看見明鏡，只看見鏡中張三等人的影像，就說這一切法有生亦有滅；可是你如果從整面明鏡來看時，這些影像本來就是明鏡中的一部分，明鏡不生不滅，影像自然「不生亦不壞」。所以世間人只看表相，說某某菩薩死了，覺得好可惜又覺得自己好可悲，因爲學法時失去依止了。可是菩薩覺得色身老了不能用了，就換個新的色身再來就好了；因爲五陰我是假的，而我的第八識如來藏才是眞實的，五陰只是如來藏中的一部分。所以菩薩的心境中沒有生死，生在明鏡中示現這麼一世，把該作的事作完了就換個新的五陰影像再來，就這樣而已；所以無生亦無死，「不生亦不壞」。

如果能以這樣的見地遊戲人間，不管這個遊戲人間是被眾生奉承或是被眾生糟蹋，都一樣「無有濁亂相」。你可能想在人間飛來飛去、飛天遁地，示現各種偉大的神通相就是遊戲人間；其實菩薩不是那樣的遊戲人間，因爲遊戲人間的菩薩，所示現的證量不能太高，得要和眾生一樣才能跟眾生同事利行。如果這個菩薩一天到晚飛來飛去，眾生要親近他都難，那眾生能跟他學什麼法？當他開始飛來飛去的時候，他不是度地面上的眾生了。

所以從菩薩的立場來看，來人間就是要給人家糟蹋的，這是菩薩的義務；因爲要這樣作，習氣種子才能快速滅盡。如果你提早把四禪八定修好、四無量心與五神通修好，你世世都會生在色究竟天，親近報身佛修學佛法；可是當你把那一些學好了以後，還是得要來人間示現如同凡夫一樣給眾生糟蹋。如果不是這樣，你的習氣很難斷除，那你要何時成佛？因爲你連七地心都滿足不了。所以菩薩要在人間示現好像有「濁亂相」。也就是說，命根盡了該走就走了，他就死了。

在人間肚子餓了要吃飯，菩薩也得吃飯；天氣熱了，得要開冷氣，不然他就扇子一直揮，因爲他也會熱。但一般人不懂就說：「那怎麼叫作菩薩？」他所認爲的菩薩是不用吃飯、不用喝水，天冷了不必添衣，天熱了不必卸甲解衣，說這樣叫作菩薩。如果是這樣的話，是不是成佛以後都不用吃飯了？應該來人間示現成佛時就不用去托缽了。所以學佛時要有正知見。眞正的菩薩遊戲人間，是來給眾生糟蹋的，來給眾生瞧不起的。這有兩個好處：一個呢，眾生幫這個菩薩消業，《金剛經》有講一句話很有名，「如果菩薩奉持此經而被眾生輕賤」，他的什麼業一時滅盡？嗄？（有人說：是人先世罪業則為消滅。）對啊！你看多厲害，前世的那些所有罪業全部滅盡。所以當菩薩，眾生來糟蹋你的時候不能說出來，應當心中竊喜但不能講，不要跟對方說：「謝謝你！幫我消業。」不要講。你講了，一則他不信；二則說了，萬一他信，以後再也不糟蹋你了（大眾笑…），那你還有消業的機會嗎？這是一種。

第二個原因就是五濁惡世很雜亂，所以你弘傳最勝妙法時，眾生不信的不信，謗法的謗法，作人身攻擊的作人身攻擊，種種事情不一而足；就藉這個機會，菩薩可以消除習氣種子隨眠，這就是諸位要學的。所以我弘法三十年來，一直都有一種人想要激怒我，可是都沒有成功，從來都沒有成功過；因為我看清楚五濁惡世的狀況，打從三十年前開始弘法時，我就曾經跟某些同修講過：「眾生本來如是。」你如果看清楚了五濁惡世的眾生本來就是這樣子，那你能夠用聖人的標準要求他們嗎？不能！既然眾生本來就是那個樣子，你又有什麼好生氣的呢？所以那一些發動法難的人想激怒我，都不會成功，也不曾成功過，因爲我一開始就接受會有這種情況發生。

提到這個，我倒有事情要跟諸位談一談。我們有極少極少數的同修因爲作義工或什麼事情，被執事菩薩們喝斥或者不接受建議，他們覺得很難過。雖然只有那少數三、五個人，我還是得講一講，因爲這個正知見一定要好好建立起來。也就是說，剛進正覺同修會來學法時，要先學會安忍。你們都買過會裡流通的 T-shirt，張老師後面寫著兩個大字「安忍」，有沒有？要時時記住這兩個字。因爲這個法是無上大法，無上大法不是小德小智小忍之所能得，必須要大德大智大忍才能證得。所以進得同修會來學法的時候，第一件事情就是要學忍，先從「生忍」開始修學。那「生忍」，請問執事菩薩是不是眾生？也是！既然要修生忍，面對執事菩薩的時候，就想：「這也是眾生，我得要修生忍。」生忍沒有學好，想要學法忍，沒門！要記得這一點。

所以菩提達摩說了：「諸佛曠劫以來精勤修學的無上妙法，豈以小德小智輕心慢心，欲冀眞乘。」對吧！不是小小的道德、小小的智慧就能夠證得這個眞實的佛乘。所以剛進同修會要學的就是忍，忍的第一個部分就是生忍，要忍於任何的同修、任何執事菩薩的疾言厲色。話說回來，身爲執事菩薩，不管你是哪一個層次的執事，要跟其餘同修一樣修四攝法：布施、愛語、利行、同事。我們今年年初吧，還特地再次強調了四攝法，還印了些四攝法的貼紙，上面有檢舉的信箱或電話，也就是明文告知：「**你們當執事的人或者其他的同修們，都得要奉行四攝法。**」

這個四攝法不是只要求諸位，我也是一直奉行到底；所以你們布施，我也同樣布施。並且說實話，我對會裡布施的錢財，你們能超過我的，用手指可以數得出來。布施，我跟諸位一樣作，財物布施作了，我還身體力行。以前在中山北路巷中地下室的時候，我也親自跟大家一起去裝修。廁所壞了，我還自己修理，因爲有一位同修說：「**糟糕！那馬桶壞了，沒辦法了，晚上又找不到水電工來。**」我說：「**我來。**」我就把它修好了。所以鋪地毯作什麼，我也跟大家一起作。搬來這裡買了九樓這一戶，我也跟大家一起作義工。甚至於還有窗戶滲水的問題沒辦法解決，我土法煉鋼把它解決了永無後患。所以那木地板底下作了些什麼工作，你們不知道，是我自己設法把它解決掉，因爲當初怕會裡的錢不夠，凡事都盡量自己來，我就這樣跟大家一起同事利行。我弘法三十年來，不曾呵責或瞪過什麼人，我總是和顏悅色跟大家討論事情，我不曾生氣，所以愛語我也有一分。這四攝法，我是身體力行加上四個字：以身作則。所以你們諸位要學我，如果學我學得不像，就叫作不孝。（大眾笑…）對啊，不孝就是這樣。

所以，進階班的同修們有執事工作要去執行事情，但是我希望大家記得要奉行四攝法。增上班的同修或者各個層次的幹部們也要記得四攝法，那麼上下和睦，學法才能快速進展。然後有些人說：「**老師派任了什麼人，派任錯了，這樣的人對待同修們如何又如何。**」可是有時候一開始並不是我派任的，只是日積月累然後看起來好像是我派任的。所以有時候也不是我派任的，但是這一些事情，我也不便再作說明。那麼有時候派任錯了是事實，因爲當初爲達成某一個利益眾生的目的，他有能力去作，可是他的心性沒修好；而當時除了他，也沒有別的人能作，所以也不算派任錯了，那因緣就是這樣的。

所以有一些事情表面上看來有「濁亂相」，但是我心中「無有濁亂相」。所以去年遇到事情的時候，我該怎麼作？我不動怒，就按著我既定的順序和立場去作，然後達到目的時就「全身而退」，而且我保住了會裡的資產。但是不用動怒，有的人會生氣：「這個應該怎麼樣，要不然會怎麼樣，那我們該怎麼辦？」我說：「不用發愁，照著順序，我訂了那些順序在那裡，你就照這個順序去作，但不要急，因緣會成熟，它就會變成怎麼樣。」結果後來就變成怎麼樣，這樣就次第解決了，而且不傷和氣。

所以增上班的同修們或者進階班的同修們，不論你在哪個執事位子上，對待下階位執事的同修們，要記得四攝法，不要頤指氣使，那對自己的道業並不好。因爲藉著執事的進行可以修正自己的身口意行，那道業才能進步。至於新進的同修們，不管是禪淨班或者仍然在進階班都要學忍。如果生忍都學不好，那你將來怎麼樣修學法忍？因爲證悟這件事情不好安忍。想要能安忍自己的所證而不退轉並不容易，必須要有一段磨練的過程。

我也講過禪宗的公案，有的徒弟跟隨師父十幾年，師父都沒作什麼開示。就像雲門對他的侍者，只是逐日裡呼喚他：「遠侍者！」這侍者就答：「有！」雲門就問：「是什麼？」就每天這樣，他就奉侍雲門和尚奉侍了十八年，逐日裡喚他的名字，問他是什麼，整整一十八年方才悟去。你想，能進會裡來，十八年才悟去的，寥寥可數啊！能有幾個？所以來這裡學忍要學得更快才行。

那後來的遠大師度眾時，想起以前在雲門座下，這樣被呼喚十八年才悟，你想他放手容易嗎？用膝蓋想就知道了，所以他一定想：「老子我被呼喚了十八年，奉侍和尚一十八年，這樣才悟去，你小子來跟我才不過十年，你就想悟喔？」就是這個樣子。所以，這樣教出來的徒弟時時刻刻都是「師拳」；師拳，師父的師，拳頭的拳，就是拳頭捏緊了，裡面是什麼不給你。可我不一樣，你一旦悟了，我什麼都給你。所以，剛進來學法乃至在進階班，一定要學忍。生忍學得好，福德增長就快；生忍學不好，進來會裡兩三年就退轉回家了。那未來世還能等哪一世再有正法呢？這可難說了！

所以談到這個「無諍」，我就順便附帶把這個道理告訴大家。那也要大家瞭解，「濁亂相」是因爲五濁而產生的，而末法時代的眾生絕大多數人五濁具足，你想要找到一個人沒有煩惱的，太難得了！第一個就是煩惱濁，他有煩惱在，你跟他共事，你是個新學菩薩，當然得要學忍，一定要生起忍法來，才有辦法安住。因爲他還有煩惱，畢竟他還沒有入地，你不能拿他當作地上菩薩來要求，他還在三賢位中。他雖然證悟了，也不過是三賢位，還沒有到阿那含，更別提阿羅漢；所以你不要用阿羅漢的境界、用地上菩薩的境界來要求他，所以要反諸於自己，要使自己能安忍。

那麼既然同樣是眾生就有眾生濁，那麼眾生有的毛病，他一樣有，他還在努力修學把這一些眾生濁給去除，但他畢竟還沒有去除乾淨。所以你是個新學的人，你要修生忍，能忍於他的眾生濁，因爲他還沒有修除盡淨，不過是見道後開始在努力設法去斷除。那麼他在人間生活上以及他的謀生方面偶爾不是純淨的，這也是正常的事，因爲他生在五濁惡世，必然有命濁，這是不可避免的事，連佛世都有這種狀況，何況是到了末法時代。所以應當自己生忍，不要去要求對方。

特別是生在這個時代，已經是劫濁的時代了，整個環境越來越差，特別是臺灣這三年半的狀況，諸位覺得過得順遂嗎？所以苦啊、悶啊，今年社會上共認的一個字，大家說是「亂」，你說怎麼辦？所以民眾會有不滿。有時候那一些政治因素也會影響到他的心境，所以共事的時候，他也許有時候出言不遜或怎麼樣，你在下位就忍一忍。爲了法，這些都可以忍，因爲法眞的叫作「百千萬劫難值遇」，今生值遇了，一時不忍又退回家吃老米，那要到何年何月乃至何世才能實證呢？所以要忍。

至於說見濁，見解也不一定你的對，不一定他的對，有時候是兩個人都不對，上面講的對（大眾笑…）。這個有可能啊！所以有時候不是單單諸位，有時候親教師還會寫信來抱怨說什麼，然後我把道理告訴他，他終於恍然大悟：「喔！原來有這樣的背景，難怪！難怪！」那他就接受了。可是如果不說明，他也不會接受，雖然他已經到了親教師的階位，因爲不在其位不謀其政。所以有些事情，每一個人都會有個人的看法。但是我從整體的考量，去作了裁決，這個裁決不會每一個人都滿意，但是那是最大的共識，是對正法最有利，應當如是知。所以在作裁決的時候，我也「無有濁亂相」，我只是從事情的本質去看待那一件事情。

就好像現在有的親教師寫信來，親教師會議中也有提起，說現在臺灣政治紛亂，好多人心性不定、很煩躁。我說不用煩躁，請問你的身分是什麼？大聲一點！（大眾答：菩薩！）身分是菩薩，那菩薩以什麼爲最高的考量標準？以正法的久住爲最高的考量標準。我說你就這樣教導你的學生，不要因爲政治紛亂就心煩氣躁，只要想清楚誰當選了對正法最有利，你就選誰，這樣就對了。（大眾笑⋯⋯）對啊！其他都不用去想。然後說我是菩薩，而對正法最有利的應該是誰當選最有利。那這樣想定了以後，心就定下來了，不用再去管到底誰會當選、誰不當選的事，我到底要投給誰，就不用考慮了。因爲你既然身爲菩薩，你唯一考量的重點就是對正法久住有沒有幫助。從這裡考量好了，你進了投票所，就章子蓋了，然後輕輕鬆鬆出來都不用掛念，有沒有當選就不必考量或掛心，由全國人民決定。所以如果你認爲對正法最有利的人，結果他沒有當選也就算了，這樣就好了，因爲一個人不能改變眾生的定業。

這就像二十年前，李登輝提名連戰出來跟宋楚瑜爭，我就說臺灣要開始走下坡了，不幸的是後來一語成讖，我就看清楚了。接著就是核四封存，就一步一步這樣往下坡一直走，走到今天這個局面，不是正在失落中嗎？我有先見之明，但我能有影響嗎？不會有影響，因爲那是臺灣眾生的共業。好在臺灣失落的三十年開始要過去了，因爲美國對臺灣與大陸的看法轉變了。現在也是一樣的道理，你身爲菩薩，說我這一張票應該怎麼投對正法最有利。想清楚了你就去投，結果如何就不是你的事了，不用管它。如果身爲菩薩而不從正法的久住去考慮，選了一個對正法久住不利的人，護法神當然也看在眼裡，不要以爲護法神都在睡覺。三歸的時候有三十六位護法善神擁護你，受持五戒有二十五位護法善神保護你，那菩薩戒呢？想想看吧！說保護當然是好聽的話（大眾笑…）。對啊！所以你所有的行爲，護法神都在鑑照之中。

因此，我該說的話，說清楚了，就不牽掛。你既然承認自己是菩薩，該怎麼作就怎麼作。至於其他的，也許有人說：「我的生意就跟那個不利正法久住的人有關，我不投他也不行。」那沒問題，你就去投他；但是投他之後，你要設法補救，更努力護持正法。這就是你要作的事，就只有這樣，心中不必在那邊十五個吊桶七上八下，犯不著。飯照吃，覺要照睡。也就是說，儘管外在是五濁的惡世，但是你要不動其心，心中不要有「濁亂相」。剛開始也許你會覺得很困難、很困難，那沒關係，你就設法去作，總是要一分一分去作。因爲菩薩五十二個位階都不是一蹴可幾，親教師們過去世也是像你們現在這樣一步一步去走上來，大家都一樣，只是說我走得比較早，如此而已，這個過程每一個人都要經歷過。

所以儘管處在五濁惡世，但是盡量不要被五濁所影響。可是反過來說，正因爲有五濁，你修道才會快。如果你下一輩子生去極樂世界沒有五濁，因爲有五濁的眾生都還在蓮苞裡面，你所遇到的菩薩們都沒有五濁，那你修行會快嗎？你沒有逆增上緣，修行就很慢，要懂這個道理；所以處在這個五濁惡世，眞的要感謝五濁的眾生。那這樣一來，對於上位的執事菩薩疾言厲色也就能忍。這就是忍的要領，要從理上去分析，去通達那個道理。通達了這個道理以後，修生忍的時候不是用強壓的方式，不是用強力去提忍，而是自己藉由這個道理疏通了以後，自然而然得忍，今天晚上就是講這個道理。

所以想要得到這個菩薩根本大法，不能以小智小德小忍而得，一定要有大智大德大忍，你才能得這個法。所以當上位菩薩對你疾言厲色的時候，你心裡應該歡喜，但不用感謝他，自己知道「有人幫我消業」。而這個世界正好就是最好的修行道場，他的疾言厲色對我來講是好事、是我的善知識，這樣以後就容易修生忍。忍生起來了，法道就好修了，修福也好修，不單是修慧。談到這個「皆悉知無諍」，這道理就順便跟諸位講一講，因為正好有那麼三五位同修說想要回一貫道去。我說那就可惜了，希望今天講的，他們來得及聽到。那麼能修生忍，道業進展才會快，不然這一離開，來世還有沒有機會再回到正覺同修會來，這可就保不定了。

接下來說「現見一切法」，這是說現前看見於一切法之中，處在一切法中，可是所看見的一切法「本性皆空寂」。諸位要知道，在根本大論裡面很多個地方都說，佛法的實證是在「現法」中；是於現法中斷了什麼，又是於現法中證得什麼，就是現前所看見的諸法當中去證得。不是離開世間法而去證得，而是在現前所見的各種世間法當中去證得。所以佛法是現量親證，不是用思惟想像得來的。以前佛教界都教你說要離開什麼法，然後你才能出三界。如果這些法都能離開，那應該是本來就在三界外了，還要出什麼三界？所以不是離開三界來證出三界的法，而是要在三界中去證得出三界的法。所以佛法說的都是現量境界，不是玄學思想，不能用意識思惟的。意識思惟要學的是怎麼修，要學的是正知正見，但是所證的都是現法之中的事。

而菩薩的證悟就像菩薩緣覺一樣，現前看見一切法的本性全部都空寂。一切法明明紛亂雜沓，爲什麼說「本性皆空寂」？因爲一切法生住異滅的當下，都屬於空寂的如來藏所有。而如來藏擁有這一切法當中，如來藏從來都不作主，由著一切法去運作，祂只在背後支持著。祂如果不支持，任何一法都不得現起；所以眾生不察，就把自己當作是老大，將如來藏據爲己有，說如來藏的功能就是自己的功能。所以《成唯識論》裡面才說，眾生永遠都把阿賴耶識的功德認作自己的所有，說是恆內執阿賴耶識爲我。這眞是至理名言！

可是菩薩不像眾生這麼看，菩薩看見一切諸法雖然紛亂雜沓，可是一切諸法都攝歸如來藏，所以一切諸法的本性全部都是空性心，便都是寂滅性了，即使在大眾之中大聲吆喝的時候一樣是空寂。一般人會覺得奇怪說：「你這個說法不對吧，明明他在大眾之中大聲吆喝著，不空也不寂啊！聲音那麼大，你還說它是寂滅。」可是聲音歸聲音，那是外面的聲音；收歸如來藏來看的時候無一聲可得，眞的是寂滅，因爲它歸寂滅的空性心所有。

如果一切諸法的體相是這樣的話，那你還能夠說一切諸法是空寂或者是喧囂嗎？都不能說了，一切諸法就只是一切諸法。你站在如來藏的立場，來看待一切諸法時難道還有喧囂嗎？所以你要從現象界來看的時候，一切諸法喧囂無比；你要從實相法界如來藏來看，一切諸法本自空寂，有什麼喧囂可言。所以一切諸法之體，它的行相就是這個樣子不得決定，因此你要怎麼說都由你。也就是說，我所講的菩薩腳踏兩條船，一腳踩在實相法界，一腳踩在現象法界，要怎麼說都行。所以禪師家上下兩片皮，函蓋天下一切人，因爲凡夫不懂來問實相的時候，他用現象界來答他；他若是問現象界諸法，禪師用實相法界來答他；對方總是摸不著邊，可是禪師兩邊來去自在。也就是說，「體相如是者，則無有決定」。

「現見究竟處，一切法亦然，是名爲正智，緣覺不思議；」現前可以看見究竟的處所，那什麼是究竟的處所？當然是第八識如來藏，因爲一切諸法之所從來就是如來藏。你既然看見一切諸法的究竟處的時候，就知道一切諸法即是歸祂所有。祂是阿誰？對，是第八識如來藏。能如是諦現觀，這樣的人就稱之爲有正智的人。

一切諸法都是有行相，所以一切諸法都有名相；比如這叫愛，這叫恨，這叫情，這叫仇。對吧？「愛恨情仇」這四個都是法。可是這四個法並沒有一個實質，只是人心反映出來，讓人家看見了：「喔！他有愛的行相、恨的行相，他有情、仇的行相。」有沒有？有！所以就把它施設這四個字，當然還是屬於一切法，都有行相，而這一些行相就是《楞伽經》所講的五法三自性中的五法之一。一切法都有相，有相就得施設名詞來指涉它；如果不施設名詞，怎麼會知道愛恨情仇呢？所以這時候就有名。

先有行相，然後有名：這叫愛，這叫恨，這叫情，這叫仇。有相有名，還得有人能了知，了知叫作覺想，不同的譯本把它翻譯作分別：相、名、分別。一定要有心藉著五遍行、五別境的心所法運作，所以能夠對諸法而作分別；而佛法的實證必須在相、名和分別之中才能實證，這就是人間的境界。那麼實證了以後生起了正智，因為你證得第八識如來藏了，你有眞正的智慧；這不是世間智，也不只是二乘菩提的出世間智；你知道了一切法的究竟處，知道了一切法背後的眞相，名之爲實相般若，這就是正智。

所以想要證得正智，要在一切法中修；不要去打坐閉眼塞耳，那只是修定而不是眞正佛法的修行。這樣叫作正智。而菩薩修到緣覺位，當然有這個正智，所以大乘法中這樣的緣覺是不可思議的。有什麼眾生能夠了知這個境界呢？無法了知，連二乘聖人都無法了知，異生凡夫當然更無法了知，所以說「緣覺不思議」。

接著說：「眾生及涅槃，前際不可得，是際無有生，佛亦難思議。」眾生到底是什麼樣的本質？沒有人知道，只有　佛出世以後，眾生追隨修學而得實證以後方能了知。而涅槃又名不生不死，也就是不生不滅；所以涅者不生、槃者不滅，證涅槃就是沒有生死了；因此證得無餘涅槃以後，永遠不再受生，永遠沒有死，就是不生亦不死，可是這個不生也不死的涅槃也是不可思議的。

那麼學佛總是說要學智慧，可是有的人學佛以後，越學越沒有智慧，因為越學越迷信，所以上師說什麼，他就信什麼。密宗上師還告訴他說：「佛已經不在世間，所以你歸依三寶不行，要歸依四寶；上師位在諸佛之上，因為你不能親逢如來，可是上師我住在人間，你可以得見我、得受指導。」從此以後，他就永遠聽上師的，上師說糞可以吃，他就吃了！眞的啊！就是吃密宗甘露丸啊！那是用上師的糞便做的；所以密宗信徒越學越迷信。

但是學佛就是要有智慧，什麼智慧呢？解脫的智慧、實相的智慧。解脫的智慧，首先要學的是二乘菩提所證的涅槃；實相的智慧，是要先知道五陰是因什麼而有，然後要知道涅槃是因什麼而有。所以涅槃有「前際」，因為有第八識如來藏，所以有涅槃；如果沒有如來藏，涅槃則無所附麗。可是這涅槃的「前際」是如來藏，而眾生的「前際」到底是什麼？也是第八識如來藏啊！如果不是如來藏就不會有眾生。但是對一般人而言，眾生的「前際」、涅槃的「前際」，根本都不可得。因為眾生及涅槃的前際是菩薩之所證，這樣看來好像菩薩很厲害，其實沒有厲害，因為菩薩是跟著 如來修學才能實證。所以沒有一個菩薩敢自稱成佛，都是要由 佛授記說他已經是一生補處，然後他才可以來人間受生成佛。因為 如來已經看見那個成佛的結果何時會出現，而菩薩自己是沒有能力看見的，眾生當然更不知道。

所以，這個「前際」不管是涅槃的「前際」或是眾生的「前際」，都是由諸佛如來輾轉相授，眾生才有因緣可以實證。等到實證了以後，卻說這個「前際」也不可得，因為這個「前際」無形亦無色，何曾有所得。你證悟了，說你證得實相了，這時你到底得到了什麼？你沒有得到什麼啊！因為這個「前際」在你身上本來就有，諸佛如來沒有給你，菩薩也沒有給你。就好像家裡地下一丈深的地方埋著許多金銀財寶而他不知道，善知識不斷的告訴他說：「你家有金銀財寶，那些內涵是什麼、什麼；你要好好修學，學著怎麼樣去把它挖出來。」一直挖到剩下一寸，再挖下去就挖到了，可是他並不知道，因爲那還是一層土蓋著，所以依舊心中有疑不信。然後諸佛如來說：「你只要再挖一寸就挖到了，所以你很快就可以證悟了。」於是他信了，然後就繼續努力修行，時候到了，來人間出家參禪之後就成爲相似即佛了。

可是不管在因地證得如來藏或是果地證得無垢識，其實第八識如來藏都不可得。所以有時候進了小參室，我就問：「聽說你找到了，把如來藏拿出來我瞧瞧。」他說：「如來藏無形無色，我怎麼拿得出來。」好有一說！可是如來藏雖然一無所有，什麼都不可得，卻可以拿得出來，那就要看你的手段了。可是你將來次第修行到佛地的時候才會知道：「眾生根本無法思惟或者想像究竟佛地的境界是什麼。」所以佛地的境界是唯佛與佛乃能知之，世間人無法臆測佛地境界，因此才說「佛亦難思議」。今天講到這裡。

《不退轉法輪經》今天要從五十五頁第三行說起：「知眾生涅槃，無生無出處，若法無生相，是名爲涅槃；眾生與涅槃，皆如水中影，有像無眾生，是名為涅槃。」這是說菩薩辟支佛必須要了知眾生與涅槃其實都是無生，而眾生沒有出處，涅槃同樣沒有出處。我有時候說，佛教界幾百年來，甚至於說，推及到宋朝去，講涅槃最多的大概就是我。但我其實還沒有講完，現在如來這部經中講的涅槃，我還沒講過。

眾生與涅槃為什麼無生，又為什麼沒有出處？一般人從現象來看，總是有出生也有出處，所以看見張三的時候就問：「請問大德，師出何門？」因為他的技術非常棒，問他「師出何門」。如果是禪宗，就請問：「宗風嗣阿誰？」你的宗風是承嗣於什麼禪師的門下。有時候世俗人見了，問：「請問令堂尊姓大名？」問他是誰的兒子。從這些問處，顯然都有生也有出處，如果不是有所生處、有出處就不問這個了。

也許有一天遇見了一位大德，顯然他在佛法上有所修證，所以能把涅槃的道理講清楚，表示他有菩薩阿羅漢的證量，於是就問：「請問大德，師出何門？」說你是跟隨哪位大和尚修學的有這個證量，這是從事相上講。可是如果要提到說：「那你所證的涅槃是怎麼出生的？」你才這麼一聽就知道這個是外行人，因爲涅槃無生。也許有的人會問：「你已經證得有餘、無餘涅槃，將來要出三界的。請問你，涅槃是怎麼來的？」總有個出處吧！說的也有道理，但其實涅槃從來沒有出生過，哪來的出處？

涅槃是本來就在那裡，是本來就不生不滅，不是修行以後才不生不滅的，結果他問說：「你這個涅槃是怎麼出生的，是從哪裡證來的？」這個問話有問題欸！這時候你也不好當面就讓他難堪，所以先問他修的是哪一乘的菩提，如果他說的是二乘菩提，那你就說：「難怪喔！」那就慢慢跟他談。可是他如果修的是大乘菩提呢，你可就別客氣了，當面就給他五爪金龍，他一定抗議：「你爲什麼打我？」你說：「涅槃從此出。」哪天他知道涅槃從此出以後，你卻告訴他說：「涅槃從來無出。」因爲涅槃本來就在。

從二乘法來講，那是要每天努力去把思惑斷盡，得要很努力修行才行，到最後成就阿羅漢果。這時候發覺把思惑斷盡入了無餘涅槃，是把自我全部捨棄，說這樣叫作證得無餘涅槃；可是如此證得無餘涅槃，看來這個涅槃是有生、有出處。但是從菩薩的所見，涅槃是依如來藏不生諸法而施設的境界；

可是如來藏這個境界本來就在，不修祂也在，祂從來不曾消失過，所以這個涅槃本來常住。既然涅槃是依如來藏來施設，而如來藏本來就不生，所以涅槃就沒有生。涅槃是依如來藏施設，而如來藏就是涅槃，所以涅槃沒有出處，不能夠說涅槃是從哪裡來的，因爲涅槃只是在表顯如來藏不出生萬法的境界。

那麼菩薩辟支佛當然要懂這個道理，不然憑什麼當菩薩緣覺。所以這時候就知道一定是依如來藏來施設涅槃，因此涅槃「**無生無出處**」。當他懂得如來藏這個法本來無生，就說這樣叫作「**涅槃**」。所以，末法時代還能有人講說涅槃的各個層面，也眞難得。諸位躬逢其盛，當然就要努力求證。

那麼接著就說「**眾生與涅槃**」，其實都像是水中的影子一樣。世間人都只看見水中的影子卻沒有看見水，都落在影子上，所以看來看去都是眾生，一天到晚都在五陰身心這個我裡面打轉，始終沒看見水——如來藏。學佛之後聽說有涅槃可證，有一天遇見個證涅槃的聖人，哇！崇拜得不得了：「證涅槃的人咧！是聖人咧！」從他來看，涅槃是眞實的，因爲是可證的，所以涅槃是眞實的；可是他不知道涅槃只是假名施設，因爲涅槃只是依第八識如來藏而建立。

不管是大乘涅槃或二乘涅槃，都是依如來藏不生萬法、依祂自體不生不滅的自性來施設涅槃；所以涅槃是虛假的，涅槃的本質就是第八識如來藏。但是愚癡人看到阿羅漢們證得涅槃，只看到阿羅漢的五陰，知道阿羅漢證涅槃，但始終搞不懂涅槃是什麼；然後把涅槃當作眞實有，一心一意要求涅槃，卻不知道眾生的五陰只是影像，涅槃也只是影像，所以 佛說「有像無眾生」，全都只是表面上所見的影像。如果是像菩薩緣覺看清楚了，當然知道眾生其實也不存在，都是「有像無眾生」；看起來眾生是存在的，就好像你看鏡面那個影像好像是存在的，其實它不是眞實法。「眾生與涅槃」都不是眞實法，要這樣了知，才說這是眞正的涅槃。

所以禪師有時候罵人：「說眞如就執著眞如，說涅槃就執著涅槃。」這就是眾生。可是如果眞正實證的人，沒有眾生也沒有涅槃，因爲眾生只是一個影像，在如來藏中顯現出來的一個影像，涅槃也同樣如此。如果有人把涅槃當作眞實法，或者宣稱它有一個法比涅槃更妙更勝，經中早就破過了：「設復有法過於涅槃，我亦說如幻如夢。」請諸位來設想看看，有什麼法可以比涅槃更勝妙的，有沒有？三界中沒有一個法比涅槃更勝妙。可是如果不侷限在三界中，那就有個法比涅槃更勝妙，是什麼法？對，如來藏。

可是等你證了如來藏以後，你來看看如來藏自己所住的境界中，有沒有涅槃？沒有啊！有沒有五陰？也沒有，一切法皆無。所以，須菩提早就講在那裡等著眾生了：「設復有法過於涅槃，我亦說如幻如夢。」所以你看，佛法容易懂嗎？很難啦！但是你進得正覺同修會來，就是要懂這個。因爲佛法是義學，不是玄學，它是可以實證的、可以現觀的。有現觀而不退轉時，你就稱爲諦現觀，是如實的現觀；因爲現觀也有虛妄的，把虛妄法當作眞的，那也是現觀，但那個現觀是錯誤的現觀，就不是佛法中的現觀。所以想要瞭解涅槃非常困難，但是進得同修會來，你是有實證的機會，那你就要拼著；就是以少年命拼著老命，你無論如何都得要嘗一嘗本來涅槃的味道，不然這一世就白來一遭。

接著說：「眾生與涅槃，一切假名說，無生亦無滅，但有假名字；如是言說相，知無有眾生，是義應當知，眾生即涅槃。」這要是沒來正覺同修會學過一段長時間，讀到這八句聖教，心中一定生疑。譬如說「眾生即涅槃」，你要怎麼信？心裡很想信，但是信不來啊！因爲這句話聽起來很矛盾也很荒唐。如果眾生就是涅槃，那眾生不用修行，應該就可以一出生就成阿羅漢，然而　佛陀不是這個意思。換句話說，大乘法中說眾生、說涅槃的時候，這一切法都是如來藏所生，是故一切法皆是假名言說，說個眾生的時候其實本質就在說如來藏，不是眞的說眾生。

譬如，晚近哲學界終於弄懂的一個道理叫作假必依實，說一切虛假的法不斷生滅，爲什麼它能不斷生滅？因爲背後有一個眞實法、常住法，所以虛假的法必定要依止一個眞實法才能不斷的生住異滅。你看，佛學界研究了一千多年才懂這個道理，然而佛法中早就講過了。而哲學界那一些人，諸位要知道他們都是社會裡的菁英，都是非常聰明的人才會去研究哲學，可是他們就不懂這一個背後的眞實法是可以實證的，因此還站在哲學界裡面不肯投入佛教，還振振有辭說：「學術觀點勝過教徒觀點。」那你說他們有什麼因緣可以實證呢？因爲慢心還沒有降伏下來。但 如來早就說了：「**眾生是假名說，涅槃也是假名而說。**」當 如來說眾生的時候，說眾生不斷的有老病死，然後又出生輪迴不斷，這就表示背後有個眞實法常住，否則怎麼可能一世又一世這樣不斷的生老病死而不會中斷呢？所以「**眾生與涅槃，一切假名說**」，「**眾生與涅槃**」背後的本質就是如來藏，而如來藏「**無生亦無滅**」，所以「**眾生與涅槃**」就變成不生不滅了。

以前我們出版了《阿含正義》有說過，有時候講解大乘經典時我也提過，如來說二乘聖人所證的涅槃是「**常住不變**」，所以顯然二乘菩提所證的涅槃不是斷滅法。釋印順等愚癡人都說涅槃是一切法空，全都誤會了。既然涅槃是常住的、是不變異的，怎麼會是斷滅空呢？由此就知道一定有個如來藏「**常住不變**」，祂就是涅槃。所以不懂的人說有眾生、說有涅槃，一知半解的人說「**眾生與涅槃**」其實都是斷滅法；如實親證的菩薩們說「**眾生與涅槃，一切假名說**」，所以 世尊點出來說「**無生亦無滅，但有假名字**」。因爲眾生的本際就是第八識如來藏，而涅槃的本際也是如來藏；可是想要讓眾生理解這個眞實法，你得要藉著語言文字來表達，就得先施設一些名相來爲眾生說明什麼叫眾生、什麼叫涅槃，然後再指向第八識如來藏心，所以「眾生與涅槃」都是假名言說。

這一些假名言說的目的都在指向如來藏，所以就告訴大家：「如是言說相，知無有眾生」。因此，三界中沒有眾生存在，眞正存在的就是如來藏；這就是諸佛菩薩之所見：沒有眾生，一切所有就是如來藏。假使有人今晚第一次來聽我講經，一開始就聽到這麼深妙的法而想不通，沒辦法接受，因爲不能想像，怎麼想都想不到是這樣；而自己的所見明明就有眾生，明明就有阿羅漢們所證的涅槃，爲什麼說一切都是如來藏？眞難信受啊！可是難信受也罷，容易信受也罷，我得要告訴諸位：「這是實相，本來就是這樣。」一切對如來藏有諦現觀的人，都不能不承認我說的正確，都不能不服膺於如來這個開示。所以眾生的實際就是如來藏，涅槃的實際就是如來藏，因此世尊點出重點：「是義應當知，眾生即涅槃。」

你看，誰敢說眾生就是涅槃？我這要不是講解經典，要不是經文明明白白寫著，我直接講了，人家要說我在吹噓、說大話。其實不然，我講的是現量。所以有些人傲慢又不懂佛法，一天到晚拿著我的書說：「你看！你看！他都是自己講的，他都沒有引經據典來說。」其實我有引經據典，但是我發揮出來的都是我的現觀，那就是我的現量。可是他們不懂什麼叫現量，他們只要你依文解義的說明給他；當你把諦現觀發揮演繹出來更詳細的解說送給他，他還嫌多餘而不想要，說這是你講的。但菩薩緣覺、菩薩阿羅漢，本來就是要把現量爲大眾宣說，如果菩薩只能依文解義，那還叫作菩薩嗎？當然啦！勉強要叫也可以，叫作凡夫菩薩。

所以眾生就是涅槃，因爲從實證的菩薩眼光所見，一切眾生當下就是涅槃。這話講了以後，馬上就會有人來跟你誹謗：「唉呀！你講的不就是跟外道現見涅槃一樣嗎？」可菩薩講的不同欸！菩薩說的是眾生身上本來就有如來藏，本來就不生不滅、不生不死，所以是本來涅槃。外道那五種現見涅槃講的，卻只是意識的生滅境界，怎麼會一樣？所以佛法眞的不容易理解。

接著說：「一切言說空，無心亦無法，以言說非言，決定無知者；非言際無依，言說亦無住；如是言說者，衆生不思議。」一切言說其實都是空性。依文解義時當然要說一切言說都是無常故空，也可以啦！但其實眞正的義理說的是：一切言說就是空性，空性就是如來藏。爲什麼一切言說就是空性？因爲一切言說如果離了空性就不能成立。要是沒有空性，哪來的言說？諸位實證了，檢查看看，看我有沒有講錯。也許有人聽了心裡面就犯嘀咕了：「導師您都叫我們別洩漏密意，但您這一講不也洩漏密意了嗎？」但這是針對你已經悟了才叫作洩漏密意，對於還沒有悟的人依舊洩漏不了。所以一切言說就是空性，這言說之中沒有心也沒有法。因爲言說就是空性，空性的境界中沒有心也沒有法，只有落在五陰身心中的人才會說有心。可是如來藏這個不是心的心，卻又能生五陰身心，所以才叫作非心心，說祂不是心的心。

那麼 如來又說：「由於言說不是言說，所以決定沒有一個了知的人。」這時候一定有人心裡又犯嘀咕了：「明明您蕭老師有言說，而我聽見了，然後我了別時也知道您講的意思了，那爲什麼說『決定無知者』？」他這個懷疑有道理，咱們不能說他沒道理；可是你如果從實相法界來現觀的時候，請問言說打哪兒來？從如來藏來啊！言說眞的不能離開如來藏。既然是從如來藏來的，你了知那個言說，這個了知性也就是你的六識心，又打哪兒來？也是從如來藏來。所以言說是個相分，六識心是個見分，這相分與見分都從如來藏中出生；可是如來藏的境界中沒有言說，也沒有了知言說的人，因此說「**以言說非言，決定無知者**」。這如果要依文解義，從現象上來解釋，你根本解釋不通。

就好像一部經，世尊譬喻說，譬如有一條蛇，牠有兩個頭，一個頭叫見分，另一個頭叫相分，然後見分這個頭一天到晚就看著相分那個頭，然後永遠都常在一起；可是這個見分看著那個相分，卻不知道自己和相分都從那個身體來。你看，這個譬喻多妙：如蛇兩頭隨行相倚，所樂同往。對啊！就好像一條蛇有兩個頭隨行相倚，所樂同往。你這個五色根和六塵都是如來藏變生出來的，而你有這六個識可以了知所變生的五色根與六塵，加上意根可以作主，也是如來藏變生給你的，如來藏就像那個身體，所以說如蛇兩頭，然後不管去哪裡，見分與相分兩個都同在一起。

因此，言說也是相分之一，仍然是從如來藏中出生，而了知的人也是從如來藏中出生，來了知那個言說。可是你如果從實際來看的時候，沒有誰能了知也沒有言說，言說根本就不是言說，而沒有言說的那個本際是什麼？（有人答：如來藏。）對，是如來藏。沒有言說的那個本際，祂無所依；如來藏的境界中言語道斷，所有的語言之道進不了如來藏的境界中，所以如來藏的境界叫作「非言際」，而如來藏是無所依的，既然如此，言說當然也無所住，這是在言說現行的當下就無所住；不是像聲聞法中說的，言說出現了就過去了、就不存在了，所以無所住，那是二乘法。可是每一個人正在言說的當下就是無所住的，懂得這樣言說的人就知道「眾生不思議」。

所以以後去爬山拿著拄杖一步一步爬，看見了山道旁邊有一條「溜」，懂嗎？懂喔！可別拄杖拿起來就打，因為牠也是如來藏，咱們平等、平等，河水不犯井水，各安其分就好。如果距離夠遠，你走過去就是了。如果牠橫亙在小道上，你過不去，就把牠撥一撥，讓牠離開後，你就走了。因為你若殺了牠，就有業了。造了業以後，雖然從如來藏來看，沒有業的受報，也沒有造業者，你也沒有殺害牠，因為牠死了也沒死，牠還會到後世去。可是未來世，牠有五陰，你也有五陰，未來無量世哪一天遇見了，你還得還牠這一報。所以因果很公平，看來有因果其實沒因果，沒因果之中卻是有因果，所以一點點的惡事都還造不得，因此把牠撥一撥，牠離開了，你就可以過路了，這樣就好。

因為一切生滅不住的言說，背後就是第八識如來藏，如來藏沒有言說，所以叫作「非言際」。這個「非言際」無所依，祂不用依止什麼，因為祂本然自在。在這個境界下「言說亦無住」，從來沒有哪一句話可以留下來永遠不斷。那麼像這樣子為眾生說法，不管是否能夠出口成章，只要能夠如實證解這個真相而以言說為眾生宣說的時候，你就會知道「眾生不思議」。從表相上來看，眾生也真的不可思議；在人間時可以窮到過了早餐不知午餐在哪裡，但也可以有權有勢非常富貴到成為金輪王，這還只是人間。有時候也可以下墮無間地獄、阿鼻地獄，身量廣大受苦無邊，壽命又極長遠。有時候可以生到色界天，身量廣大。有時生到無色界天，壽命達到八萬大劫。你說眾生這樣的表現可思議嗎？眞的難思議了！

可是從這一些來看也都只是表相，而眾生的「本際」是如來藏更難思議，你要爲眾生講個如來藏，善根不夠的人聽了，還會毀謗你。所以咱們正覺剛弘法那十年，都被佛教界罵：「正覺都在弘揚外道神我，如來藏就是外道神我。」都這樣罵。可是等我們逐漸的越說越多，書出得越來越多，把他們的境界也給破了，然後我們說：「外道神我是如來藏出生的，是有覺有知的，如來藏無覺無知，怎會是外道神我！」終於閉嘴了。所以要信受有如來藏，還眞的不容易，一定要有善根的人才能一聽就信入。那麼既然懂得這樣爲眾生演說，表示他有親證如來藏，他就會懂得眾生眞的不可思議，因爲眾生就是如來藏。

從實證者的所見，一切眾生就是如來藏，雖然五陰有千千萬萬的差別，可是追究到最後全都是如來藏，平等、平等無有高下尊卑。這樣看清楚了，當然就懂「眾生不思議」。所以路上走著，看見一條狗在牆邊睡覺，再也不會去打擾牠了。有時候一個高中生走過，也許就踢牠一腳；可是當你實證了以後，看到狗，心想：「牠也是如來藏。」對如來藏應當要有恭敬心，所以不能隨便踢如來藏了，因爲你知道踢到狗就是踢到如來藏了，未來世是有果報的。想想看，咱家未來無數劫後也得要依如來藏才能成佛，那條狗也要依牠的如來藏將來才能成佛。這一想，再也不敢踢了。所以，這時候就懂「眾生不思議」。

「眾生及涅槃，實際非實際，遠離得安隱，永趣寂滅宅；一切眾生際，猶如於影響，無因亦無緣，實際不思議。」眾生和涅槃非一亦非異，因爲眾生不過就是五陰身心，可是五陰身心是如來藏所生，依於如來藏所以能夠順利的運行，因此談到眾生、談到涅槃的時候都離不開第八識，所以「眾生及涅槃」既是眞實際，也不是眞實際。說「眾生及涅槃」都是實際，因爲都是第八識如來藏，可是所出生的這個五陰眾生並不是實際，卻存活在實際之中而歸屬於實際，所以才會有兩面的說法：「實際非實際。」這就是佛法的勝妙處。大乘佛法可以兩邊都兼顧，不會落在一邊，所以說中道，非即兩邊亦不離兩邊。所以實證的菩薩不落在兩邊，住於中道卻又同時把兩邊都照顧得好好的，誰也無可奈何他。

所以，二十年前有大學教授說要寫書破我，可是都寫不出來，後來放棄了，再也不提了。因爲他要寫書破我，第一件事情就是要讀我的書，讀過一本、兩本，破不了；讀過三本、四本：「他說的也有一點道理。」讀過五本、六本：「他講的對。」就是這樣啊！所以菩薩說法兼顧現象法界、實相法界，因爲是經由諦現觀而說的道理，又怎麼能夠挑剔呢？除非要把現象法界跟實相法界加以改變，然而事實上是不可能改變的，因爲法界的定量就是第八識。因此，菩薩依於諦現觀而爲眾生演繹出經中大眾不理解的眞實義，大眾最後也只能接受。縱使有人一直到死都不接受，可是我跟你保證未來世他會接受，因爲他讀多了就會生起正知正見來，而他去到未來世時就忘了要反對。

因此說對這個道理能懂的人，如來說：「遠離得安隱，永趣寂滅宅。」因爲他從「實際」來看「非實際」的一切法時，原來「非實際」的一切法全都要攝歸「實際」，二者「非一亦非異」。這時候，遠離一切現象界的生滅法，所以心中得安隱。打從三十年前出來弘法時，我就說：你只要證悟了，腳後跟就著地了。以前學佛都是踮著腳尖在走，多累人！這一實證了，腳後跟儘管踩到地上很安隱，不須要憂慮什麼。以前我常說：悟錯的人都會擔憂，擔憂什麼呢？好像一條牛走在阡陌上，兩邊都是成長的稻禾很青翠、很可口的樣子，那麼走在阡陌上要把自己照顧得好好的，千萬不要去吃稻禾，那多辛苦！因此以前所謂證悟的人，每天要把覺知心抓得緊緊的，不可以打妄想。

可是眞悟的人一樣不打妄想，淨念相繼，可是都不用控制，因爲眞如心本來就沒有念，那妄心轉依本來無念的如來藏眞如以後，漸漸的也就離念了。所以不用那樣辛苦照顧管帶著覺知心，這就很安隱，每踏一步都是腳踏實地，因爲遠離了一切虛妄想，所見都是實相。這樣的人永遠都會趣向寂滅的大宅，因爲這是唯一的歸趣。離了這個如來藏的寂滅大宅，就沒有眞實的歸趣了。而如來藏這一所寂滅的大宅從來無言說，始終不見一點點的六塵，這才是眞寂滅，那麼這樣實證的人就知道什麼叫作「眾生際」。

換句話說，眾生的「本際」、「眞際」就是如來藏，而這個如來藏眾生「本際」，其實五陰在祂的境界當中「猶如於影響」，祂總是不斷地出生一世又一世的五陰身心，可是這五陰身心生活在如來藏之中，就好像影子、好像聲音一樣都不眞實。學佛的人最重要的，就是要信因緣法，對吧？對啊！學佛的人不能不信因緣法，所以有什麼因就會有什麼果，因如果變化了，果也會跟著變化；因如果不變化，外緣變化了，果也會變化，所以學佛的人一定要學因緣法。可是學到後來，在大乘法中實證了以後，卻說原來「無因亦無緣」。因爲如來藏才是「實際」，可是如來藏的境界中沒有因也沒有緣。

因和緣是從現象界的五陰來說的，由於有如來藏，所以有現象界的五陰，因此才要講因緣，甚至於要講到四種緣，在唯識增上慧學裡面說有因緣、所緣緣、等無間緣、增上緣，可是這些都是現象界中的事，說的是五陰身心和如來藏之間的事；但如來藏自己的境界中無因亦無緣，可是如果還沒有實證，要如何理解這個道理呢？那麼因此說，開悟就是證得諸法的「實際」，而諸法的「實際」是不可思議的，才說「實際不思議」。所以，有的人一天到晚用意識思惟想要理解佛法，只能說他們最後一定唐捐其功，白費功夫；

不如好好依止善知識來求個實證，實證之後依止善知識好好修學，才能有安隱的境界依止。

因此 世尊說「無因亦無緣」的境界，這就是「一切眾生際」，才說「實際不思議」，因爲這個眞實際不是靠意識思惟所能得知，一定要有證悟的體驗。如果自己實證了如來藏以後，結果眞妄不分，那就要好好把它分清楚，否則後面的唯識增上慧學完全學不起來，因爲沒有能力作現觀智諦現觀，更不會後面的現觀邊智諦現觀。所以那樣的悟就不如不悟，因爲他會起慢，然後會靠意識思惟去理解唯識學，自己誤會了就來毀謗善知識而成就地獄業，這是最可憐的人。所以，如果有觸證到如來藏而眞妄不分，一定要好好把它弄清楚，一定要設法上山去鍛鍊，鍛鍊到都弄清楚了，才不會誤解唯識增上慧學。所以，有觸證到如來藏的人一定要很小心，讀不懂的寧可自認爲不懂，不要自以爲懂而去誹謗善知識，那個是地獄業不好玩。因爲「實際」難可思議，想要如實理解「實際」，悟後得要靠善知識鍛鍊，悟前要靠善知識指導，自己一個人躲起來思惟，不會有正確的結論，這是我要勸告於諸位的地方。

接下來說：「一切諸法本，但以假名說，是際無所有，不得名字相；實際無言說，亦無能知者，以空無實際，眾生不思議；實際無言說，言說無所成，眞實相如如，眾生亦無際。」一切諸法的根本就是眾生的「實際」，也就是要探究說：「生從何來？死往何去？」其實一切有情都是生從如來藏來，死也回歸到如來藏去；能如是親證、能如是現觀，才是眞正的了生脫死。來世要生到哪裡去，那個不必開悟，有一點智慧或者有一點小神通就知道了，可終究不是開悟，沒有實相般若，那並沒有了生脫死，因爲他死了還會再生，生了還會再死，什麼時候了（讀作瞭）過生？什麼時候脫過死？所以要能證如來藏，證得以後就知道如來藏是「一切諸法本」。所以不論什麼法，一切諸法之所從來、一切諸法的根本就是如來藏。但是如來藏無形無色，要如何指示給眾生知道，很難啦！

所以禪和子來見禪師：「如何是佛？」禪師說：「喫茶去！」又有人來問：「如何是佛？」「東山水上行。」都跟你講一些不著邊際的事。「喫茶去」至少還可以解渴，可是「東山在水上行」，你怎麼想像？所以，有的人這樣江西、湖南來來去去，走上三十年才終於悟，爲什麼要三十年？因爲他的知見與福德都還不夠，所以得要走江湖三十年。可要是知見夠、福德夠的人，兩三年也就悟了。

所以，想要幫眾生實證這個「本際、實際」，得要用假名言說不斷地加以說明，把祂的自性告訴眾生，然後讓眾生自己去尋覓，才會有體驗。體驗的時候可以有兩個層面：一個叫作功能差別，一個叫作自性。而我們公開說法，自性都可以講，就是「不生不滅、不來不去、不增不減、不垢不淨、不一不異」，什麼都可以講，可就是功能不能講。祂的功能差別不可以說，因爲那是宇宙中最大的祕密。所以想要讓眾生實證，得要藉各種言說施設來爲眾生說明。

可是等到親證了以後，發覺：「是際無所有，不得名字相。」等到實證如來藏以後，發覺如來藏的境界中什麼都沒有。這時候有人聽了心裡面就害怕：「那我學佛是要證如來藏，可見如來藏眞實有，你卻告訴我說如來藏的境界中什麼都沒有，那我不是要落到空無裡面去了嗎？」心裡又害怕了，其實是誤會了，因爲在眞空當中才能出生一切妙有，所以眞空就是妙有，不是無所有，而是祂自身的境界中一法也無，可是祂的境界裡面卻又容許出生了五陰身心，於是又擁有一切法。所以當你實證了以後，你說：這個把祂叫作如來藏，可是當我說如來藏的時候，如來藏這三個字卻不是祂。所以如來藏這三個字只是假名言說，用這三個字來說明第八識空性心叫作如來藏；可是當我說如來藏的時候，如來藏三個字或音聲都不是祂。好像在繞口令，可是事實上是這樣，所以說祂「不得名字相」。

這個如來藏無形無色，可是從不同的階段、不同的面向來說祂的時候，就有不同的名稱，所以這個如來藏又叫作心，又叫非心心，又叫無心相心，又叫作無住心，同時又叫作阿賴耶識、叫作異熟識、叫作無垢識、叫作阿陀那識，祂有很多種名稱，用很多的名稱代表不同階段的第八識，或者不同面向的第八識。所以「實際無言說」，祂的眞實境界裡面沒有言說，言語道斷。剛才說，言說是從如來藏來的，可是如來藏從來沒有言說；反過來說，言說是如來藏說的，可是如來藏從來沒有言說；從另一個層面來說，言說是五陰身心說的，如來藏沒有言說。這樣三種說法，到底哪一種對？其實三個說法都對。可是你若沒有實證，三個都不對。你看，這就是佛法。

所以才說：「實際無言說，亦無能知者。」因爲能知的是五陰身心，如來藏的境界中沒有知這回事。所以，我們早期弘法的時候說如來藏離見聞覺知，你那個離念靈知就是知了，怎麼會是證悟？結果那外道就罵我：「你既然說如來藏沒有見聞覺知，那你爲什麼寫書罵我，說我不對，那你不是有覺知了嗎？」還罵得振振有詞。但我說的是，要用你這個能見聞覺知的心，去證得那個離見聞覺知的如來藏；不是說你要把自己覺知心變成沒有見聞覺知。你看，眾生無明多深厚，就這樣把我誤會了，還來罵我。但是罵一罵也好，因爲他那一罵，正覺就出名了。正覺以前那時候不過四百來人，一個很小的團體，結果他花了四百多萬登了三大報的半版廣告，結果正覺就開始出名了。這也可見，他們眞的有識人之明，知道正覺將來會大弘其道，肯花那四百多萬。二十幾年前，四百多萬算是很多錢呢！那時候，一般的公寓一戶才不過百來萬，他肯花四百多萬爲我們廣告，可見他有眼光。

但是這個眞實際的境界中，並沒有絲毫的言說，也沒有能了知的人，因爲實際空性心中迥無一法存在。而這個空沒有實際，剛才說實際、本際，現在告訴你空沒有實際，因爲祂無形亦無色，摸也摸不著，抓也抓不到。可是等你證悟了，你說：「**我一找到祂，一把就把祂抓住，再也不放了。**」可問題是，到底是誰抓住誰？還眞的弄不清楚。直到我這麼一問，他說：「**喔！原來是祂抓住我。**」你看，怪不怪？因爲這個空沒有實際，所以才說眾生五陰依於這個空而存在的時候，眞的不可思議。

而這個實際的境界當中沒有言說，言說就是口行，在《阿含經》裡面說覺觀亦是口行。爲什麼覺觀會變成口行？正因爲有覺觀才會有口行，所以口行的本質就是覺觀。譬如說，人有覺觀所以有口行，有覺有觀，觀察到諸法時要互相溝通，所以有了口行。那猿猴在樹上看見地上爬來一條蛇，於是牠們發出了口行「吱吱、吱吱」叫了起來，大家一聽就知道，是蛇來了。爲什麼有那個口行？因爲有覺觀。

可是在「實際」的境界當中完全沒有言說，所以言說所成的境界在「實際」當中不曾存在過，因此言說完全無所成就，而這樣的眞實相是永遠如如的，所以如來藏永遠不動其心。你覺得冬天到了，好冷喔！那是你的五陰覺得，而祂不覺得，祂只管把冷觸給你，可是祂不了知冷觸。夏天到了，又恰好停電沒有冷氣，熱死了！其實還沒死就說熱死了，可是那個熱死呢，如來藏也不領受，祂只把熱觸給你，讓你去熱死了，可是祂不熱。祂就是這樣永遠如如、永遠不動其心，這叫作眞實相。

所以人家問禪師：「夏天如何避暑去？」禪師說：「火爐裡去！」「冬天如何避寒去？」禪師說：「冰天雪地裡去！」他爲什麼這麼講？他其實不是在跟你解釋冰天雪地或者火爐裡的冷或熱，他是要你直接去親證如來藏阿賴耶識。證了以後，你就發覺夏天再怎麼熱，實際理地沒有熱；冬天再怎麼冷，實際理地也沒有冷，這不就避暑避寒成功了嗎？可是有一天，弟子來請問法義時，你正好天熱開著冷氣，弟子就覺得奇怪：「師父！您不是證悟了，沒有冷熱嗎？爲什麼又開冷氣？」原來弟子誤會了！師父說的沒有冷熱，那是實際理地的境界，五陰身心悟後繼續有冷熱，所以夏天來了，冬衣要一件一件卸下來；卸了還不夠，還要拿起電風扇來吹；沒電風扇又遇到停電了，趕快拿起紙扇來搧。所以如果徒弟又來問：「天氣這麼熱，如何避暑去？」禪師趕快拿起扇子來就搧，他就是告訴你：實際理地沒有熱、沒有寒，永遠是這樣的眞實相，這個眞實相永遠都是如如不動的。

由於有這個眞實際的關係，所以「眾生亦無際」。眾生到底住在什麼境界裡？（大眾說：住在如來藏裡。）那是諸位才會這樣說。一般人都說我住在臺北，有的人說我住在地球；其實都不對，他們眞的住在如來藏裡面。因爲眾生的五陰身心從來不曾外於如來藏，接觸外面世界山河大地的是如來藏，不是五陰；五陰只生活在如來藏變現給他的內相分六塵之中，從來不曾接觸外界。可是想要有這個現觀非常困難，這得要一步一步次第修進，最後證悟了，才能說：「果然如此，佛不我欺也！」終於對 佛全心全意的臣服了。

以前聽人家這麼講，心裡總是疑：「奇怪？我明明就看見外面，竟然說我沒有看見外面，竟然說我所看見的都是如來藏變給我的內相分。」等到哪一天悟了，如實現觀時才知道 佛陀說的是誠實語，但是要到這個境界，很難吶！可是等你有一天親證了，如實諦現觀，你就說：眞的是這樣，我住在如來藏裡面，而如來藏的境界中竟然沒有「實際」，所以其實我也沒有「實際」，因爲一切都歸結到如來藏去就沒有「實際」了，知道有「實際」的還是五陰身心。因爲這樣的緣故，所以眾生可以生生世世流轉無窮，諸佛菩薩行道也正因爲如此，可以生生世世永遠無邊際，這樣才是眞正的佛法。

（未完，詳後第六輯續說。）

佛教正覺同修會〈修學佛道次第表〉

第一階段

* 以憶佛及拜佛方式修習動中定力。
* 學第一義佛法及禪法知見。
* 無相拜佛功夫成就。
* 具備一念相續功夫—動靜中皆能看話頭。
* 努力培植福德資糧，勤修三福淨業。

第二階段

* 參話頭，參公案。
* 開悟明心，一片悟境。
* 鍛鍊功夫求見佛性。
* 眼見佛性〈餘五根亦如是〉親見世界如幻，成就如幻觀。
* 學習禪門差別智。
* 深入第一義經典。
* 修除性障及隨分修學禪定。
* 修證十行位陽焰觀。

第三階段

* 學一切種智真實正理—楞伽經、解深密經、成唯識論…。
* 參究末後句。
* 解悟末後句。
* 透牢關—親自體驗所悟末後句境界，親見實相，無得無失。
* 救護一切眾生迴向正道。護持了義正法，修證十迴向位如夢觀。
* 發十無盡願，修習百法明門，親證猶如鏡像現觀。
* 修除五蓋，發起禪定。持一切善法戒。親證猶如光影現觀。
* 進修四禪八定、四無量心、五神通。進修大乘種智，求證猶如谷響現觀。

佛菩提二主要道次第概要表——二道並修，以外無別佛法

佛菩提道——大菩提道

十信位修集信心——一劫乃至一萬劫

遠波羅蜜多

資糧位（外門廣修六度萬行）

初住位修集布施功德（以財施爲主）。
二住位修集持戒功德。
三住位修集忍辱功德。
四住位修集精進功德。
五住位修集禪定功德。
六住位修集般若功德（熏習般若中觀及斷我見，加行位也）。

內門廣修六度萬行

七住位明心般若正觀現前，親證本來自性清淨涅槃。
八住位起於一切法現觀般若中道。漸除性障。
十住位眼見佛性，世界如幻觀成就。

一至十行位，於廣行六度萬行中，依般若中道慧，現觀陰處界猶如陽焰，至第十行滿心位，陽焰觀成就。

一至十迴向位熏習一切種智；修除性障，唯留最後一分思惑不斷。第十迴向滿心位成就菩薩道如夢觀。

見道位

初地：第十迴向位滿心時，成就道種智一分（八識心王一一親證後，領受五法、三自性、七種第一義、七種性自性、二種無我法）復由勇發十無盡願，成通達位菩薩。復又永伏性障而不具斷，能證慧解脫而不取證，由大願故留惑潤生。此地主修法施波羅蜜多及百法明門。證「猶如鏡像」現觀，故滿初地心。

二地：初地功德滿足以後，再成就道種智一分而入二地；主修戒波羅蜜多及一切種智。滿心位成就「猶如光影」現觀，戒行自然清淨。

解脫道：二乘菩提

→ 斷三縛結，成初果解脫

→ 薄貪瞋癡，成二果解脫

→ 斷五下分結，成三果解脫

入地前的四加行令煩惱障現行悉斷，成四果解脫，留惑潤生。分段生死已斷，煩惱障習氣種子開始斷除，兼斷無始無明上煩惱。

近波羅蜜多

修道位

三地：由二地再證道種智一分故入三地。此地主修忍波羅蜜多及四禪八定、四無量心、五神通。能成就俱解脫果而不取證，留惑潤生。滿心位成就「猶如谷響」現觀及無漏妙定意生身。

四地：由三地再證道種智一分故入四地。主修精進波羅蜜多，於此土及他方世界廣度有緣，無有疲倦。進修一切種智，滿心位成就「如水中月」現觀。

五地：由四地再證道種智一分故入五地。主修禪定波羅蜜多及一切種智，斷除下乘涅槃貪。滿心位成就「變化所成」現觀。

六地：由五地再證道種智一分故入六地。此地主修般若波羅蜜多——依道種智現觀十二因緣一一有支及意生身化身，皆自心眞如變化所現，「非有似有」，成就細相觀，不由加行而自然證得滅盡定，成俱解脫大乘無學。

七地：由六地「非有似有」現觀，再證道種智一分故入七地。此地主修一切種智及方便波羅蜜多，由重觀十二有支一一支中之流轉門及還滅門一切細相，成就方便善巧，念念隨入滅盡定。滿心位證得「如犍闥婆城」現觀。

七地滿心斷除故意保留之最後一分思惑時，煩惱障所攝色、受、想三陰有漏習氣種子全部斷盡。

大波羅蜜多

八地：由七地極細相觀成就故再證道種智一分而入八地。此地主修一切種智及願波羅蜜多。至滿心位純無相觀任運恆起，故於相土自在，滿心位復證「如實覺知諸法相意生身」故。

九地：由八地再證道種智一分故入九地。主修力波羅蜜多及一切種智，成就四無礙，滿心位證得「種類俱生無行作意生身」。

十地：由九地再證道種智一分故入此地。此地主修一切種智——智波羅蜜多。滿心位起大法智雲，及現起大法智雲所含藏種種功德，成受職菩薩。

等覺：由十地道種智成就故入此地。此地應修一切種智，圓滿等覺地無生法忍；於百劫中修集極廣大福德，以之圓滿三十二大人相及無量隨形好。

煩惱障所攝行、識二陰無漏習氣種子任運漸斷，所知障所攝上煩惱任運漸斷。

圓滿波羅蜜多

究竟位

妙覺：示現受生人間已斷盡煩惱障一切習氣種子，並斷盡所知障一切隨眠，永斷變易生死無明，成就大般涅槃，四智圓明。人間捨壽後，報身常住色究竟天利樂十方地上菩薩；以諸化身利樂有情，永無盡期，成就究竟佛道。

斷盡變易生死
成就大般涅槃

圓滿成就究竟佛果

佛子蕭平實 謹製
（二〇〇九、〇二 修訂）
（二〇一二、〇二 增補）

佛教正覺同修會 共修現況 及 招生公告　　2024/8/13

一、共修現況：（請在共修時間來電，以免無人接聽。）

台北正覺講堂 103 台北市承德路三段 277 號九樓 捷運淡水線圓山站旁

Tel..總機 02-25957295（晚上）（**分機：九樓**辦公室 10、11；知客櫃檯 12、13。 **十樓**知客櫃檯 15、16；書局櫃檯 14。 **五樓**辦公室 18；知客櫃檯 19。**二樓**辦公室 20；知客櫃檯 21。）

Fax..25954493

第一講堂　台北市承德路三段 277 號九樓

禪淨班：週一晚班、週三晚班、週四晚班、週五晚班、週六下午班（共修期間二年半，全程免費。皆須報名建立學籍後始可參加共修，欲報名者詳見本公告末頁。）

進階班：週六早班。

增上班：**成唯識論釋**：單週六晚班。雙週六晚班（重播班）。17.50～20.50。平實導師講解，2022 年 2 月末開講，預定六年內講完，僅限已明心之會員參加。

禪門差別智：每月第一週日全天　平實導師主講（事冗暫停）。

菩薩瓔珞本業經　本經說明菩薩道六度、十度波羅蜜多之修行，要先修十信位，於因位中熏習百法明門，再轉入初住位起修六種瓔珞，總共四十二位，即是十住位、十行位、十迴向位、十地位、等覺位、妙覺位，方得成就六種瓔珞成爲一生補處，然後成就佛道，名爲習種性、性種性、道種性、聖種性、等覺性、妙覺性；連同習種性前的十信位，共爲五十二階位實修完畢，方得成佛。於本經中亦說明大乘初見道的證眞如、發起般若現觀時，若有佛菩薩護持故，即得進第七住位常住不退，然後向上進發，速修佛菩提道。如是實修佛菩提道方是義學，而非學術界所說的相似佛法等玄學，皆是可修可證之法，全都屬於現法樂證樂住並且是現觀的佛法，顯示佛法眞是義學而非玄談或思想。本經已於 2024 年一月上旬起開講，由平實導師詳解。每逢週二晚上開講，第一至第七講堂都可同時聽聞，歡迎菩薩種性學人，攜眷共同參與此殊勝法會現場聞法，不限制聽講資格。本會學員憑上課證進入第一至第四、第七講堂聽講，會外學人請以身分證件換證進入聽講（此爲大樓管理處安全管理規定之要求，敬請諒解）；第五及第六講堂（B1、B2）對外開放，不需出示任何證件，請由大樓側門直接進入。

第二講堂　台北市承德路三段 267 號十樓。

禪淨班：週一晚班。

進階班：週三晚班、週四晚班、週五晚班、週六下午班。禪淨班結業後轉入共修。

增上班：**成唯識論釋**：單週六晚班，影音同步傳播。雙週六晚班（重播班）

菩薩瓔珞本業經：平實導師講解。每週二 18.50~20.50 影像音聲即時傳輸。

第三講堂　台北市承德路三段 277 號五樓。

增上班：**成唯識論釋**：單週六晚班，影音同步傳播。雙週六晚班（重播班）

進階班：週一晚班、週三晚班、週四晚班、週五晚班、週六下午班。

菩薩瓔珞本業經：平實導師講解。每週二 18.50~20.50 影像音聲即時傳輸。

第四講堂　台北市承德路三段 267 號二樓。

進階班：週一晚班、週三晚班、週四晚班（禪淨班結業後轉入共修）。

菩薩瓔珞本業經：平實導師講解。每週二 18.50~20.50 影像音聲即時傳輸。

第五、第六講堂　台北市承德路三段 267 號地下一樓、地下二樓

進階班：週一晚班、週三晚班、週四晚班。

菩薩瓔珞本業經：平實導師講解。每週二 18.50~20.50 影像音聲即時傳輸。第五、第六講堂為**開放式講堂**，不需以身分證件換證即可進入聽講，台北市承德路三段 267 號地下一樓、地下二樓。每逢週二晚上講經時段開放給會外人士自由聽經，請由大樓側面梯階逕行進入聽講。**聽講者請尊重講者的著作權及肖像權，請勿錄音錄影，以免違法；若有錄音錄影被查獲者，將依法處理。**

第七講堂　台北市承德路三段 267 號六樓。

菩薩瓔珞本業經：平實導師講解。每週二 18.50~20.50 影像音聲即時傳輸。

正覺祖師堂　大溪區美華里信義路 650 巷坑底 5 之 6 號（台 3 號省道 34 公里處　妙法寺對面斜坡道進入）電話 03-3886110　傳眞 03-3881692 本堂供奉　克勤圓悟大師，專供會員每年四月、十月各兩次精進禪三共修，兼作本會出家菩薩掛單常住之用。開放參訪日期請參見本會公告。教內共修團體或道場，得另申請其餘時間作團體參訪，務請事先與常住確定日期，以便安排常住菩薩接引導覽，亦免妨礙常住菩薩之日常作息及修行。

桃園正覺講堂（第一、第二講堂）：桃園市介壽路 286、288 號 10 樓（陽明運動公園對面）電話：03-3749363（請於共修時聯繫，或與台北聯繫）

禪淨班：週一晚班（1）、週一晚班（2）、週三晚班、週四晚班、週五晚班。

進階班：週三晚班、週四晚班、週五晚班、週六上午班。

增上班：**成唯識論釋**。雙週六晚班（增上重播班）。

菩薩瓔珞本業經：平實導師講解。每週二晚上，以台北正覺講堂所錄 DVD 放映；歡迎會外學人共同聽講，不需出示身分證件。

新竹正覺講堂 新竹市東光路 55 號二樓之一　電話 03-5724297（晚上）

第一講堂：

禪淨班：週五晚班。

進階班：週三晚班、週四晚班、週六上午班。由禪淨班結業後轉入共修

增上班：成唯識論釋。單週六晚班。雙週六晚班（重播班）。

菩薩瓔珞本業經：平實導師講解。每週二晚上，以台北正覺講堂所錄 DVD 放映。歡迎會外學人共同聽講，不需出示身分證件。

第二講堂：

禪淨班：週一晚班、週三晚班、週四晚班、週六上午班。

菩薩瓔珞本業經：每週二晚上與第一講堂同步播放講經 DVD。

第三、第四講堂：裝修完畢，已經啓用。

台中正覺講堂 04-23816090（晚上）

第一講堂 台中市南屯區五權西路二段 666 號 13 樓之四（國泰世華銀行樓上。鄰近縣市經第一高速公路前來者，由五權西路交流道可以快速到達，大樓旁有停車場，對面有素食館）。

禪淨班：週四晚班、週五晚班。

進階班：週一晚班、週三晚班、週六上午班（由禪淨班結業後轉入共修）。

增上班：成唯識論釋。單週六晚班。雙週六晚班（重播班）。

菩薩瓔珞本業經：平實導師講解。每週二晚上，以台北正覺講堂所錄 DVD 放映。歡迎會外學人共同聽講，不需出示身分證件。

第二講堂 台中市南屯區五權西路二段 666 號 4 樓

禪淨班：週一晚班、週三晚班。

第三講堂台中市南屯區五權西路二段 666 號 4 樓

禪淨班：週一晚班。

第四講堂台中市南屯區五權西路二段 666 號 4 樓。

進階班：週三晚班、週四晚班、週五晚班、週六上午班，由禪淨班結業後轉入共修

菩薩瓔珞本業經：每週二晚上與第一講堂同步播放講經 DVD。

嘉義正覺講堂 嘉義市友愛路 288 號八樓之一　電話：05-2318228

第一講堂：

禪淨班：週四晚班、週五晚班、週六上午班。

進階班：週一晚班、週三晚班（由禪淨班結業後轉入共修）。

增上班：成唯識論釋。單週六晚班。雙週六晚班（重播班）。

菩薩瓔珞本業經：平實導師講解。每週二晚上，以台北正覺講堂所錄 DVD 放映。歡迎會外學人共同聽講，不需出示身分證件。

第二講堂 嘉義市友愛路 288 號八樓之二。

第三講堂　嘉義市友愛路 288 號四樓之七。

禪淨班：週一晚班、週三晚班。

台南正覺講堂

第一講堂　台南市西門路四段 15 號 4 樓。06-2820541（晚上）

禪淨班：週一晚班、週四晚班、週五晚班、週六下午班。

增上班：**成唯識論釋**。單週六晚班。雙週六晚班（重播班）。

菩薩瓔珞本業經：平實導師講解。每週二晚上，以台北正覺講堂所錄 DVD 放映。歡迎會外學人共同聽講，不需出示身分證件。

第二講堂　台南市西門路四段 15 號 3 樓。

菩薩瓔珞本業經：每週二晚上與第一講堂同步播放講經 DVD。

第三講堂　台南市西門路四段 15 號 3 樓。

進階班：週一晚班、週三晚班、週四晚班、週五晚班（由禪淨班結業後轉入共修）。

菩薩瓔珞本業經：每週二晚上與第一講堂同步播放講經 DVD。

高雄正覺講堂　高雄市新興區中正三路 45 號五樓 07-2234248（晚上）

第一講堂（五樓）：

禪淨班：週一晚班、週三晚班、週四晚班、週五晚班、週六上午班。

進階班：週六下午班（由禪淨班結業後轉入共修）。

增上班：**成唯識論釋**。單週六晚班。雙週六晚班（重播班）。

菩薩瓔珞本業經：平實導師講解。每週二晚上，以台北正覺講堂所錄 DVD 放映。歡迎會外學人共同聽講，不需出示身分證件。

第二講堂（四樓）：

進階班：週三晚班、週四晚班（由禪淨班結業後轉入共修）。

菩薩瓔珞本業經：每週二晚上與第一講堂同步播放講經 DVD。

第三講堂（三樓）：

進階班：週四晚班（由禪淨班結業後轉入共修）。

二、招生公告　**本會台北講堂及全省各講堂，每逢四月、十月下旬開新班，每週共修一次**（每次二小時。開課日起三個月內仍可插班）；**各班共修期間皆爲二年半，全程免費，欲參加者請向本會函索報名表**（各共修處皆於共修時間方有人執事，非共修時間請勿電詢或前來洽詢、請書），**或直接從本會官方網站(http://www.enlighten.org.tw/newsflash/class)或成佛之道網站下載報名表**。共修期滿時，若經報名禪三審核通過者，可參加四天三夜之禪三精進共修，有機會明心、取證如來藏，發起般若實相智慧，成爲實義菩薩，脫離凡夫菩薩位。

三、新春禮佛祈福 農曆**年假**期間停止共修：自農曆新年前七天起停止共修與弘法，正月 8 日起回復共修、弘法事務。新春期間正月初一～初七 9.00～17.00 開放台北講堂、正月初一~初三開放新竹、台中、嘉義、台南、高雄講堂，以及大溪禪三道場（正覺祖師堂），方便會員供佛、祈福及會外人士請書。

密宗四大派修雙身法，是外道性力派的邪法；又以生滅的識陰作為常住法，是常見外道，是假的藏傳佛教。

西藏覺囊巴以他空見弘揚第八識如來藏勝法，才是真藏傳佛教

佛教正覺同修會　弘法行事表

2024/1/2

1、**禪淨班**　以無相念佛及拜佛方式修習動中定力，實證一心不亂功夫。傳授解脫道正理及第一義諦佛法，以及參禪知見。共修期間：二年六個月。每逢四月、十月開新班，詳見招生公告表。

2、**進階班**　禪淨班畢業後得轉入此班，進修更深入的佛法，期能證悟明心。各地講堂各有多班，繼續深入佛法、增長定力，悟後得轉入增上班修學道種智，期能證得無生法忍。

3、**增上班 成唯識論釋**　詳解八識心王的唯識性、唯識相、唯識位，分說八識心王及其心所各別的自性、所依、所緣、相應心所、行相、功用等，並闡述緣生諸法的四緣：因緣、等無間緣、所緣緣、增上緣等四緣，並論及十因五果等。論中闡釋**佛法實證及成就的根本法即是第八識，由第八識成就三界世間及出世間的一切染淨諸法，方有成佛之道可修、可證、可成就，名爲圓成實性**。然後詳解末法時代學人極易混淆的見道位所函蓋的眞見道、相見道、通達位等內容，指正末法時代高慢心一類學人，於見道位前後不斷所墮的同一邪謬處。末後開示修道位的十地之中，各地所應斷的二愚及所應證的一智，乃至佛位的四智圓明及具足四種涅槃等一切種智之眞實正理。由平實導師講述，每逢一、三、五週之週末晚上開示，每逢二、四週之週末爲重播班，供作後悟之菩薩補聞所未聽聞之法。增上班課程僅限已明心之會員參加。未來每逢講完十分之一內容時，便予出書流通；總共十輯，敬請期待。（註：《瑜伽師地論》從 2003 年二月開講，至 2022 年 2 月 19 日已經圓滿，爲期 18 年整。）

4、**菩薩瓔珞本業經**　本經說明菩薩道六度、十度波羅蜜多之修行，要先修十信位，於因位中熏習百法明門，再轉入初住位起修六種瓔珞，總共四十二位，即是十住位、十行位、十迴向位、十地位、等覺位、妙覺位，方得成就六種瓔珞成爲一生補處，然後成就佛道，名爲習種性、性種性、道種性、聖種性、等覺性、妙覺性；連同習種性前的十信位，共爲五十二階位實修完畢，方得成佛。於本經中亦說明大乘初見道的證眞如、發起般若現觀時，若有佛菩薩護持故，即得進第七住位常住不退，然後向上進發，速修佛菩提道。如是實修佛菩提道方是義學，而非學術界所說的相似佛法等玄學，皆是可修可證之法，全都屬於現法樂證樂住並且是現觀的佛法，顯示佛法眞是義學而非玄談或思想。本經已於 2024 年一月上旬起開講，由平實導師詳解。不限制聽講資格。

5、**精進禪三**　主三和尚：平實導師。於四天三夜中，以克勤圓悟大師及大慧宗杲之禪風，施設機鋒與小參、公案密意之開示，幫助會員剋期取證，親證不生不滅之眞實心——人人本有之如來藏。每年四月、十月各舉辦三個梯次；平實導師主持。僅限本會會員參加禪淨班共修期滿，報名審核通過者，方可參加。並選擇會中定力、慧力、福德三條件皆已具足之已明心會員，給以指引，令得眼見自己無形無相之佛性遍佈山河大地，眞實而無障礙，得以肉眼現觀世界身心悉皆如幻，具足成就如幻觀，圓滿十住菩薩之證境。

6、**阿含經**詳解　選擇重要之阿含部經典，依無餘涅槃之實際而加以詳解，令大眾得以現觀諸法緣起性空，亦復不墮斷滅見中，顯示經中所隱說之涅槃實際—如來藏—確實已於四阿含中隱說；令大眾得以聞後觀行，確實斷除我見乃至我執，證得**見到**眞現觀，乃至**身證**……等眞現觀；已得大乘或二乘見道者，亦可由此聞熏及聞後之觀行，除斷我所之貪著，成就慧解脫果。由平實導師詳解。不限制聽講資格。

7、**精選如來藏系經典**詳解　精選如來藏系經典一部，詳細解說，以此完全印證會員所悟如來藏之眞實，得入不退轉住。另行擇期詳細解說之，由平實導師講解。僅限已明心之會員參加。

8、**禪門差別智**　藉禪宗公案之微細淆訛難知難解之處，加以宣說及剖析，以增進明心、見性之功德，啓發差別智，建立擇法眼。每月第一週日全天，由平實導師開示，僅限破參明心後，復又眼見佛性者參加(事冗暫停)。

9、**枯木禪**　先講智者大師的《小止觀》，後說《釋禪波羅蜜》，詳解四禪八定之修證理論與實修方法，細述一般學人修定之邪見與岔路，及對禪定證境之誤會，消除枉用功夫、浪費生命之現象。已悟般若者，可以藉此而實修初禪，進入大乘通教及聲聞教的三果心解脫境界，配合應有的大福德及後得無分別智、十無盡願，即可進入初地心中。親教師：平實導師。未來緣熟時將於正覺寺開講。不限制聽講資格。

註：本會例行年假，自 2004 年起，改爲每年農曆新年前七天開始停息弘法事務及共修課程，農曆正月 8 日回復所有共修及弘法事務。新春期間(每日 9.00～17.00)開放台北講堂，方便會員禮佛祈福及會外人士請書。大溪區的正覺祖師堂，開放參訪時間，詳見〈正覺電子報〉或成佛之道網站。本表得因時節因緣需要而隨時修改之，不另作通知。

佛教正覺同修會　贈閱書籍 目錄　2024/8/20

1.**無相念佛**　平實導師著　回郵 36 元
2.**念佛三昧修學次第**　平實導師述著　回郵 52 元
3.**正法眼藏—護法集**　平實導師述著　回郵 76 元
4.**真假開悟簡易辨正法**&**佛子之省思**　平實導師著　回郵 26 元
5.**生命實相之辨正**　平實導師著　回郵 31 元
6.**如何契入念佛法門**（**附**：印順法師否定極樂世界）平實導師著　回郵 26 元
7.**平實書箋**—答元覽居士書　平實導師著　回郵 52 元
8.**三乘唯識**—如來藏系經律彙編　平實導師編　回郵 80 元
（精裝本　長 27 ㎝　寬 21 ㎝　高 7.5 ㎝　重 2.8 公斤）
9.**三時繫念全集**—修正本　回郵掛號 52 元（長 26.5 ㎝×寬 19 ㎝）
10.**明心與初地**　平實導師述　回郵 31 元
11.**邪見與佛法**　平實導師述著　回郵 36 元
12.**甘露法雨**　平實導師述　回郵 36 元
13.**我與無我**　平實導師述　回郵 36 元
14.**學佛之心態**—修正錯誤之學佛心態始能與正法相應 孫正德老師著 回郵52元
附錄：平實導師著**《略說八、九識並存…等之過失》**
15.**大乘無我觀**—《悟前與悟後》別說　平實導師述著　回郵 36 元
16.**佛教之危機**—中國台灣地區現代佛教之真相（附錄：公案拈提六則）
平實導師著　回郵 52 元
17.**燈 影**—燈下黑（覆「求教後學」來函等）平實導師著　回郵 76 元
18.**護法與毀法**—覆上平居士與徐恒志居士網站毀法二文
張正圜老師著　回郵 76 元
19.**淨土聖道**—兼評**選擇本願念佛**　正德老師著　**由正覺同修會購贈**　回郵 52 元
20.**辨唯識性相**—對「紫蓮心海《辯唯識性相》書中否定阿賴耶識」之回應
正覺同修會 台南共修處法義組 著　回郵 52 元
21.**假如來藏**—對法蓮法師《如來藏與阿賴耶識》書中否定阿賴耶識之回應
正覺同修會 台南共修處法義組 著　回郵 76 元
22.**入不二門**—公案拈提集錦 第一輯（於平實導師公案拈提諸書中選錄約二十則，
合輯爲一冊流通之）平實導師著　回郵 52 元
23.**真假邪說**—西藏密宗索達吉喇嘛《破除邪說論》真是邪說
釋正安法師著　上、下冊回郵各 52 元
24.**真假開悟**—真如、如來藏、阿賴耶識間之關係　平實導師述著　回郵 76 元

25.**真假禪和**—辨正釋傳聖之謗法謬說　孫正德老師著　回郵76元

26.**眼見佛性**—駁慧廣法師**眼見佛性的含義**文中謬說 游正光老師著 回郵52元

27.**普門自在**—公案拈提集錦 第二輯（於平實導師公案拈提諸書中選錄約二十則，合輯爲一冊流通之）平實導師著　回郵52元

28.**印順法師的悲哀**—以現代禪的質疑為線索　恒毓博士著　回郵52元

29.**識蘊真義**—現觀識蘊內涵、取證初果、親斷三縛結之具體行門。

—依《成唯識論》及《惟識述記》正義，略顯安慧《大乘廣五蘊論》之邪謬

平實導師著 回郵76元

30.**正覺電子報** 各期紙版本　免附回郵　每次最多函索三期或三本。

（已無存書之較早各期，不另增印贈閱）

31.**現代人應有的宗教觀**　蔡正禮老師 著　回郵31元

32.**遠惑趣道**—正覺電子報般若信箱問答錄　第一輯　回郵52元

33.**遠惑趣道**—正覺電子報般若信箱問答錄　第二輯　回郵52元

34.**正覺教團電視弘法三乘菩提 DVD 光碟（一）**

由正覺教團多位親教師共同講述錄製 DVD 8 片，MP3 一片，共 9 片。有二大講題：一爲「三乘菩提之意涵」，二爲「學佛的正知見」。內容精闢，深入淺出，精彩絕倫，幫助大眾快速建立三乘法道的正知見，免被外道邪見所誤導。有志修學三乘佛法之學人不可不看。（製作工本費 100 元，回郵 52 元）

35.**正覺教團電視弘法 DVD 專輯（二）**

總有二大講題：一爲「三乘菩提之念佛法門」，一爲「學佛正知見（第二篇）」，由正覺教團多位親教師輪番講述，內容詳細闡述如何修學念佛法門、實證念佛三昧，以及學佛應具有的正確知見，可以幫助發願往生西方極樂淨土之學人，得以把握往生，更可令學人快速建立三乘法道的正知見，免於被外道邪見所誤導。有志修學三乘佛法之學人不可不看。（一套 17 片，工本費 160 元。回郵 76 元）

36.**喇嘛性世界**—揭開假藏傳佛教譚崔瑜伽的面紗　張善思 等人合著

由正覺同修會購贈 回郵52元

37.**假藏傳佛教的神話**—性、謊言、喇嘛教　張正玄教授編著

由正覺同修會購贈 回郵52元

38.**隨　緣**—理隨緣與事隨緣　平實導師述　回郵52元。

39.**學佛的覺醒**　正枝居士 著　回郵52元

40.**意識虛妄經教彙編**—實證解脫道的關鍵經文　正覺同修會編印　回郵36元

41.**邪箭囈語**—破斥藏密外道多識仁波切《破魔金剛箭雨論》之邪說

陸正元老師著　上、下冊回郵各52元

42.**真假沙門**—依 佛聖教闡釋佛教僧寶之定義

蔡正禮老師著　俟正覺電子報連載後結集出版

43.**真假禪宗**—藉評論釋性廣《印順導師對變質禪法之批判

及對禪宗之肯定》以顯示真假禪宗

附論一：凡夫知見 無助於佛法之信解行證

附論二：世間與出世間一切法皆從如來藏實際而生而顯

余正偉老師著 俟正覺電子報連載後結集出版 回郵未定

★ 上列贈書之郵資，係台灣本島地區郵資，大陸、港、澳地區及外國地區，請另計酌增（大陸、港、澳、國外地區之郵票不許通用）。尚未出版之書，請勿先寄來郵資，以免增加作業煩擾。

★ 本目錄若有變動，唯於後印之書籍及「成佛之道」網站上修正公佈之，不另行個別通知。

函索書籍請寄：佛教正覺同修會 103 台北市承德路 3 段 277 號 9 樓
台灣地區函索書籍者請附寄郵票，無時間購買郵票者可以等值現金抵用，但不接受郵政劃撥、支票、匯票。大陸地區得以人民幣計算，國外地區請以美元計算（請勿寄來當地郵票，在台灣地區不能使用）。欲以掛號寄遞者，請另附掛號郵資。

親自索閱：正覺同修會各共修處。 ★請於共修時間前往取書，餘時無人在道場，請勿前往索取；共修時間與地點，詳見書末正覺同修會共修現況表（以近期之共修現況表爲準）。

註：正智出版社發售之局版書，請向各大書局購閱。若書局之書架上已經售出而無陳列者，請向書局櫃台指定洽購；若書局不便代購者，請於正覺同修會共修時間前往各共修處請購，正智出版社已派人於共修時間送書前往各共修處流通。 郵政劃撥購書及 大陸地區 購書，請詳別頁正智出版社發售書籍目錄最後頁之說明。

成佛之道 網站：http://www.a202.idv.tw 正覺同修會已出版之結緣書籍，多已登載於 成佛之道 網站，若住外國、或住處遙遠，不便取得正覺同修會贈閱書籍者，可以從本網站閱讀及下載。

＊＊ 假藏傳佛教修雙身法，非佛教 ＊＊

正覺口袋書 目錄

2024/6/15

1.**如何契入念佛法門**　平實導師著　回郵 26 元
2.**明心與初地**　平實導師述著　回郵 31 元
3.**生命實相之辨正**　平實導師述著　回郵 31 元
4.**真假開悟簡易辨正法＆佛子之省思**　平實導師著　回郵 26 元
5.**現代人應有的宗教觀**　蔡正禮老師著　回郵31 元
6.**確保您的權益**—器官捐贈應注意自我保護　游正光老師 著　回郵31 元
7.**甘露法門—解脫道與佛菩提道**　佛教正覺同修會著　回郵 31 元
8.**概說密宗(一)**—認清西藏密宗(喇嘛教)的底細
正覺教育基金會著　回郵 36 元
9.**概說密宗(二)**—藏密觀想、明點、甘露、持明的真相
正覺教育基金會著　回郵 36 元
10.**概說密宗(三)**—密教誇大不實之神通證量
正覺教育基金會著　回郵 36 元
11.**概說密宗(四)**—密宗諸餘邪見(恣意解釋佛法修證上之名相)之一
正覺教育基金會著　回郵 36 元
12.**概說密宗(五)**—密宗之如來藏見及般若中觀
正覺教育基金會著　回郵 36 元
13.**概說密宗(六)**—無上瑜伽之雙身修法　正覺教育基金會著　回郵 36 元
14.**成佛之道**　正覺教育基金會著　回郵 36 元
15.**淨土奇特行門**—禪淨法門之速行道與緩行道
正覺教育基金會著　回郵 36 元
16.**如何修證解脫道**　正覺教育基金會著　回郵 36 元
17.**淺談達賴喇嘛之雙身法**—兼論解讀「密續」之達文西密碼
正覺教育基金會著　回郵 36 元
18.**密宗真相**—來自西藏高原的狂密　正覺教育基金會著　回郵 36 元
19.**導師之真實義**　正禮老師著　回郵 36 元
20.**如來藏中藏如來**　正覺教育基金會著　回郵 36 元
21.**觀行斷三縛結**—實證初果　正覺教育基金會著　回郵 36 元
22.**破羯磨僧真義**　佛教正覺同修會著　回郵 36 元
23.**一貫道與開悟**　正覺教育基金會著　回郵 36 元
24.**出家菩薩首重**—虛心求教 勤求證悟　正覺教育基金會著　回郵 36 元
25.**博愛 —愛盡天下女人**　正覺教育基金會著　回郵 36 元

26.**邁向正覺(一)**　作者趙玲子等合著　回郵 36 元
27.**邁向正覺(二)**　作者張善思等合著　回郵 36 元
28.**邁向正覺(三)**　作者許坤田等合著　回郵 36 元
29.**邁向正覺(四)**　作者劉俊廷等合著　回郵 36 元
30.**邁向正覺(五)**　作者林洋毅等合著　回郵 36 元
31.**繫念思惟念佛法門**　正覺教育基金會著　回郵 36 元
32.**邁向正覺(六)**　作者倪式谷等合著　回郵 36 元
33.**廣論之平議(一)~(七)**—宗喀巴《菩提道次第廣論》之平議
作者正雄居士　每冊回郵 36 元
34.**俺矇你把你哄**—六字大明咒揭密　作者正玄教授　回郵 36 元
35.**如何契入念佛法門(中英日文版)**　平實導師著　回郵 36 元
36.**明心與初地(中英文版)**　平實導師述著　回郵 36 元
37.**您不可不知的事實**—揭開藏傳佛教真實面之報導(一)
正覺教育基金會著　回郵 36 元
38.**外道羅丹的悲哀(一)~(三)**—略評外道羅丹等編《佛法與非佛法判別》
之邪見 正覺教育基金會著　每冊回郵 36 元
39.**與《廣論》研討班學員談心**　正覺教育基金會著　回郵 36 元
40.**證道歌略釋**　平實導師著　回郵 36 元
41.**甘願做菩薩**　郭正益老師　回郵 36 元
42.**恭祝達賴喇嘛八十大壽**—做賊心虛喊抓賊~喇嘛不是佛教徒
張正玄教授著　回郵 36 元
43.**從一佛所在世界談宇宙大覺者**　高正齡老師著　回郵 36 元
44.**老去人間萬事休，應須洗心從佛祖**—達賴權謀，可以休矣
正覺教育基金會編印　回郵 36 元
45.**表相歸依與實義歸依**—真如為究竟歸依處
正覺同修會編印　回郵 36 元
46.**我為何離開廣論？**　正覺同修會編印　回郵 36 元
47.**三乘菩提之佛典故事(一)**　葉正緯老師講述　回郵 36 元
48.**佛教與成佛—總說**　師子苑居士著　回郵 36 元
49.**三乘菩提概說(一)**　余正文老師講述　回郵 36 元
50.**一位哲學博士的懺悔**　泰洛著　回郵 36 元
51.**三乘菩提概說（二）**　余正文老師講述　回郵 36 元
52.**三乘菩提之佛典故事(二)**　郭正益老師講述　回郵 36 元
53.**尊師重道**　沐中原著　回郵 50 元
54.**心經在說什麼？**　平實導師講述　回郵 36 元

正智出版社 籌募弘法基金發售書籍目錄　2024/04/10

1.**宗門正眼**—公案拈提 第一輯 重拈　平實導師 著　500 元

因重寫內容大幅度增加故，字體必須改小，並增爲 576 頁 主文 546 頁。比初版更精彩、更有內容。初版《禪門摩尼寶聚》之讀者，可寄回本公司免費調換新版書。免附回郵，亦無截止期限。（2007 年起，每冊附贈本公司精製公案拈提〈超意境〉CD 一片。市售價格 280 元，多購多贈。）

2.**禪淨圓融**　平實導師 著　200 元（第一版舊書可換新版書。）

3.**真實如來藏**　平實導師 著　400 元

4.**禪—悟前與悟後**　平實導師 著　上、下冊，每冊 250 元

5.**宗門法眼**—公案拈提 第二輯　平實導師 著　500 元

（2007 年起，每冊附贈本公司精製公案拈提〈超意境〉CD 一片）

6.**楞伽經詳解**　平實導師 著　全套共 10 輯　每輯 250 元

7.**宗門道眼**—公案拈提 第三輯　平實導師 著　500 元

（2007 年起，每冊附贈本公司精製公案拈提〈超意境〉CD 一片）

8.**宗門血脈**—公案拈提 第四輯　平實導師 著　500 元

（2007 年起，每冊附贈本公司精製公案拈提〈超意境〉CD 一片）

9.**宗通與說通**—成佛之道 平實導師 著 主文 381 頁 全書 400 頁售價 300 元

10.**宗門正道**—公案拈提 第五輯　平實導師 著　500 元

（2007 年起，每冊附贈本公司精製公案拈提〈超意境〉CD 一片）

11.**狂密與真密 一～四輯**　平實導師 著　西藏密宗是人間最邪淫的宗教，本質不是佛教，只是披著佛教外衣的印度教性力派流毒的喇嘛教。此書中將西藏密宗密傳之男女雙身合修樂空雙運所有祕密與修法，毫無保留完全公開，並將全部喇嘛們所不知道的部分也一併公開。內容比大辣出版社喧騰一時的《西藏慾經》更詳細。並且函蓋藏密的所有祕密及其錯誤的中觀見、如來藏見……等，藏密的所有法義都在書中詳述、分析、辨正。每輯主文三百餘頁　每輯全書約 400 頁　售價每輯 300 元

12.**宗門正義**—公案拈提 第六輯　平實導師 著　500 元

（2007 年起，每冊附贈本公司精製公案拈提〈超意境〉CD 一片）

13.**心經密意**—心經與解脫道、佛菩提道、祖師公案之關係與密意　平實導師述　300 元

14.**宗門密意**—公案拈提 第七輯　平實導師 著　500 元

（2007 年起，每冊附贈本公司精製公案拈提〈超意境〉CD 一片）

15.**淨土聖道**—兼評「選擇本願念佛」　正德老師 著　200 元

16.**起信論講記**　平實導師 述著　共六輯　每輯三百餘頁　售價各 250 元

17.**優婆塞戒經講記**　平實導師 述著　共八輯 每輯三百餘頁 售價各 250 元

18.**真假活佛**—略論附佛外道盧勝彥之邪說（對前岳靈犀網站主張「盧勝彥是證悟者」之修正）　正犀居士（岳靈犀）著　流通價 140 元

19.**阿含正義**—唯識學探源　平實導師 著　共七輯　每輯 300 元

20.**超意境** CD 以平實導師公案拈提書中超越意境之頌詞，加上曲風優美的旋律，錄成令人嚮往的超意境歌曲，其中包括正覺發願文及平實導師親自譜成的黃梅調歌曲一首。詞曲雋永，殊堪翫味，可供學禪者吟詠，有助於見道。內附設計精美的彩色小冊，解說每一首詞的背景本事。每片 280 元。【每購買公案拈提書籍一冊，即贈送一片。】

21.**菩薩底憂鬱** CD 將菩薩情懷及禪宗公案寫成新詞，並製作成超越意境的優美歌曲。 1.主題曲〈菩薩底憂鬱〉，描述地後菩薩能離三界生死而迴向繼續生在人間，但因尚未斷盡習氣種子而有極深沈之憂鬱，非三賢位菩薩及二乘聖者所知，此憂鬱在七地滿心位方才斷盡；本曲之詞中所說義理極深，昔來所未曾見；此曲係以優美的情歌風格寫詞及作曲，聞者得以激發嚮往諸地菩薩境界之大心，詞、曲都非常優美，難得一見；其中勝妙義理之解說，已印在附贈之彩色小冊中。 2.以各輯公案拈提中直示禪門入處之頌文，作成各種不同曲風之超意境歌曲，值得玩味、參究；聆聽公案拈提之優美歌曲時，請同時閱讀內附之印刷精美說明小冊，可以領會超越三界的證悟境界；未悟者可以因此引發求悟之意向及疑情，眞發菩提心而邁向求悟之途，乃至因此眞實悟入般若，成眞菩薩。 3.正覺總持咒新曲，總持佛法大意；總持咒之義理，已加以解說並印在隨附之小冊中。本 CD 共有十首歌曲，長達 63 分鐘。每盒各附贈二張購書優惠券。每片 320 元。

22.**禪意無限** CD 平實導師以公案拈提書中偈頌寫成不同風格曲子，與他人所寫不同風格曲子共同錄製出版，幫助參禪人進入禪門超越意識之境界。盒中附贈彩色印製的精美解說小冊，以供聆聽時閱讀，令參禪人得以發起參禪之疑情，即有機會證悟本來面目而發起實相智慧，實證大乘菩提般若，能如實證知般若經中的眞實意。本 CD 共有十首歌曲，長達 69 分鐘，每盒各附贈二張購書優惠券。每片 320 元。

23.**我的菩提路**第一輯　釋悟圓、釋善藏等人合著　售價 300 元

24.**我的菩提路**第二輯　郭正益等人合著　售價 300 元

（初版首刷至第四刷，都可以寄來免費更換爲第二版，免附郵費）

25.**我的菩提路**第三輯　王美伶等人合著　售價 300 元

26.**我的菩提路**第四輯　陳晏平等人合著　售價 300 元
27.**我的菩提路**第五輯　林慈慧等人合著　售價 300 元
28.**我的菩提路**第六輯　劉惠莉等人合著　售價 300 元
29.**我的菩提路**第七輯　余正偉等人合著　售價 300 元
30.**鈍鳥與靈龜**—考證後代凡夫對大慧宗杲禪師的無根誹謗。
平實導師 著 共 458 頁 售價 350 元
31.**維摩詰經講記**　平實導師 述　共六輯　每輯三百餘頁　售價各 250 元
32.**真假外道**—破劉東亮、杜大威、釋證嚴常見外道見　正光老師 著　200 元
33.**勝鬘經講記**—兼論印順《勝鬘經講記》對於《勝鬘經》之誤解。
平實導師 述　共六輯　每輯三百餘頁　售價 250 元
34.**楞嚴經講記**—平實導師 述　共 15 輯，每輯三百餘頁　售價 300 元
35.**明心與眼見佛性**—駁慧廣〈蕭氏「眼見佛性」與「明心」之非〉文中謬說
正光老師 著　共 448 頁　售價 300 元
36.**見性與看話頭**　黃正倖老師 著，本書是禪宗參禪的方法論。
內文 375 頁，全書 416 頁，售價 300 元。
37.**達賴真面目**—玩盡天下女人 白正偉老師 等著 中英對照彩色精裝大本 800 元
38.**喇嘛性世界**—揭開假藏傳佛教譚崔瑜伽的面紗　張善思 等人著　200 元
39.**假藏傳佛教的神話**—性、謊言、喇嘛教　正玄教授 編著　200 元
40.**金剛經宗通**　平實導師 述　共九輯　每輯售價 250 元。
41.**末代達賴**—性交教主的悲歌　張善思、呂艾倫、辛燕　編著 售價 250 元
42.**霧峰無霧**—給哥哥的信　辨正釋印順對佛法的無量誤解
游宗明 老師 著　售價 250 元
43.**霧峰無霧**—第二輯—救護佛子向正道　細說釋印順對佛法的各類誤解
游宗明 老師 著　售價 250 元
44.**第七意識與第八意識？**—穿越時空「超意識」
平實導師 述　每冊 300 元
45.**黯淡的達賴**—失去光彩的諾貝爾和平獎
正覺教育基金會　編著　每冊 250 元
46.**童女迦葉考**—論呂凱文〈佛教輪迴思想的論述分析〉之謬。
平實導師 著　定價 180 元
47.**人間佛教**—實證者必定不悖三乘菩提
平實導師　述，定價 400 元
48.**實相經宗通**　平實導師 述　共八輯　每輯 250 元

49.**真心告訴您(一)**—達賴喇嘛在幹什麼？
正覺教育基金會 編著　售價 250 元
50.**中觀金鑑**—詳述應成派中觀的起源與其破法本質
孫正德老師 著　分為上、中、下三冊，每冊 250 元
51.**藏傳佛教要義**—《狂密與真密》之簡體字版　平實導師 著 上、下冊
僅在大陸流通　每冊 300 元
52.**法華經講義**—平實導師 述　共二十五輯　每輯三百餘頁 售價 300 元
53.**西藏「活佛轉世」制度**—附佛、造神、世俗法
許正豐、張正玄老師 合著　定價 150 元
54.**廣論三部曲**—郭正益老師著　　定價 150 元
55.**真心告訴您(二)**—達賴喇嘛是佛教僧侶嗎？
—補祝達賴喇嘛八十大壽
正覺教育基金會 編著　售價300元
56.**次法**—實證佛法前應有的條件
張善思居士 著　分為上、下二冊，每冊 250 元
57.**涅槃**—解說四種涅槃之實證及內涵　平實導師 著 上、下冊　各 350 元
58.**佛藏經講義**—平實導師 述　共二十一輯 每輯三百餘頁 售價 300 元。
59.**成唯識論**—大唐 玄奘菩薩所著鉅論。重新正確斷句，並以不同字體及標點符號顯示質疑文，令得易讀。全書 288 頁，精裝大本 400 元。
60.**大法鼓經講義**—平實導師 述　共六輯　每輯三百餘頁 售價 300 元。
61.**成唯識論釋**—詳解大唐玄奘菩薩所著《成唯識論》，平實導師 著述。共十輯，每輯內文四百餘頁，12 級字編排，於每講完一輯的分量以後即予出版，2023 年五月底出版第一輯，以後每七到十個月出版一輯，每輯 400 元。
62.**不退轉法輪經講義**—平實導師 述 2024年1月30日開始出版　共十輯
每二個月出版一輯，每輯 300 元。
63.**中論正義**—釋龍樹菩薩《中論》頌正理。孫正德老師 著　共上下二冊
下冊定於 2024/6/30 出版 每冊 300 元。
64.**誰是 師子身中蟲**—平實導師 述著　2024 年 5 月 30 出版，每冊 110 元。
65.**解深密經講義**—平實導師 述　輯數未定　將於《不退轉法輪經講義》出版後整理出版。
66.**菩薩瓔珞本業經講義**—平實導師 述　約○輯　將於《解深密經講義》出版後整理出版。
67.**假鋒虛焰金剛乘**—揭示顯密正理，兼破索達吉師徒《般若鋒兮金剛焰》
釋正安法師 著　簡體字版　即將出版 售價未定

68.**廣論之平議**—宗喀巴《菩提道次第廣論》之平議　正雄居士 著
約二或三輯 俟正覺電子報連載後結集出版　書價未定
69.**八識規矩頌**詳解　○○居士 註解　出版日期另訂　書價未定
70.**中觀正義**—註解平實導師《中論正義頌》。
○○法師（居士）著　出版日期未定　書價未定
71.**中國佛教史**—依中國佛教正法史實而論。 ○○老師 著　書價未定。
72.**印度佛教史**—法義與考證。依法義史實評論印順《印度佛教思想史、佛教史地考論》之謬說　正偉老師 著 出版日期未定 書價未定
73.**阿含經講記**—將選錄四阿含中數部重要經典全經講解之，講後整理出版。
平實導師 述　約二輯　每輯 300 元　出版日期未定
74.**寶積經講記** 平實導師 述 每輯三百餘頁 優惠價 300 元　出版日期未定
75.**修習止觀坐禪法要講記**　平實導師 述　每輯三百餘頁
將於正覺寺建成後重講、以講記逐輯出版　出版日期未定
76.**無門關**—《無門關》公案拈提　平實導師 著　出版日期未定。
77.**中觀再論**—兼述印順《中觀今論》謬誤之平議。正光老師 著　出版日期未定
78.**輪迴與超度**—佛教超度法會之真義。
○○法師（居士）著　出版日期未定　書價未定
79.**《釋摩訶衍論》平議**—對偽稱龍樹所造《釋摩訶衍論》之平議
○○法師（居士）著　出版日期未定　書價未定
80.**正覺發願文**註解—以真實大願為因 得證菩提
正德老師 著　出版日期未定　書價未定
81.**正覺總持咒**—佛法之總持　正圜老師 著　出版日期未定　書價未定
82.**三自性**—依四食、五蘊、十二因緣、十八界法，說三性三無性。
作者未定　出版日期未定
83.**道品**—從三自性說大小乘三十七道品　作者未定　出版日期未定
84.**大乘緣起觀**—依四聖諦七真如現觀十二緣起 作者未定　出版日期未定
85.**三德**—論解脫德、法身德、般若德。　作者未定　出版日期未定
86.**真假如來藏**—對印順《如來藏之研究》謬說之平議　作者未定　出版日期未定
87.**大乘道次第**　作者未定　出版日期未定　書價未定
88.**四緣**—依如來藏故有四緣。　作者未定　出版日期未定
89.**空之探究**—印順《空之探究》謬誤之平議　作者未定　出版日期未定
90.**十法義**—論阿含經中十法之正義　作者未定　出版日期未定
91.**外道見**—論述外道六十二見　作者未定　出版日期未定

正智出版社有限公司書籍介紹

禪淨圓融：言淨土諸祖所未曾言，示諸宗祖師所未曾示；禪淨圓融，另闢成佛捷徑，兼顧自力他力，闡釋淨土門之速行易行道，亦同時揭櫫聖教門之速行易行道；令廣大淨土行者得免緩行難證之苦，亦令聖道門行者得以藉著淨土速行道而加快成佛之時劫。乃前無古人之超勝見地，非一般弘揚禪淨法門典籍也，先讀爲快。平實導師著200元。

宗門正眼—**公案拈提**第一輯：繼承克勤圜悟大師碧巖錄宗旨之禪門鉅作。先則舉示當代大法師之邪說，消弭當代禪門大師鄉愿之心態，摧破當今禪門「世俗禪」之妄談；次則旁通教法，表顯宗門正理；繼以道之次第，消弭古今狂禪；後藉言語及文字機鋒，直示宗門入處。悲智雙運，禪味十足，數百年來難得一睹之禪門鉅著也。平實導師著 500元（原初版書《禪門摩尼寶聚》，改版後補充爲五百餘頁新書，總計多達二十四萬字，內容更精彩，並改名爲《宗門正眼》，讀者原購初版《禪門摩尼寶聚》皆可寄回本公司免費換新，免附回郵，亦無截止期限）（2007年起，凡購買公案拈提第一輯至第七輯，每購一輯皆贈送本公司精製公案拈提〈超意境〉CD一片，市售價格280元，多購多贈）。

禪—悟前與悟後：本書能建立學人悟道之信心與正確知見，圓滿具足而有次第地詳述禪悟之功夫與禪悟之內容，指陳參禪中細微淆訛之處，能使學人明自眞心、見自本性。若未能悟入，亦能以正確知見辨別古今中外一切大師究係眞悟？或屬錯悟？便有能力揀擇，捨名師而選明師，後時必有悟道之緣。一旦悟道，遲者七次人天往返，便出三界，速者一生取辦。學人欲求開悟者，不可不讀。　平實導師著。上、下冊共500元，單冊250元。

真實如來藏：如來藏眞實存在，乃宇宙萬有之本體，並非印順法師、達賴喇嘛等人所說之「唯有名相、無此心體」。如來藏是涅槃之本際，是一切有智之人竭盡心智、不斷探索而不能得之生命實相；是古今中外許多大師自以爲悟而當面錯過之生命實相。如來藏即是阿賴耶識，乃是一切有情本自具足、不生不滅之眞實心。當代中外大師於此書出版之前所未能言者，作者於本書中盡情流露、詳細闡釋。眞悟者讀之，必能增益悟境、智慧增上；錯悟者讀之，必能檢討自己之錯誤，免犯大妄語業；未悟者讀之，能知參禪之理路，亦能以之檢查一切名師是否眞悟。此書是一切哲學家、宗教家、學佛者及欲昇華心智之人必讀之鉅著。　平實導師著　售價400元。

宗門法眼——**公案拈提**第二輯：列舉實例，闡釋土城廣欽老和尚之悟處；並直示這位不識字的老和尚妙智橫生之根由，繼而剖析禪宗歷代大德之開悟公案，解析當代密宗高僧卡盧仁波切之錯悟證據，並例舉當代顯宗高僧、大居士之錯悟證據（凡健在者，爲免影響其名聞利養，皆隱其名）。藉辨正當代名師之邪見，向廣大佛子指陳禪悟之正道，彰顯宗門法眼。悲勇兼出，強捋虎鬚；慈智雙運，巧探驪龍；摩尼寶珠在手，直示宗門入處，禪味十足；若非大悟徹底，不能爲之。禪門精奇人物，允宜人手一冊，供作參究及悟後印證之圭臬。本書於2008年4月改版，增寫為大約500頁篇幅，以利學人研讀參究時更易悟入宗門正法，以前所購初版首刷及初版二刷舊書，皆可免費換取新書。平實導師著 500元（2007年起，凡購買公案拈提第一輯至第七輯，每購一輯皆贈送本公司精製公案拈提〈超意境〉CD一片，市售價格280元，多購多贈）。

宗門道眼——**公案拈提**第三輯：繼宗門法眼之後，再以金剛之作略、慈悲之胸懷、犀利之筆觸，舉示寒山、拾得、布袋三大士之悟處，消弭當代錯悟者對於寒山大士……等之誤會及誹謗。亦舉出民初以來與虛雲和尚齊名之蜀郡鹽亭袁煥仙夫子——南懷瑾老師之師，其「悟處」何在？並蒐羅許多眞悟祖師之證悟公案，顯示禪宗歷代祖師之睿智，指陳部分祖師、奧修及當代顯密大師之謬悟，作爲殷鑑，幫助禪子建立及修正參禪之方向及知見。假使讀者閱此書已，一時尚未能悟，亦可一面加功用行，一面以此宗門道眼辨別眞假善知識，避開錯誤之印證及歧路，可免大妄語業之長劫慘痛果報。欲修禪宗之禪者，務請細讀。平實導師著 售價500元（2007年起，凡購買公案拈提第一輯至第七輯，每購一輯皆贈送本公司精製公案拈提〈超意境〉CD一片，市售價格280元，多購多贈）。

楞伽經詳解：本經是禪宗見道者印證所悟眞僞之根本經典，亦是禪宗見道者悟後起修之依據經典；故達摩祖師於印證二祖慧可大師之後，將此經典連同佛鉢祖衣一併交付二祖，令其依此經典佛示金言、進入修道位，修學一切種智。由此可知此經對於眞悟之人修學佛道，是非常重要之一部經典。此經能破外道邪說，亦破佛門中錯悟名師之謬說，亦破禪宗部分祖師之狂禪：不讀經典、一向主張「一悟即成究竟佛」之謬執。並開示愚夫所行禪、觀察義禪、攀緣如禪、如來禪等差別，令行者對於三乘禪法差異有所分辨；亦糾正禪宗祖師古來對於如來禪之誤解，嗣後可免以訛傳訛之弊。此經亦是法相唯識宗之根本經典，禪者悟後欲修一切種智而入初地者，必須詳讀。　平實導師著，全套共十輯，已全部出版完畢，每輯主文約320頁，每冊約352頁，定價250元。

宗門血脈—**公案拈提第四輯**：末法怪象—許多修行人自以爲悟，每將無念靈知認作眞實；崇尚二乘法諸師及其徒眾，則將**外於如來藏之緣起性空**—無因論之無常空、斷滅空、一切法空—錯認爲 佛所說之般若空性。這兩種現象已於當今海峽兩岸及美加地區顯密大師之中普遍存在；人人自以爲悟，心高氣壯，便敢寫書解釋祖師證悟之公案，大多出於意識思惟所得，言不及義，錯誤百出，因此誤導廣大佛子同陷大妄語之地獄業中而不能自知。彼等書中所說之悟處，其實處處違背第一義經典之聖言量。彼等諸人不論是否身披袈裟，都非佛法宗門血脈，或雖有禪宗法脈之傳承，亦只徒具形式；猶如螟蛉，非眞血脈，未悟得根本眞實故。禪子欲知佛、祖之眞血脈者，請讀此書，便知分曉。平實導師著，主文452頁，全書464頁，定價500元（2007年起，凡購買公案拈提第一輯至第七輯，每購一輯皆贈送本公司精製公案拈提〈超意境〉CD一片，市售價格280元，多購多贈）。

宗通與說通：古今中外，錯誤之人如麻似粟，每以常見外道所說之靈知心，認作眞心；或妄想虛空之勝性能量爲眞如，或錯認物質四大元素藉冥性（靈知心本體）能成就吾人色身及知覺，或認初禪至四禪中之了知心爲不生不滅之涅槃心。此等皆非通宗者之見地。復有錯悟之人一向主張「宗門與教門不相干」，此即尚未通達宗門之人也。其實宗門與教門互通不二，宗門所證者乃是眞如與佛性，教門所說者乃說宗門證悟之眞如佛性，故教門與宗門不二。本書作者以宗教二門互通之見地，細說「宗通與說通」，從初見道至悟後起修之道、細說分明；並將諸宗諸派在整體佛教中之地位與次第，加以明確之教判，學人讀之即可了知佛法之梗概也。欲擇明師學法之前，允宜先讀。平實導師著，主文共381頁，全書392頁，只售成本價300元。

宗門正道—公案拈提第五輯：修學大乘佛法有二果須證解脫果及大菩提果。二乘人不證大菩提果，唯證解脫果；此果之智慧，名爲聲聞菩提、緣覺菩提。大乘佛子所證二果之菩提果爲佛菩提，故名大菩提果，其慧名爲一切種智函蓋二乘解脫果。然此大乘二果修證，須經由禪宗之宗門證悟方能相應。而宗門證悟極難，自古已然；其所以難者，咎在古今佛教界普遍存在三種邪見：1.以修定認作佛法，2.以無因論之緣起性空—否定涅槃本際如來藏以後之一切法空作爲佛法，3.以常見外道邪見（離語言妄念之靈知性）作爲佛法。如是邪見，或因自身正見未立所致，或因邪師之邪教導所致，或因無始劫來虛妄熏習所致。若不破除此三種邪見，永劫不悟宗門眞義、不入大乘正道，唯能外門廣修菩薩行。平實導師於此書中，有極爲詳細之說明，有志佛子欲摧邪見、入於內門修菩薩行者，當閱此書。主文共496頁，全書512頁。售價500元（2007年起，凡購買公案拈提第一輯至第七輯，每購一輯皆贈送本公司精製公案拈提〈超意境〉CD一片，市售價格280元，多購多贈）。

狂密與眞密：密教之修學，皆由有相之觀行法門而入，其最終目標仍不離顯教經典所說第一義諦之修證；若離顯教第一義經典、或違背顯教第一義經典，即非佛教。西藏密教之觀行法，如灌頂、觀想、遷識法、寶瓶氣、大聖歡喜雙身修法、喜金剛、無上瑜伽、大樂光明、樂空雙運等，皆是印度教**兩性生生不息**思想之轉化，**自始至終**皆以**如何能運用交合淫樂之法達到全身受樂**爲其中心思想，純屬欲界五欲的貪愛，不能令人超出欲界輪迴，更不能令人斷除我見；何況大乘之明心與見性，更無論矣！故密宗之法絕非佛法也。而其明光大手印、大圓滿法教，又皆同以常見外道所說**離語言妄念之無念靈知心**錯認爲佛地之眞如，不能直指不生不滅之眞如。西藏密宗所有法王與徒眾，都尚未開頂門眼，不能辨別眞僞，以**依人不依法、依密續不依經典**故，不肯將其上師喇嘛所說對照第一義經典，純依密續之藏密祖師所說爲準，因此而誇大其證德與證量，動輒謂彼祖師上師爲究竟佛、爲地上菩薩；如今台海兩岸亦有自謂其師證量高於 釋迦文佛者，然觀其師所述，猶未見道，仍在觀行即佛階段，尚未到禪宗相似即佛、分證即佛階位，竟敢標榜爲究竟佛及地上法王，誑惑初機學人。凡此怪象皆是狂密，不同於眞密之修行者。近年狂密盛行，密宗行者被誤導者極眾，動輒自謂已證佛地眞如，自視爲究竟佛，陷於大妄語業中而不知自省，反謗顯宗眞修實證者之證量粗淺；或如義雲高與釋性圓…等人，於報紙上公然誹謗眞實證道者爲「騙子、無道人、人妖、癩蛤蟆…」等，造下誹謗大乘勝義僧之大惡業；或以外道法中有爲有作之甘露、魔術……等法，誑騙初機學人，狂言彼外道法爲眞佛法。如是怪象，在西藏密宗及附藏密之外道中，不一而足，舉之不盡，學人宜應愼思明辨，以免上當後又犯毀破菩薩戒之重罪。密宗學人若欲遠離邪知邪見者，請閱此書，即能了知密宗之邪謬，從此遠離邪見與邪修，轉入眞正之佛道。

平實導師著 共四輯 每輯約400頁（主文約340頁）每輯售價300元。

宗門正義—公案拈提第六輯：佛教有六大危機，乃是藏密化、世俗化、膚淺化、學術化、宗門密意失傳、悟後進修諸地之次第混淆；其中尤以宗門密意之失傳，爲當代佛教最大之危機。由宗門密意失傳故，易令 世尊本懷普被錯解，易令 世尊正法被轉易爲外道法，以及加以淺化、世俗化，是故宗門密意之廣泛弘傳與具緣佛弟子，極爲重要。然而欲令宗門密意之廣泛弘傳予具緣之佛弟子者，必須同時配合錯誤知見之解析、普令佛弟子知之，然後輔以公案解析之直示入處，方能令具緣之佛弟子悟入。而此二者，皆須以公案拈提之方式爲之，方易成其功、竟其業，是故平實導師續作宗門正義一書，以利學人。全書500餘頁，售價500元（2007年起，凡購買公案拈提第一輯至第七輯，每購一輯皆贈送本公司精製公案拈提〈超意境〉CD一片，市售價格280元，多購多贈）。

心經密意—心經與解脫道、佛菩提道、祖師公案之關係與密意。二乘菩提所證之解脫道，實依第八識心之斷除煩惱障現行而立解脫之名；大乘菩提所證之佛菩提道，實依親證第八識如來藏之涅槃性、清淨自性、及其中道性而立般若之名；禪宗祖師公案所證之眞心，即是此第八識如來藏；是故三乘佛法所修所證之三乘菩提，皆依此如來藏心而立名也。此第八識心，即是《心經》所說之心也。證得此如來藏已，即能漸入大乘佛菩提道，亦可因證知此心而了知二乘無學所不能知之無餘涅槃本際，是故《心經》之密意，與三乘佛菩提之關係極爲密切、不可分割，三乘佛法皆依此心而立名故。今者平實導師以其所證解脫道之無生智及佛菩提之般若種智，將《心經》與解脫道、佛菩提道、祖師公案之關係與密意，以演講之方式，用淺顯之語句和盤托出，發前人所未言，呈三乘菩提之眞義，令人藉此《心經密意》一舉而窺三乘菩提之堂奧，迴異諸方言不及義之說；欲求眞實佛智者、不可不讀！主文317頁，連同跋文及序文…等共384頁，售價300元。

宗門密意—公案拈提第七輯：佛教之世俗化，將導致學人以信仰作爲學佛，則將以感應及世間法之庇祐，作爲學佛之主要目標，不能了知學佛之主要目標爲親證三乘菩提。大乘菩提則以般若實相智慧爲主要修習目標，以二乘菩提解脫道爲附帶修習之標的；是故學習大乘法者，應以禪宗之證悟爲要務，能親入大乘菩提之實相般若智慧中故，般若實相智慧非二乘聖人所能知故。此書則以台灣世俗化佛教之三大法師，說法似是而非之實例，配合眞悟祖師之公案解析，提示證悟般若之關節，令學人易得悟入。平實導師著，全書五百餘頁，售價500元（2007年起，凡購買公案拈提第一輯至第七輯，每購一輯皆贈送本公司精製公案拈提〈超意境〉CD一片，市售價格280元，多購多贈）。

淨土聖道—兼評日本本願念佛：佛法甚深極廣，般若玄微，非諸二乘聖僧所能知之，一切凡夫更無論矣！所謂一切證量皆歸淨土是也！是故大乘法中「聖道之淨土、淨土之聖道」，其義甚深，難可了知；乃至眞悟之人，初心亦難知也。今有正德老師眞實證悟後，復能深探淨土與聖道之緊密關係，憐憫眾生之誤會淨土實義，亦欲利益廣大淨土行人同入聖道，同獲淨土中之聖道門要義，乃振奮心神、書以成文，今得刊行天下。主文279頁，連同序文等共301頁，總有十一萬六千餘字，正德老師著，成本價200元。

起信論講記：詳解大乘起信論**心生滅門**與**心眞如門**之眞實意旨，消除以往大師與學人對起信論所說**心生滅門**之誤解，由是而得了知眞心如來藏之非常非斷中道正理；亦因此一講解，令此論以往隱晦而被誤解之眞實義，得以如實顯示，令大乘佛菩提道之正理得以顯揚光大；初機學者亦可藉此正論所顯示之法義，對大乘法理生起正信，從此得以眞發菩提心，眞入大乘法中修學，世世常修菩薩正行。平實導師演述，共六輯，都已出版，每輯三百餘頁，售價250元。

優婆塞戒經講記：本經詳述在家菩薩修學大乘佛法，應如何受持菩薩戒？對人間善行應如何看待？對三寶應如何護持？應如何正確地修集此世後世證法之福德？應如何修集後世「行菩薩道之資糧」？並詳述第一義諦之正義：五蘊非我非異我、自作自受、異作異受、不作不受……等深妙法義，乃是修學大乘佛法、行菩薩行之在家菩薩所應當了知者。出家菩薩今世或未來世登地已，捨報之後多數將如華嚴經中諸大菩薩，以在家菩薩身而修行菩薩行，故亦應以此經所述正理而修之，配合《楞伽經、解深密經、楞嚴經、華嚴經》等道次第正理，方得漸次成就佛道；故此經是一切大乘行者皆應證知之正法。平實導師講述，每輯三百餘頁，售價各250元；共八輯，已全部出版。

真假活佛—略論附佛外道盧勝彥之邪說：人人身中都有眞活佛，永生不滅而有大神用，但眾生都不了知，所以常被身外的西藏密宗假活佛籠罩欺瞞。本來就眞實存在的眞活佛，才是眞正的密宗無上密！諾那活佛因此而說禪宗是大密宗，但藏密的所有活佛都不知道、也不曾實證自身中的眞活佛。本書詳實宣示眞活佛的道理，舉證盧勝彥的「佛法」不是眞佛法，也顯示盧勝彥是假活佛，直接的闡釋第一義佛法見道的眞實正理。眞佛宗的所有上師與學人們，都應該詳細閱讀，包括盧勝彥個人在內。正犀居士著，優惠價140元。

阿含正義—唯識學探源：廣說四大部《阿含經》諸經中隱說之眞正義理，一一舉示佛陀本懷，令阿含時期初轉法輪根本經典之眞義，如實顯現於佛子眼前。並提示末法大師對於阿含眞義誤解之實例，一一比對之，證實唯識增上慧學確於原始佛法之阿含諸經中已隱覆密意而略說之，證實 世尊確於原始佛法中已曾密意而說第八識如來藏之總相；亦證實 世尊在四阿含中已說此藏識是名色十八界之因、之本—證明如來藏是能生萬法之根本心。佛子可據此修正以往受諸大師（譬如西藏密宗應成派中觀師：印順、昭慧、性廣、大願、達賴、宗喀巴、寂天、月稱、……等人）誤導之邪見，建立正見，轉入正道乃至親證初果而無困難；書中並詳說三果所證的**心解脫**，以及四果**慧解脫**的親證，都是如實可行的具體知見與行門。全書共七輯，已出版完畢。平實導師著，每輯三百餘頁，售價300元。

超意境CD：以平實導師公案拈提書中超越意境之頌詞，加上曲風優美的旋律，錄成令人嚮往的超意境歌曲，其中包括正覺發願文及平實導師親自譜成的黃梅調歌曲一首。詞曲雋永，殊堪翫味，可供學禪者吟詠，有助於見道。內附設計精美的彩色小冊，解說每一首詞的背景本事。每片280元。【每購買公案拈提書籍一冊，即贈送一片。】

菩薩底憂鬱CD將菩薩情懷及禪宗公案寫成新詞，並製作成超越意境的優美歌曲。1.主題曲〈菩薩底憂鬱〉，描述地後菩薩能離三界生死而迴向繼續生在人間，但因尚未斷盡習氣種子而有極深沈之憂鬱，非三賢位菩薩及二乘聖者所知，此憂鬱在七地滿心位方才斷盡；本曲之詞中所說義理極深，昔來所未曾見；此曲係以優美的情歌風格寫詞及作曲，聞者得以激發嚮往諸地菩薩境界之大心，詞、曲都非常優美，難得一見；其中勝妙義理之解說，已印在附贈之彩色小冊中。2.以各輯公案拈提中直示禪門入處之頌文，作成各種不同曲風之超意境歌曲，值得玩味、參究；聆聽公案拈提之優美歌曲時，請同時閱讀內附之印刷精美說明小冊，可以領會超越三界的證悟境界；未悟者可以因此引發求悟之意向及疑情，眞發菩提心而邁向求悟之途，乃至因此眞實悟入般若，成眞菩薩。3.正覺總持咒新曲，總持佛法大意；總持咒之義理，已加以解說並印在隨附之小冊中。本CD共有十首歌曲，長達63分鐘，附贈二張購書優惠券。每片320元。

禪意無限CD平實導師以公案拈提書中偈頌寫成不同風格曲子，與他人所寫不同風格曲子共同錄製出版，幫助參禪人進入禪門超越意識之境界。盒中附贈彩色印製的精美解說小冊，以供聆聽時閱讀，令參禪人得以發起參禪之疑情，即有機會證悟本來面目，實證大乘菩提般若。本CD共有十首歌曲，長達69分鐘，每盒各附贈二張購書優惠券。每片320元。

我的菩提路第一輯：凡夫及二乘聖人不能實證的佛菩提證悟，末法時代的今天仍然有人能得實證，由正覺同修會釋悟圓、釋善藏法師等二十餘位實證如來藏者所寫的見道報告，已爲當代學人見證宗門正法之絲縷不絕，證明大乘義學的法脈仍然存在，爲末法時代求悟般若之學人照耀出光明的坦途。由二十餘位大乘見道者所繕，敘述各種不同的學法、見道因緣與過程，參禪求悟者必讀。全書三百餘頁，售價300元。

我的菩提路第二輯：由郭正益老師等人合著，書中詳述彼等諸人歷經各處道場學法，一一修學而加以檢擇之不同過程以後，因閱讀正覺同修會、正智出版社書籍而發起抉擇分，轉入正覺同修會中修學；乃至學法及見道之過程，都一一詳述之。**本書已改版印製重新流通**，讀者原購的初版書，不論是第一刷或第二、三、四刷，都可以寄回換新，免附郵費。

我的菩提路第三輯：由王美伶老師等人合著。自從正覺同修會成立以來，每年夏初、冬初都舉辦精進禪三共修，藉以助益會中同修們得以證悟明心發起般若實相智慧；凡已實證而被平實導師印證者，皆書具見道報告用以證明佛法之眞實可證而非玄學，證明佛法並非純屬思想、理論而無實質，是故每年都能有人證明正覺同修會的「實證佛教」主張並非虛語。特別是眼見佛性一法，自古以來中國禪宗祖師實證者極寡，較之明心開悟的證境更難令人信受；至2017年初，正覺同修會中的證悟明心者已近五百人，然而其中眼見佛性者至今唯十餘人爾，可謂難能可貴，是故明心後欲冀眼見佛性者實屬不易。黃正倖老師是懸絕七年無人見性後的第一人，她於2009年的見性報告刊於本書的第二輯中，爲大眾證明佛性確實可以眼見；其後七年之中求見性者都屬解悟佛性而無人眼見，幸而又經七年後的2016冬初，以及2017夏初的禪三，復有三人眼見佛性，希冀鼓舞四眾佛子求見佛性之大心，今則具載一則於書末，顯示求見佛性之事實經歷，供養現代佛教界欲得見性之四眾弟子。全書四百頁，售價300元，已於2017年6月30日發行。

我的菩提路第四輯：由陳晏平等人著。中國禪宗祖師往往有所謂「見性」之言，所言多屬看見如來藏具有能令人發起成佛之自性，並非《大般涅槃經》中 如來所說之眼見佛性。眼見佛性者，於親見佛性之時，即能於山河大地眼見自己佛性，亦能於他人身上眼見自己佛性及對方之佛性，如是境界無法爲尚未實證者解釋；勉強說之，縱使眞實明心證悟之人聞之，亦只能以自身明心之境界想像之，但不論如何想像多屬非量，能有正確之比量者亦是稀有，故說眼見佛性極爲困難。眼見佛性之人若所見極分明時，在所見佛性之境界下所眼見之山河大地、自己五蘊身心皆是虛幻，自有異於明心者之解脫功德受用，此後永不思證二乘涅槃，必定邁向成佛之道而進入第十住位中，已超第一阿僧祇劫三分有一，可謂之爲超劫精進也。今又有明心之後眼見佛性之人出於人間，將其明心及後來見性之報告，連同其餘證悟明心者之精彩報告一同收錄於此書中，供養眞求佛法實證之四眾佛子。全書380頁，售價300元，已於2018年6月30日發行。

我的菩提路第五輯：林慈慧老師等人著，本輯中所舉學人從相似正法中來到正覺同修會的過程，各人都有不同，發生的因緣亦是各有差別，然而都會指向同一個目標——證實生命實相的源底，確證自己生從何來、死往何去的事實，所以最後都證明佛法眞實而可親證，絕非玄學；本書將彼等諸人的始修及末後證悟之實例，羅列出來以供學人參考。本期亦有一位會裡的老師，是從1995年即開始追隨平實導師修學，1997年明心後持續進修不斷，直到2017年眼見佛性之實例，足可證明《大般涅槃經》中世尊開示眼見佛性之法正眞無訛，第十住位的實證在末法時代的今天仍有可能，如今一併具載於書中以供學人參考，並供養現代佛教界欲得見性之四眾弟子。全書四百頁，售價300元，已於2019年12月31日發行。

我的菩提路第六輯：劉惠莉老師等人著，本輯中舉示劉老師明心多年以後的眼見佛性實錄，供末法時代學人了知明心之異於見性本質，足可證明《大般涅槃經》中世尊開示眼見佛性之法正眞無訛。亦列舉多篇學人從各道場來到正覺學法之不同過程，以及如何發覺邪見之異於正法的所在，最後終能在正覺禪三中悟入的實況，以證明佛教正法仍在末法時代的人間繼續弘揚的事實，鼓舞一切眞實學法的菩薩大眾思之：我等諸人亦可有因緣證悟，絕非空想白思。約四百頁，售價300元，已於2020年6月30日發行。

我的菩提路第七輯：余正偉老師等人著，本輯中舉示余老師明心二十餘年以後的眼見佛性實錄，供末法時代學人了知明心異於見性之本質，並且舉示其見性後與平實導師互相討論眼見佛性之諸多疑訛處；除了證明《大般涅槃經》中 世尊開示眼見佛性之法正眞無訛以外，亦得一解明心後尚未見性者之所未知處，甚爲精彩。此外亦列舉多篇學人從各不同宗教進入正覺學法之不同過程，以及發覺諸方道場邪見之內容與過程，最終得於正覺精進禪三中悟入的實況，足供末法精進學人借鑑，以彼鑑己而生信心，得以投入了義正法中修學及實證。凡此，皆足以證明不唯明心所證之第七住位般若智慧及解脫功德仍可實證，乃至第十住位的實證與當場發起如幻觀之實證，於末法時代的今天皆仍有可能。本書約四百頁，售價300元。

明心與眼見佛性：本書細述明心與眼見佛性之異同，同時顯示了中國禪宗破初參明心與重關眼見佛性二關之間的關聯；書中又藉法義辨正而旁述其他許多勝妙法義，讀後必能遠離佛門長久以來積非成是的錯誤知見，令讀者在佛法的實證上有極大助益。也藉慧廣法師的謬論來教導佛門學人回歸正知正見，遠離古今禪門錯悟者所墮的意識境界，非唯有助於斷我見，也對未來的開悟明心實證第八識如來藏有所助益，是故學禪者都應細讀之。游正光老師著，共 448 頁售價300元。

見性與看話頭：黃正倖老師的《見性與看話頭》於《正覺電子報》連載完畢，今集結出版。書中詳說禪宗看話頭的詳細方法，並細說看話頭與眼見佛性的關係，以及眼見佛性者求見佛性前必須具備的條件。本書是禪宗實修者追求明心開悟時參禪的方法書，也是求見佛性者作功夫時必讀的方法書，內容兼顧眼見佛性的理論與實修之方法，是依實修之體驗配合理論而詳述，條理分明而且極爲詳實、周全、深入。本書內文375頁，全書416頁，售價300元。

鈍鳥與靈龜：鈍鳥及靈龜二物，被宗門證悟者說爲二種人：前者是精修禪定而無智慧者，也是以定爲禪的愚癡禪人；後者是或有禪定、或無禪定的宗門證悟者，凡已證悟者皆是靈龜。但後者被人虛造事實，用以嘲笑大慧宗杲禪師，說他雖是靈龜，卻不免被天童禪師預記「患背」痛苦而亡：「鈍鳥離巢易，靈龜脱殼難。」藉以貶低大慧宗杲的證量。同時將天童禪師實證如來藏的證量，曲解爲意識境界的離念靈知。自從大慧禪師入滅以後，錯悟凡夫對他的不實毀謗就一直存在著，不曾止息，並且捏造的假事實也隨著年月的增加而越來越多，終至編成「鈍鳥與靈龜」的假公案、假故事。本書是考證大慧與天童之間的不朽情誼，顯現這件假公案的虛妄不實；更見大慧宗杲面對惡勢力時的正直不阿，亦顯示大慧對天童禪師的至情深義，將使後人對大慧宗杲的誣謗至此而止，不再有人誤犯毀謗賢聖的惡業。書中亦舉證宗門的所悟確以第八識如來藏爲標的，詳讀之後必可改正以前被錯悟大師誤導的參禪知見，日後必定有助於實證禪宗的開悟境界，得階大乘眞見道位中，即是實證般若之賢聖。全書459頁，售價350元。

維摩詰經講記：本經係 世尊在世時，由等覺菩薩維摩詰居士藉疾病而演說之大乘菩提無上妙義，所說函蓋甚廣，然極簡略，是故今時諸方大師與學人讀之悉皆錯解，何況能知其中隱含之深妙正義，是故普遍無法爲人解說；若強爲人說，則成依文解義而有諸多過失。今由平實導師公開宣講之後，詳實解釋其中密意，令維摩詰菩薩所說大乘不可思議解脫之深妙正法得以正確宣流於人間，利益當代學人及與諸方大師。書中詳實演述大乘佛法深妙不共二乘之智慧境界，顯示諸法之中絕待之實相境界，建立大乘菩薩妙道於永遠不敗不壞之地，以此成就護法偉功，欲冀永利娑婆人天。已經宣講圓滿整理成書流通，以利諸方大師及諸學人。全書共六輯，每輯三百餘頁，售價各250元。

真假外道：本書具體舉證佛門中的常見外道知見實例，並加以教證及理證上的辨正，幫助讀者輕鬆而快速的了知常見外道的錯誤知見，進而遠離佛門內外的常見外道知見，因此即能改正修學方向而快速實證佛法。游正光老師著　。成本價200元。

勝鬘經講記：如來藏爲三乘菩提之所依，若離如來藏心體及其含藏之一切種子，即無三界有情及一切世間法，亦無二乘菩提緣起性空之出世間法；本經詳說無始無明、一念無明皆依如來藏而有之正理，藉著詳解煩惱障與所知障間之關係，令學人深入了知二乘菩提與佛菩提相異之妙理；聞後即可了知佛菩提之特勝處及三乘修道之方向與原理，邁向攝受正法而速成佛道的境界中。平實導師講述，共六輯，每輯三百餘頁，售價各250元。

楞嚴經講記：楞嚴經係密教部之重要經典，亦是顯教中普受重視之經典；經中宣說明心與見性之內涵極爲詳細，將一切法都會歸如來藏及佛性—妙眞如性；亦闡釋五陰區宇及五陰盡的境界，作諸地菩薩自我檢驗證量之依據，旁及佛菩提道修學過程中之種種魔境，以及外道誤會涅槃之狀況，亦兼述明三界世間之起源。然因言句深澀難解，法義亦復深妙寬廣，學人讀之普難通達，是故讀者大多誤會，不能如實理解佛所說之明心與見性內涵，亦因是故多有悟錯之人引爲開悟之證言，成就大妄語罪。今由平實導師詳細講解之後，整理成文，以易讀易懂之語體文刊行天下，以利學人。全書十五輯，全部出版完畢。每輯三百餘頁，售價每輯300元。

金剛經宗通：三界唯心，萬法唯識，是成佛之修證內容，是諸地菩薩之所修；般若則是成佛之道（實證三界唯心、萬法唯識）的入門，若未證悟實相般若，即無成佛之可能，必將永在外門廣行菩薩六度，永在凡夫位中。然而實相般若的發起，全賴實證萬法的眞相；若欲證知萬法的眞相，則必須探究萬法之所從來，則須實證自心如來—金剛心如來藏，然後現觀這個金剛心的金剛性、眞實性、如如性、清淨性、涅槃性、能生萬法的自性性、本住性，名爲證眞如；進而現觀三界六道唯是此金剛心所成，人間萬法須藉八識心王和合運作方能現起。如是實證《華嚴經》的「三界唯心、萬法唯識」以後，由此等現觀而發起實相般若智慧，繼續進修第十住位的如幻觀、第十行位的陽焰觀、第十迴向位的如夢觀，再生起增上意樂而勇發十無盡願，方能滿足三賢位的實證，轉入初地；自知成佛之道而無偏倚，從此按部就班、次第進修乃至成佛。第八識自心如來是般若智慧之所依，般若智慧的修證則要從實證金剛心自心如來開始；《金剛經》則是解說自心如來之經典，是一切三賢位菩薩所應進修之實相般若經典。這一套書，是將平實導師宣講的《金剛經宗通》內容，整理成文字而流通之；書中所說義理，迥異古今諸家依文解義之說，指出大乘見道方向與理路，有益於禪宗學人求開悟見道，及轉入內門廣修六度萬行，已於2013年9月出版完畢，總共9輯，每輯約三百餘頁，售價各250元。

霧峰無霧—給哥哥的信：本書作者藉兄弟之間信件往來論義，略述佛法大義；並以多篇短文辨義，舉出釋印順對佛法的無量誤解證據，並一一給予簡單而清晰的辨正，令人一讀即知。久讀、多讀之後即能認清楚釋印順的六識論見解，與眞實佛法之牴觸是多麼嚴重；於是在久讀、多讀之後，於不知不覺之間提升了對佛法的極深入理解，正知正見就在不知不覺間建立起來了。當三乘佛法的正知見建立起來之後，對於三乘菩提的見道條件便將隨之具足，於是聲聞解脫道的見道也就水到渠成；接著大乘見道的因緣也將次第成熟，未來自然也會有親見大乘菩提之道的因緣，悟入大乘實相般若也將自然成功，自能通達般若系列諸經而成實義菩薩。作者居住於南投縣霧峰鄉，自喻見道之後不復再見霧峰之霧，故鄉原野美景一一明見，於是立此書名爲《霧峰無霧》；讀者若欲撥霧見月，可以此書爲緣。游宗明 老師著，已於2015年出版，售價250元。

霧峰無霧—第二輯—救護佛子向正道：本書作者藉釋印順著作中之各種錯謬法義提出辨正，以詳實的文義一一提出理論上及實證上之解析，列舉釋印順對佛法的無量誤解證據，藉此教導佛門大師與學人釐清佛法義理，遠離岐途轉入正道，然後知所進修，久之便能見道明心而入大乘勝義僧數。被釋印順誤導的大師與學人極多，很難救轉，是故作者大發悲心深入解說其錯謬之所在，佐以各種義理辨正而令讀者在不知不覺之間轉歸正道。如是久讀之後欲得斷身見、證初果，即不爲難事；乃至久之亦得大乘見道而得證眞如，脫離空有二邊而住中道，實相般若智慧生起，於佛法不再茫然，漸漸亦知悟後進修之道。屆此之時，對於大乘般若等深妙法之迷雲暗霧亦將一掃而空，生命及宇宙萬物之故鄉原野美景一一明見，是故本書仍名《霧峰無霧》，爲第二輯；讀者若欲撥雲見日、離霧見月，可以此書爲緣。游宗明　老師著，已於2019年出版，售價250元。

假藏傳佛教的神話—性、謊言、喇嘛教：本書編著者是由一首名爲「阿姊鼓」的歌曲爲緣起，展開了序幕，揭開假藏傳佛教—喇嘛教—的神祕面紗。其重點是蒐集、摘錄網路上質疑「喇嘛教」的帖子，以揭穿「假藏傳佛教的神話」爲主題，串聯成書，並附加彩色插圖以及說明，讓讀者們瞭解西藏密宗及相關人事如何被操作爲「神話」的過程，以及神話背後的眞相。作者：張正玄教授。售價200元。

達賴真面目—玩盡天下女人：假使您不想戴綠帽子，請記得詳細閱讀此書；假使您不想讓好朋友戴綠帽子，請您將此書介紹給您的好朋友。假使您想保護家中的女性，也想要保護好朋友的女眷，請記得將此書送給家中的女性和好友的女眷都來閱讀。本書爲印刷精美的大本彩色中英對照精裝本，爲您揭開達賴喇嘛的眞面目，內容精彩不容錯過，爲利益社會大眾，特別以優惠價格嘉惠所有讀者。編著者：白志偉等。大開版雪銅紙彩色精裝本。售價800元。

喇嘛性世界—揭開假藏傳佛教譚崔瑜伽的面紗：這個世界中的喇嘛，號稱來自世外桃源的香格里拉，穿著或紅或黃的喇嘛長袍，散布於我們的身邊傳教灌頂，吸引了無數的人嚮往學習；這些喇嘛虔誠地爲大眾祈福，手中拿著寶杵（金剛）與寶鈴（蓮花），口中唸著咒語：「唵・嘛呢・叭咪・吽……」，咒語的意思是說：「我至誠歸命金剛杵上的寶珠伸向蓮花寶穴之中」！「喇嘛性世界」是什麼樣的「世界」呢？本書將爲您呈現喇嘛世界的面貌。當您發現眞相以後，您將會唸：「噢！喇嘛・性・世界，譚崔性交嘛！」作者：張善思、呂艾倫。售價200元。

末代達賴—性交教主的悲歌：簡介從藏傳僞佛教（喇嘛教）的修行核心—性力派男女雙修，探討達賴喇嘛及藏傳僞佛教的修行內涵。書中引用外國知名學者著作、世界各地新聞報導，包含：歷代達賴喇嘛的祕史、達賴六世修雙身法的事蹟，以及《時輪續》中的性交灌頂儀式……等；達賴喇嘛書中開示的雙修法、達賴喇嘛的黑暗政治手段；達賴喇嘛所領導的寺院爆發喇嘛性侵兒童；新聞報導《西藏生死書》作者索甲仁波切性侵女信徒、澳洲喇嘛秋達公開道歉、美國最大假藏傳佛教組織領導人邱陽創巴仁波切的性氾濫；等等事件背後眞相的揭露。作者：張善思、呂艾倫、辛燕。售價250元。

黯淡的達賴—失去光彩的諾貝爾和平獎：本書舉出很多證據與論述，詳述達賴喇嘛不爲世人所知的一面，顯示達賴喇嘛並不是眞正的和平使者，而是假借諾貝爾和平獎的光環來欺騙世人；透過本書的說明與舉證，讀者可以更清楚的瞭解，達賴喇嘛是結合暴力、黑暗、淫欲於喇嘛教裡的集團首領，其政治行爲與宗教主張，早已讓諾貝爾和平獎的光環染污了。本書由財團法人正覺教育基金會寫作、編輯，由正覺出版社印行，每冊250元。

第七意識與第八意識？——穿越時空「超意識」：「三界唯心，萬法唯識」是佛教中應該實證的聖教，也是《華嚴經》中明載而可以實證的法界實相。唯心者，三界一切境界、一切諸法唯是一心所成就，即是每一個有情的第八識如來藏，不是意識心。唯識者，即是人類各各都具足的八識心王——眼識、耳鼻舌身意識、意根、阿賴耶識，第八阿賴耶識又名如來藏，人類五陰相應的萬法，莫不由八識心王共同運作而成就，故說萬法唯識。依聖教量及現量、比量，都可以證明意識是二法因緣生，是由第八識藉意根與法塵二法為因緣而出生，又是夜夜斷滅不存之生滅心，即無可能反過來出生第七識意根、第八識如來藏，當知不可能從生滅性的意識心中，細分出恆審思量的第七識意根，更無可能細分出恆而不審的第八識如來藏。本書是將演講內容整理成文字，細說如是內容，並已在〈正覺電子報〉連載完畢，今彙集成書以廣流通，欲幫助佛門有緣人斷除意識我見，跳脫於識陰之外而取證聲聞初果；嗣後修學禪宗時即得不墮外道神我之中，得以求證第八識金剛心而發起般若實智。平實導師 述，每冊300元。

童女迦葉考——論呂凱文〈佛教輪迴思想的論述分析〉之謬：童女迦葉是佛世率領五百大比丘遊行於人間的歷史事實，是以童貞行而依止菩薩戒弘化於人間的大菩薩，不依別解脫戒（聲聞戒）來弘化於人間。這是大乘佛教與聲聞佛教同時存在於佛世的歷史明證，證明大乘佛教不是從聲聞法中分裂出來的部派佛教的產物，卻是聲聞佛教分裂出來的部派佛教聲聞凡夫僧所不樂見的史實；於是古今聲聞法中的凡夫都欲加以扭曲而作詭說，更是末法時代高聲大呼「大乘非佛說」的六識論聲聞凡夫極力想要扭曲的佛教史實之一，於是想方設法扭曲迦葉菩薩為聲聞僧，以及扭曲迦葉童女為比丘僧等荒謬不實之論著便陸續出現，古時聲聞僧寫作的《分別功德論》是最具體之事例，現代之代表作則是呂凱文先生的〈佛教輪迴思想的論述分析〉論文。鑑於如是假藉學術考證以籠罩大眾之不實謬論，未來仍將繼續造作及流竄於佛教界，繼續扼殺大乘佛教學人法身慧命，必須舉證辨正之，遂成此書。平實導師 著，每冊180元。

人間佛教——實證者必定不悖三乘菩提：「大乘非佛說」的講法似乎流傳已久，卻只是日本人企圖擺脫中國正統佛教的影響，而在明治維新時期才開始提出來的說法；台灣佛教、大陸佛教的淺學無智之人，由於未曾實證佛法而迷信日本人錯誤的學術考證，錯認為這些別有用心的日本佛學考證的講法為天竺佛教的眞實歷史；甚至還有更激進的反對佛教者提出「**釋迦牟尼佛並非眞實存在，只是後人捏造的假歷史人物**」，竟然也有少數佛教徒願意跟著「學術」的假光環而信受不疑，亦導致部分台灣佛教界人士，造作了反對中國大乘佛教而推崇南洋小乘佛教的行為，使台灣佛教的信仰者難以檢擇，亦導致一般大陸人士開始轉入基督教的盲目迷信中。在這些佛教及外教人士之中，也就有一分人根據此邪說而大聲主張「大乘非佛說」的謬論，這些人以「人間佛教」的名義來抵制中國正統佛教，公然宣稱中國的大乘佛教是由聲聞部派佛教的凡夫僧所創造出來的。這樣的說法流傳於台灣及大陸佛教界凡夫僧之中已久，卻非眞正的佛教歷史中曾經發生過的事，只是繼承六識論的聲聞法中凡夫僧，以及別有居心的日本佛教界，依自己的意識境界立場，純憑臆想而編造出來的妄想說法，卻已經影響許多無智之凡夫僧俗信受不移。本書則是從佛教的經藏法義實質及實證的現量內涵本質立論，證明大乘佛法本是佛說，是從《阿含正義》尚未說過的不同面向來討論「人間佛教」的議題，證明「大乘眞佛說」。閱讀本書可以斷除六識論邪見，迴入三乘菩提正道發起實證的因緣；也能斷除禪宗學人學禪時普遍存在之錯誤知見，對於建立參禪時的正知見有很深的著墨。平實導師 述，內文488頁，全書528頁，定價400元。

實相經宗通：學佛之目的在於實證一切法界背後之實相，禪宗稱之為本來面目或本地風光，佛菩提道中稱之為實相法界；此實相法界即是金剛藏，又名佛法之祕密藏，即是能生有情五陰、十八界及宇宙萬有（山河大地、諸天、三惡道世間）的第八識如來藏，又名阿賴耶識心，即是禪宗祖師所說的眞如心，此心即是三界萬有背後的實相。證得此第八識心時，自能瞭解般若諸經中隱說的種種密意，即得發起實相般若——實相智慧。每見學佛人修學佛法二十年後仍對實相般若茫然無知，亦不知如何入門，茫無所趣；更因不知三乘菩提的互異互同，是故越是久學者對佛法越覺茫然，都肇因於尚未瞭解佛法的全貌，亦未瞭解佛法的修證內容即是第八識心所致。本書對於修學佛法者所應實證的實相境界提出明確解析，並提示趣入佛菩提道的入手處，有心親證實相般若的佛法實修者，宜詳讀之，於佛菩提道之實證即有下手處。平實導師述著，共八輯，已於2016年出版完畢，每輯成本價250元。

真心告訴您（一）——達賴喇嘛在幹什麼？ 這是一本報導篇章的選集，更是「破邪顯正」的暮鼓晨鐘。「破邪」是戳破假象，說明達賴喇嘛及其所率領的密宗四大派法王、喇嘛們，弘傳的佛法是仿冒的佛法；他們是假藏傳佛教，是坦特羅(譚崔性交)外道法和藏地崇奉鬼神的苯教混合成的「喇嘛教」，推廣的是以所謂「無上瑜伽」的男女雙身法冒充佛法的假佛教，詐財騙色誤導眾生，常常造成信徒家庭破碎、家中兒少失怙的嚴重後果。「顯正」是揭櫫眞相，指出眞正的藏傳佛教只有一個，就是覺囊巴，傳的是 釋迦牟尼佛演繹的第八識如來藏妙法，稱爲他空見大中觀。正覺教育基金會即以此古今輝映的如來藏正法正知見，在眞心新聞網中逐次報導出來，將箇中原委「眞心告訴您」，如今結集成書，與想要知道密宗眞相的您分享。售價250元。

中觀金鑑——詳述應成派中觀的起源與其破法本質： 學佛人往往迷於中觀學派之不同學說，被應成派與自續派所迷惑；修學般若中觀二十年後自以爲實證般若中觀了，卻仍不曾入門，甫聞實證般若中觀者之所說，則茫無所知，迷惑不解；隨後信心盡失，不知如何實證佛法；凡此，皆因惑於這二派中觀學說所致。自續派中觀所說同於常見，以意識境界立爲第八識如來藏之境界，應成派所說則同於斷見，但又同立意識爲常住法，故亦具足斷常二見。今者孫正德老師有鑑於此，乃將起源於密宗的應成派中觀學說，追本溯源，詳考其來源之外，亦一一舉證其立論內容，詳加辨正，令密宗雙身法祖師以識陰境界而造之應成派中觀學說本質，詳細呈現於學人眼前，令其維護雙身法之目的無所遁形。若欲遠離密宗此二大派中觀謬說，欲於三乘菩提有所進道者，允宜具足閱讀並細加思惟，反覆讀之以後將可捨棄邪道返歸正道，則於般若之實證即有可能，證後自能現觀如來藏之中道境界而成就中觀。本書分上、中、下三冊，每冊250元，已全部出版完畢。

法華經講義：此書爲平實導師始從2009/7/21演述至2014/1/14之講經錄音整理所成。世尊一代時教，總分五時三教，即是華嚴時、聲聞緣覺教、般若教、種智唯識教、法華時；依此五時三教區分爲藏、通、別、圓四教。本經是最後一時的圓教經典，圓滿收攝一切法教於本經中，是故最後的圓教聖訓中，特地指出無有三乘菩提，其實唯有一佛乘；皆因衆生愚迷故，方便區分爲三乘菩提以助衆生證道。世尊於此經中特地說明如來示現於人間的唯一大事因緣，便是爲有緣衆生「開、示、悟、入」諸佛的所知所見——第八識如來藏妙眞如心，並於諸品中隱說「妙法蓮花」如來藏心的密意。然因此經所說甚深難解，眞義隱晦，古來難得有人能窺堂奧；平實導師以知如是密意故，特爲末法佛門四衆演述《妙法蓮華經》中各品蘊含之密意，使古來未曾被古德註解出來的「此經」密意，如實顯示於當代學人眼前。乃至〈藥王菩薩本事品〉、〈妙音菩薩品〉、〈觀世音菩薩普門品〉、〈普賢菩薩勸發品〉中的微細密意，亦皆一併詳述之，可謂開前人所未曾言之密意，示前人所未見之妙法。最後乃至以〈法華大義〉而總其成，全經妙旨貫通始終，而依佛旨圓攝於一心如來藏妙心，厥爲曠古未有之大說也。平實導師述，共有25輯，已於2019/05/31出版完畢。每輯300元。

西藏「活佛轉世」制度——附佛、造神、世俗法：歷來關於喇嘛教活佛轉世的研究，多針對歷史及文化兩部分，於其所以成立的理論基礎，較少系統化的探討。尤其是此制度是否依據「佛法」而施設？是否合乎佛法眞實義？現有的文獻大多含糊其詞，或人云亦云，不曾有明確的闡釋與如實的見解。因此本文先從活佛轉世的由來，探索此制度的起源、背景與功能，並進而從活佛的尋訪與認證之過程，發掘活佛轉世的特徵，以確認「活佛轉世」在佛法中應具足何種果德。定價150元。

真心告訴您(二)——達賴喇嘛是佛教僧侶嗎？補祝達賴喇嘛八十大壽：這是一本針對當今達賴喇嘛所領導的喇嘛教，冒用佛教名相、於師徒間或師兄姊間，實修男女邪淫，而從佛法三乘菩提的現量與聖教量，揭發其謊言與邪術，證明達賴及其喇嘛教是仿冒佛教的外道，是「假藏傳佛教」。藏密四大派教義雖有「八識論」與「六識論」的表面差異，然其實修之內容，皆共許「無上瑜伽」四部灌頂為究竟「成佛」之法門，也就是共以男女雙修之邪淫法為「即身成佛」之密要，雖美其名曰「欲貪為道」之「金剛乘」，並誇稱其成就超越於（應身佛）釋迦牟尼佛所傳之顯教般若乘之上；然詳考其理論，則或以意識離念時之粗細心為第八識如來藏，或以中脈裡的明點為第八識如來藏，或如宗喀巴與達賴堅決主張第六意識為常恆不變之真心者，分別墮於外道之常見與斷見中；全然違背 佛說能生五蘊之如來藏的實質。售價300元。

涅槃——解說四種涅槃之實證及內涵：真正學佛之人，首要即是見道，由見道故方有涅槃之實證，證涅槃者方能出生死，但涅槃有四種：二乘聖者的有餘涅槃、無餘涅槃，以及大乘聖者的本來自性清淨涅槃、佛地的無住處涅槃。大乘聖者實證本來自性清淨涅槃，入地前再取證二乘涅槃，然後起惑潤生捨離二乘涅槃，繼續進修而在七地心前斷盡三界愛之習氣種子，依七地無生法忍之具足而證得念念入滅盡定；八地後進斷異熟生死，直至妙覺地下生人間成佛，具足四種涅槃，方是真正成佛。此理古來少人言，以致誤會涅槃正理者比比皆是，今於此書中廣說四種涅槃、如何實證之理、實證前應有之條件，實屬本世紀佛教界極重要之著作，令人對涅槃有正確無訛之認識，然後可以依之實行而得實證。本書共有上下二冊，每冊各四百餘頁，對涅槃詳加解說，每冊各350元。

佛藏經講義：本經說明為何佛菩提難以實證之原因，都因往昔無數阿僧祇劫前的邪見，引生此世求證時之業障而難以實證。即以諸法實相詳細解說，繼之以念佛品、念法品、念僧品，說明諸佛與法之實質；然後以淨戒品之說明，期待佛弟子四眾堅持清淨戒而轉化心性，並以往古品的實例說明歷代學佛人在實證上的業障由來，教導四眾務必滅除邪見轉入正見中，不再造作謗法及謗賢聖之大惡業，以免未來世尋求實證之時被業障所障；然後以了戒品的說明和囑累品的付囑，期望末法時代的佛門四眾弟子皆能清淨知見而得以實證。平實導師於此經中有極深入的解說，總共21輯，已於2022/11/30出版完畢，每輯三百餘頁，售價300元。

大法鼓經講義：本經解說佛法的總成：法、非法。由開解法、非法二義，說明了義佛法與世間戲論法的差異，指出佛法實證之標的即是法——第八識如來藏；並顯示實證後的智慧，如實擊大法鼓、演深妙法，演說如來祕密教法，非二乘定性及諸凡夫所能得聞，唯有具足菩薩性者方能得聞。正聞之後即得依於　世尊大願而拔除邪見，入於正法而得實證；深解不了義經之方便說，亦能實解了義經所說之眞實義，得以證法——如來藏，而得發起根本無分別智，乃至進修而發起後得無分別智；並堅持布施及受持清淨戒而轉化心性，得以現觀眞我眞法如來藏之各種層面。此爲第一義諦聖教，並授記末法最後餘八十年時，一切世間樂見離車童子以七地證量而示現爲凡夫身，將繼續護持此經所說正法。平實導師於此經中有極深入的解說，總共六輯，已於2023/11/30 出版完畢，每輯三百餘頁，售價300元，

成唯識論釋：本論係大唐玄奘菩薩揉合當時天竺十大論師的說法加以辨正而著成，攝盡佛門證悟菩薩及部派佛教聲聞凡夫論師對佛法的論述，並函蓋當時天竺諸大外道對生命實相的錯誤論述加以辨正，是由玄奘大師依據無生法忍證量加以評論確定而成爲此論。平實導師弘法初期即已依於證量略講過一次，歷時大約四年，當時正覺同修會規模尚小，聞法成員亦多尚未證悟，是故並未整理成書；如今正覺同修會中的證悟同修已超過六百人，鑑於此論在護持正法、實證佛法及悟後進修上的重要性，已於2022年初重講，並已經預先註釋完畢編輯成書，名爲《成唯識論釋》，總共十輯，每輯目次41頁、序文7頁、每輯內文多達四百餘頁，並將原本13級字縮小爲12級字編排，以增加其內容；於增上班宣講時的內容將會更詳細於書中所說，涉及佛法密意的詳細內容只於增上班中宣講，於書中皆依佛誡隱覆密意而說，然已足夠所有學人藉此一窺佛法堂奧而進入正道、免入岐途。重新判教後編成的〈目次〉已經詳盡判定論中諸段句義，用供學人參考；是故讀者閱完此論之釋，即可深解成佛之道的正確內涵。本書總共十輯，預定每一輯內容講述完畢時即予出版，第一輯於2023年五月底出版，然後每七至十個月出版下一輯，每輯定價400元。

不退轉法輪經講義：世尊弘法有五時三教之別，分爲藏、通、別、圓四教之理，本經是大乘般若期前的通教經典，所說之大乘般若正理與所證解脫果，通於二乘解脫道，佛法智慧則通大乘般若，皆屬大乘般若與解脫甚深之理，故其所證解脫果位通於二乘法教；而其中所說第八識無分別法之正理，即是世尊降生人間的唯一大事因緣。如是第八識能仁而且寂靜，恆順衆生於生死之中從無乖違，識體中所藏之本來無漏性的有爲法以及眞如涅槃境界，皆能助益學人最後成就佛道；此謂釋迦意爲能仁，牟尼意爲寂靜，此第八識即名釋迦牟尼，釋迦牟尼即是能仁寂靜的第八識眞如；若有人聽聞如是第八識常住、如來不滅之正理，信受奉行之人皆有大乘實證之因緣，永得不退於成佛之道，是故聽聞釋迦牟尼名號而解其義者，皆得不退轉於無上正等正覺，未來世中必有實證之因緣。如是深妙經典，已由平實導師詳述圓滿並整理成書，於2024/01/30開始每二個月發行一輯，總共十輯，每輯300元。

中論正義：本書是依龍樹菩薩之《中論》詳解而成，《中論》是依第八識眞如心常處中道的自性而作論議，亦是依此眞如心與所生諸法之間的非一非異、非俱非不俱等中道自性而作論議；然而自從　佛入滅後四百餘年的部派佛教開始廣弘之時起，本論已被部派佛教諸聲聞凡夫僧以意識的臆想思惟而作思想層面之解釋，此後的中論宗都以如是錯誤的解釋廣傳天下，積非成是以後便成爲現在佛教界的應成派中觀與自續派中觀的六識論思想，成爲邪見而荼毒廣大學人，幾至全面荼毒之局面。今作者孫正德老師以其所證第八識眞如的中道性現觀，欲救末法大師與學人所墮之意識境界中道邪觀，造作此部《中論正義》，詳解《中論》之正理，欲令廣大學人皆得轉入正見中修學，而後可有實證之機緣成爲實義菩薩，眞可謂悲心深重也。本書分爲上下兩冊，下冊將於上冊出版後兩個月再行出版，每冊售價300元。

誰是師子身中蟲：本書是平實導師歷年來於會員大會中，闡述佛教界的師子身中蟲的開示文，今已全部整理成文字並結集成書，昭告佛教界所有大師與學人，欲普令佛教界所有人都能遠離師子身中蟲，使正法得以廣傳而助益更多佛弟子四眾得以遠離師子身中蟲等人所說之邪見，迴心於　如來所說的八識論大乘法教，則大眾實證第八識眞如，實相般若智慧的生起即有可望，亦令天界大得利益。今已出版，每冊110元。

解深密經講義：本經是所有尋求大乘見道及悟後欲入地者所應詳習串習的三經之一，即是《楞伽經》、《解深密經》、《楞嚴經》三經中的一經，亦可作爲見道眞假的自我印證依據。此經是　世尊晚年第三轉法輪時，宣說地上菩薩所應熏修之無生法忍唯識正義經典；經中總說眞見道位所見的智慧總相，兼及相見道位所應熏修的七眞如等法，以及入地應修之十地眞如等義理，乃是大乘一切種智增上慧學，以阿陀那識—如來藏—阿賴耶識爲成佛之道的主體。禪宗之證悟者，若欲修證初地無生法忍乃至八地無生法忍者，必須修學《楞伽經、解深密經、楞嚴經》所說之八識心王一切種智。此三經所說正法，方是眞正成佛之道；印順法師否定第八識如來藏之後所說萬法緣起性空之法，墮於六識論中而著作的《成佛之道》，乃宗本於密宗宗喀巴六識論邪思而寫成的邪見，是以誤會後之二乘解脫道取代大乘眞正成佛之道，承襲自古天竺部派佛教聲聞凡夫論師的邪見，尚且不符二乘解脫道正理，亦已墮於斷滅見及常見中，所說全屬臆想所得的外道見，不符本經中佛所說的正義。平實導師曾於本會郭故理事長往生時，於喪宅中從**首七**開始宣講此經，於每一七起各宣講三小時，至**十七**而快速略講圓滿，作爲郭老之往生後的佛事功德，迴向郭老早證八地、速返娑婆住持正法。茲爲今時後世學人故，已經開始重講《解深密經》，以淺顯之語句講畢後，將會整理成文並梓行流通，用供證悟者進道；亦令諸方未悟者，據此經中佛語正義修正邪見，依之速能入道。平實導師述著，全書輯數未定，每輯三百餘頁，預定於《不退轉法輪經講義》發行圓滿之後逐輯陸續出版。

菩薩瓔珞本業經講義：本經是律部經典，依之修行可免誤犯大妄語業。成佛之道總共有五十二階位，前十階位爲十信位，是對佛法僧三寶修學正確的信心，如實理解三寶的實質都是依第八識如來藏而成就的；然後轉入四十二個位階修學，才是正式修學佛道，即是十住、十行、十迴向、十地、等覺、妙覺，分別名爲習種性、性種性、道種性、聖種性、等覺性、妙覺性，所應修習完成的是銅寶瓔珞、銀寶瓔珞、金寶瓔珞、琉璃寶瓔珞、摩尼寶瓔珞、水精瓔珞，依於如是所應修學的內容及階位而實修，方是眞正的成佛之道。此經中亦對大乘菩提的見道提出了判位，名爲「第六般若波羅蜜正觀現在前」，說明正觀現時應該如何方能成爲眞見道菩薩，否則皆必退轉。平實導師述著，全書輯數未定，每輯三百餘頁，預定於《解深密經講義》出版發行圓滿之後逐輯陸續出版。

修習止觀坐禪法要講記：修學四禪八定之人，往往錯會禪定之修學知見，欲以無止盡之坐禪而證禪定境界，卻不知修除性障之行門才是修證四禪八定不可或缺之要素，故智者大師云「性障初禪」；性障不除，初禪永不現前，云何修證二禪等？又：行者學定，若唯知數息，而不解六妙門之方便善巧者，欲求一心入定，未到地定極難可得，智者大師名之爲「事障未來」：障礙未到地定之修證。又禪定之修證，不可違背二乘菩提及第一義法，否則縱使具足四禪八定，亦不能實證涅槃而出三界。此諸知見，智者大師於《修習止觀坐禪法要》中皆有闡釋。作者平實導師以其第一義之見地及禪定之實證證量，曾加以詳細解析。將俟正覺寺竣工啓用後重講，不限制聽講者資格；講後將以語體文整理出版。欲修習世間定及增上定之學者，宜細讀之。平實導師述著。

阿含經講記——小乘解脫道之修證：數百年來，南傳佛法所說證果之不實，所說解脫道之虛妄，所弘解脫道法義之世俗化，皆已少人知之；阿含解脫道從南洋傳入台灣與大陸之後，所說法義虛謬之事，亦復少人知之；今時台灣全島印順系統之法師居士，多不知南傳佛法數百年來所說解脫道之義理已然偏斜、已然世俗化、已非眞正之二乘解脫正道，猶極力推崇與弘揚。彼等南傳佛法近代所謂之證果者皆非眞實證果者，譬如阿迦曼、葛印卡、帕奧禪師、一行禪師……等人，悉皆未斷我見故。近年更有台灣南部大願法師，高抬南傳佛法之二乘修證行門爲「捷徑究竟解脫之道」者，然而南傳佛法縱使眞修實證，得成阿羅漢，至高唯是二乘菩提解脫之道，絕非究竟解脫，無餘涅槃中之實際尚未得證故，法界之實相尚未了知故，習氣種子待除故，一切種智未實證故，焉得謂爲「究竟解脫」？即使南傳佛法近代眞有實證之阿羅漢，尚且不及三賢位中之七住明心菩薩本來自性清淨涅槃智慧境界，則不能知此賢位菩薩所證之無餘涅槃實際，仍非大乘佛法中之見道者，何況彼等普未實證聲聞果乃至未斷我見之人？謬充證果已屬逾越，更何況是誤會二乘菩提之後，以未斷我見之凡夫知見所說之二乘菩提解脫偏斜法道，焉可高抬爲「究竟解脫」？而且自稱「捷徑之道」？又妄言解脫之道即是成佛之道，完全否定般若實智、否定三乘菩提所依之如來藏心體，此理大大不通也！平實導師爲令修學二乘菩提欲證解脫果者，普得迴入二乘菩提正見、正道中，是故選錄四阿含諸經中，對於二乘解脫道法義有具足圓滿說明之經典，預定未來十年內將會加以詳細講解，令學佛人得以了知二乘解脫道之修證理路與行門，庶免被人誤導之後，未證言證，梵行未立，干犯道禁自稱阿羅漢或成佛，成大妄語，欲升反墮。本書首重斷除我見，以助行者斷除我見而實證初果爲著眼之目標，若能根據此書內容，配合平實導師所著《識蘊眞義》《阿含正義》內涵而作實地觀行，實證初果非爲難事，行者可以藉此三書自行確認聲聞初果爲實際可得現觀成就之事。此書中除依二乘經典所說加以宣示外，亦依斷除我見等之證量，及大乘法中道種智之證量，對於意識心之體性加以細述，令諸二乘學人必定得斷我見、常見，免除三縛結之繫縛。次則宣示斷除我執之理，欲令升進而得薄貪瞋痴，乃至斷五下分結…等。平實導師將擇期講述，然後整理成書。共二冊，每冊三百餘頁。每輯300元。

總經銷：聯合發行股份有限公司
231 新北市新店區寶橋路 235 巷 6 弄 6 號 4F
Tel.02－2917-8022（代表號） Fax.02－2915-6275（代表號）

零售：1.**全台連鎖經銷書局：**
三民書局、誠品書局、何嘉仁書店
敦煌書店、紀伊國屋、金石堂書局、建宏書局
諾貝爾圖書城、墊腳石圖書文化廣場

2.**台北市：**佛化人生 **大安區**羅斯福路 3 段 325 號 6 樓之 4　台電大樓對面
3.**新北市：**春大地書店 **蘆洲區**中正路 117 號
4.**桃園市：**御書堂 **龍潭區**中正路 123 號
5.**新竹市：**大學書局 **東區**建功路 10 號
6.**台中市：**瑞成書局 **東區**雙十路 1 段 4 之 33 號
佛教詠春書局 **南屯區**永春東路 884 號
文春書店 **霧峰區**中正路 1087 號
7.**彰化市：**心泉佛教文化中心 南瑤路 286 號
8.**高雄市：**政大書城 **前鎮區**中華五路 789 號 2 樓（高雄夢時代店）
明儀書局 **三民區**明福街 2 號
青年書局 **苓雅區**青年一路 141 號
9.**台東市：**東普佛教文物流通處 博愛路 282 號
10.**其餘鄉鎮市經銷書局：**請電詢總經銷**聯合**公司。
11.**大陸地區請洽：**
香港：樂文書店
銅鑼灣店 :香港銅鑼灣駱克道 506 號 2 樓
電話 :(852) 2881 1150 email: luckwinbs@gmail.com
廈門：廈門外圖臺灣書店有限公司
地址:廈門市思明區湖濱南路809 號 廈門外圖書城3 樓 郵編:361004
電話：0592-5061658（臺灣地區請撥打 86-592-5061658）
E-mail：JKB118＠188.COM
12.**美國：世界日報圖書部：**紐約圖書部　電話 7187468889#6262
洛杉磯圖書部　電話 3232616972#202
13.**國內外地區網路購書：**
正智出版社 書香園地　http://books.enlighten.org.tw/
（書籍簡介、經銷書局可直接聯結下列網路書局購書）
三民 網路書局　http://www.sanmin.com.tw
誠品 網路書局　http://www.eslitebooks.com

博客來 網路書局　http://www.books.com.tw
金石堂 網路書局　http://www.kingstone.com.tw
聯合 網路書局　http:// www.nh.com.tw

附註：1.請儘量向各經銷書局購買：郵政劃撥需要八天才能寄到（本公司在您劃撥後第四天才能接到劃撥單，次日寄出後第二天您才能收到書籍，此六天中可能會遇到週休二日，是故共需八天才能收到書籍）若想要早日收到書籍者，請劃撥完畢後，將劃撥收據貼在紙上，旁邊寫上您的姓名、住址、郵區、電話、買書詳細內容，直接傳眞到本公司 02-28344822，並來電 02-28316727、28327495 確認是否已收到您的傳眞，即可提前收到書籍。 2.因台灣每月皆有五十餘種宗教類書籍上架，書局書架空間有限，故唯有新書方有機會上架，通常每次只能有一本新書上架；本公司出版新書，大多上架不久便已售出，若書局未再叫貨補充者，書架上即無新書陳列，則請直接向書局櫃台訂購。 3.若書局不便代購時，可於晚上共修時間向正覺同修會各共修處請購（共修時間及地點，詳閱**共修現況表**。每年例行年假期間請勿前往請書，年假期間請見共修現況表）。 4.郵購：郵政劃撥帳號 19068241。 5.正覺同修會會員購書都以八折計價（戶籍台北市者爲一般會員，外縣市爲護持會員）都可獲得優待，欲一次購買全部書籍者，可以考慮入會，節省書費。入會費一千元（第一年初加入時才需要繳），年費二千元。**6.尚未出版之書籍，請勿預先郵寄書款與本公司，謝謝您！** 7.若欲一次購齊本公司書籍，或同時取得正覺同修會贈閱之全部書籍者，請於正覺同修會共修時間，親到各共修處請購及索取；**台北市讀者**請洽：103 台北市承德路三段 267 號 10 樓（捷運淡水線 圓山站旁）請書時間：週一至週五爲 18.00~21.00，第一、三、五週週六爲 10.00~21.00，雙週之週六爲 10.00~18.00 請購處專線電話：25957295-分機 14（於請書時間方有人接聽）。

敬告大陸讀者：

大陸讀者購書、索書捷徑（尚未在大陸出版的書籍，以下二個途徑都可以購得，電子書另包括結緣書籍）：

1.廈門外國圖書公司：廈門市思明區湖濱南路 809 號 廈門外圖書城 3F
　郵編：361004　電話：0592-5061658　網址：http://www.xibc.com.cn/

2.電子書：正智出版社有限公司及正覺同修會在台灣印行的各種局版書、結緣書，已有『**正覺電子書**』陸續上線中，提供讀者於手機、平板電腦上購書、下載、閱讀正智出版社、正覺同修會及正覺教育基金會所出版之電子書，詳細訊息敬請參閱『正覺電子書』專頁：http://books.enlighten.org.tw/ebook

關於平實導師的書訊，請上網查閱：

成佛之道　http://www.a202.idv.tw

正智出版社 書香園地　http://books.enlighten.org.tw/

中國網採訪佛教正覺同修會、正覺教育基金會訊息：

http://foundation.enlighten.org.tw/newsflash/20150817_1

http://video.enlighten.org.tw/zh-CN/visit_category/visit10

★ 正智出版社有限公司售書之稅後盈餘，全部捐助財團法人正覺寺籌備處、佛教正覺同修會、正覺教育基金會，供作弘法及購建道場之用；懇請諸方大德支持，功德無量。

★ 聲　明 ★

本社於 2015/01/01 開始調整本目錄中部分書籍之售價，以因應各項成本的持續增加。

＊ 喇嘛教修外道雙身法、墮識陰境界，非佛教 ＊

＊ 弘揚如來藏他空見的覺囊派才是真正藏傳佛教 ＊

售後服務—換書啓事(免附回郵)　2017/12/05

《楞伽經詳解》第三輯初版免費調換新書啓事：茲因 平實導師弘法早期尚未回復往世全部證量，有些法義接受他人的說法，寫書當時並未察覺而有二處（同一種法義）跟著誤說，如今發現已將之修正。茲爲顧及讀者權益，已開始免費調換新書；敬請所有讀者將以前所購第三輯（不論第幾刷），攜回或寄回本公司免費換新；郵寄者之回郵由本公司負擔，不需寄來郵票。因此而造成讀者閱讀、以及換書的不便，在此向所有讀者致上萬分的歉意，祈請讀者大眾見諒！

《楞嚴經講記》第 14 輯初版首刷本免費調換新書啓事：本講記第 14 輯出版前因 平實導師諸事繁忙，未將之重新閱讀而只改正校對時發現的錯別字，故未能發覺十年前所說法義有部分錯誤，於第 15 輯付印前重閱時才發覺第 14 輯中有部分錯誤尚未改正。今已重新審閱修改並已重印完成，煩請所有讀者將以前所購第 14 輯初版首刷本，寄回本公司免費換新（初版二刷本無錯誤），本公司將於寄回新書時同時附上您寄書來換新時的郵資，並在此向所有讀者致上最誠懇的歉意。

《心經密意》初版書免費調換二版新書啓事：本書係演講錄音整理成書，講時因時間所限，省略部分段落未講。後於再版時補寫增加 13 頁，維持原價流通之。茲爲顧及初版讀者權益，自 2003/9/30 開始免費調換新書，原有初版一刷、二刷書籍，皆可寄來本公司換書。

《宗門法眼》已經增寫改版爲 464 頁新書，2008 年 6 月中旬出版。讀者原有初版之第一刷、第二刷書本，都可以寄回本公司免費調換改版新書。改版後之公案及錯悟事例維持不變，但將內容加以增說，較改版前更具有廣度與深度，將更能助益讀者參究實相。

換書者**免附回郵**，亦無截止期限；舊書請寄：111 台北郵政 73-151 號信箱 或 103 台北市承德路三段 267 號 10 樓 正智出版社有限公司。舊書若有塗鴨、殘缺、破損者，仍可換取新書；但缺頁之舊書至少應仍有五分之三頁數，方可換書。所有讀者不必顧念本公司是否有盈餘之問題，都請踴躍寄來換書；本公司成立之目的不是營利，只要能眞實利益學人，即已達到成立及運作之目的。若以郵寄方式換書者，免附回郵；並於寄回新書時，由本公司附上您寄來書籍時耗用的郵資。造成您不便之處，再次致上萬分的歉意。

正智出版社有限公司 啓

免費換書公告

2023/07/15

《法華經講義》第十三輯初版免費調換新書啓事：本書因謄稿、印製等相關人員作業疏失，導致該書中的經文及內文用字將「**親近**」誤植成「清淨」。茲為顧及讀者權益，自2017/8/30開始免費調換新書；敬請所有讀者將以前所購第十三輯初版首刷及二刷本，攜回或寄回本公司免費換新。錯誤更正說明如下：

一、第256頁第10行~第14行：【就是先要具備「**法親近處**」、「**眾生親近處**」；法**親近**處就是在實相之法有所實證，如果在實相法上有所實證，他在二乘菩提中自然也能有所實證，以這個作為第一個**親近**處——第一個基礎。然後還要有第二個基礎，就是瞭解應該如何善待眾生；對於眾生不要有排斥或者是貪取之心，平等觀待而攝受、親近一切有情。以這兩個**親近**處作為基礎，來實行其他三個安樂行法。】。

二、第268頁第13行：【具足了那兩個「**親近處**」，使你能夠在末法時代，如實而圓滿的演述《法華經》時，那麼你作這個夢，它就是如理作意的，完全符合邏輯去完成這個過程，就表示你那個晚上，在那短短的一場夢中，已經度了不少眾生了。

《大法鼓經講義》第一輯初版免費調換二版新書啓事：本書因校對相關人員作業疏失錯失別字，導致該書中的內文255頁倒數5行有二字錯植而無發現，乃「『**智慧**』的滅除不容易」應更正為「『**煩惱**』的滅除不容易」。茲為顧及讀者權益，自2023/4/1開始免費調換新書，或請自行更正其中的錯誤之處；敬請所有讀者將以前所購第一輯初版首刷及二刷本，攜回或寄回本公司免費換新。

《涅槃》下冊初版一刷至六刷**免費調換新書啓事**：本書因法義上有少處疏失而重新印製，乃第20頁倒數6行的「法智忍、法智」更正為「**法智、類智**」，同頁倒數4行的「類智忍、類智」更正為「**法智忍、類智忍**」；並將書中引文重新標點後重印。敬請讀者攜回或寄回本公司免費換新。

換書者免附回郵，郵寄者之回郵由本公司負擔，不需寄來郵票，亦無截止期限；同時對因此而造成讀者閱讀、以及換書的困擾及不便，在此向所有讀者致上最誠懇的歉意，祈請讀者大眾見諒！

正智出版社有限公司 敬啓

國家圖書館出版品預行編目(CIP) 資料

不退轉法輪經講義. 第五輯 / 平實導師述著.-- 初版. --
臺北市: 正智出版社有限公司, 2024.09 面; 公分

ISBN 978-626-97355-8-7(平裝)
ISBN 978-626-98256-2-2(平裝)
ISBN 978-626-98256-5-3(平裝)
ISBN 978-626-7517-00-0(平裝)
ISBN 978-626-7517-04-8(平裝)

1.CST: 經集部

221.733 113013026

不退轉法輪經講義

——第五輯

著 述 者:平實導師
音文轉換:劉惠莉 鄭瑞卿 劉夢瓚
校 對:章乃鈞 孫淑貞 陳介源 王美伶 張善思
出 版 者:正智出版社有限公司
電話:〇二 28327495 28316727(白天)
傳眞:〇二 28344822
111 台北郵政 73-151 號信箱
郵政劃撥帳號:一九〇六八二四一
正覺講堂:總機〇二 25957295(夜間)
總 經 銷:聯合發行股份有限公司
231 新北市新店區寶橋路 235 巷 6 弄 6 號 4 樓
電話:〇二 29178022(代表號)
傳眞:〇二 29156275
初版首刷:二〇二四年九月三十日 二千冊
定 價:三〇〇元